形体健美与体能训练

XINGTI JIANMEI YU TINENG XUNLIAN

——空乘、模特专业类用书

刘倩 张滨 主编

郑州大学出版社

郑州

图书在版编目(CIP)数据

形体健美与体能训练/刘倩,张滨主编. —修订本. —郑州:郑州大学出版社,2012.10(2020.8 重印)

ISBN 978-7-5645-0409-0

Ⅰ.①形… Ⅱ.①刘…②张… Ⅲ.①健美运动②身体训练 Ⅳ.①G831.3②G808.14

中国版本图书馆 CIP 数据核字 (2012) 第 243711 号

郑州大学出版社出版发行

郑州市大学路 40 号　　　　　　　　　邮政编码:450052

出版人:孙保营　　　　　　　　　　　发行部电话:0371-66966070

全国新华书店经销

郑州印之星印务有限公司印制

开本:787 mm×1 092 mm　1/16

印张:20.5

字数:488 千字

版次:2012 年 10 月第 1 版　　　　　　印次:2020 年 8 月第 5 次印刷

书号:ISBN 978-7-5645-0409-0　　　　　定价:48.00 元

形体健美与体能训练 编者名单

主 编 刘 倩(中原工学院体育部)

张 滨(郑州大学体育学院)

形体健美与体能训练 内 容 摘 要

《形体健美与体能训练》共分为上下两部分。上篇主要介绍形体训练及健美操的锻炼方法,特别针对空乘人员及从事模特行业者的形体要求、形体塑造方法等作出详细概述。下篇主要介绍健康体适能的概念、分类、锻炼方法等,内容丰富、实用,可操作性强。特别针对健康体适能的各方面作出科学的诊断与评价,让每一位读者通过本书的阅读可对自身的健康及体能水平作出正确的评价,并能找到科学并适合自己的训练方法来保持、完善、提高自身的健康体适能水平。

本书不仅适用于学校的教育教学,也是有志于从事空乘或模特行业的青年学生的优秀参考书。

形体健美与体能训练 前 言

　　当今社会,随着人们工作生活节奏加快,社会交往的日益频繁。人们越来越注重个人整体形象。健康的体魄、优雅的举止、匀称的体型是我们理想的目标。而这些必须依靠适宜的指导和不断的练习,慢慢地养成习惯,逐渐化为自己生活的一部分,才能显现出良好的效果。正如弗朗西斯·培根所说:"在美的方面,相貌的美高于色泽的美,而秀雅合适的动作美又高于相貌的美"。

　　空乘专业是培养适应 21 世纪民航运输事业发展,较高的人文素质,受过专门航空运输技能知识训练的实用型民航高级空中乘务员。作为航空公司与乘客的直接接触代表,作为航空公司的形象代言人,空乘人员只有在体能训练、形体塑造、气质修养方面进行严格专门的训练,才能够胜任空乘工作的需要。

　　目前形体训练、健美操与体能训练等课程已作为高校空乘方向学生的专业必修课,但目前大多学校都缺少课程的专业教材。给学生的学习带来了极大的不便,同时教师也没有统一的教学目标、内容与考核标准。本书由多年从事空乘、模特人员形体训练、健美操教学,以及体能训练的教师根据多年教学经验的积累,结合国内外相关先进教学资料,历时两年编写而成。全书共分形体健美和体能训练上下两篇,书中除了概述了形体美学和形体训练的基本知识、方法和要求,还特别针对空乘人员的形体标准、形体训练、体能训练撰写章节。针对不同的功能训练设计了多种训练方法,同时还配以大量图片,教学内容具有实用性、选择性、趣味性,可操作性强的特点。

　　另外,该书还涵盖了模特行业人员的形体标准,形体要求以及体能训练的方法等。模特行业与空乘行业人员在形体、礼仪、行业要求等方面有许多交叉点,也有不同之处。通过阅读本书,相信读者能够解答心中的疑问,根据自身的条件更好的完善自己,以期得到自身体能、形体及形象的全面提升。

　　本书编写过程中,力求做到内容的系统性、完整性、创新性、实用性和可操作性,但限于我们的水平,仍然存在一些问题和缺陷。期望众多的读者给予关爱,也期望广大同仁的教诲。在编写过程中,我们参阅了许多学者的论著、文献、资料,吸收和借鉴了他们的最新的研究成果,在此,我们向所有的作者表示真诚的谢意。

参加编写的人员及具体分工如下：刘倩（中原工学院体育部）编写上篇第一章、第二章、第三章、第四章；张滨（郑州大学体育学院）编写上篇第五章、第六章，以及下篇全部章节。在编写的过程中，马楠、秦洪老师为我们提供了极大的帮助，书中图片模特有张涛同学、鲁闽同学、翟娇慧同学、龚玉萍同学，在此，一并表示感谢！

编者
2012 年 9 月 26 日

形体健美与体能训练 **目 录**

上篇　形体健美篇

下篇　体能训练篇

上篇　形体健美篇

第一章

形体美的标准

学习目标

了解形体的构成

了解什么是形体美及其标准

了解空乘人员的形体标准

了解模特的形体标准

第一节　形体美学基础知识

一、形体的构成

形体是指身体的形态,它主要由体格、体型、姿态三个方面构成。

(一)体格

体格指标包括人的高度(身高、坐高等)、体重、围度(胸围、腰围、臀围、臂围、腿围、颈围等)、宽度(肩宽、骨盆宽等)、长度(上、下肢长度等)等。其中身高主要反映骨骼的生长发育情况;体重主要反映骨骼、肌肉、脂肪等重量的综合情况;胸围则反映胸廓的大小及胸部肌肉的生长发育状况。因而,身高、体重和胸围被列为人体形态变化的三项基本指标。由此可以看出,形体是人体的外在表现,它是一门艺术,人体只有在四肢、躯干、头部及头部五官的合理搭配下才能显示出姿态美、体态美、线条美和外部形态与内部情感的和谐统一美。

(二)体型

体型是通过身体不同部位尺寸构成的指数或比例关系反映出的身体形状,如上、下身长的比例,肩宽与身高的比例,各种围度之间的比例等。体型是对人体形状的总体描述和评定,它主要取决于骨骼的组成与肌肉的状况。体型与人体的运动能力和其他机能、对疾病的易染性及其治疗的反应都有一定的关系,因此,在人类生物学、人类体质学、医学和运动科学中受到注意。体型主要由遗传性决定;而另一方面,人体对环境的适应

和人的行为在内的后天影响也使体型发生一定范围内的变化。达·芬奇说过："美感完全建立在各部分之间的神圣的比例上。"由此可见,体型美主要取决于身体各部分发展的均衡与整体的和谐。

(三) 姿态

姿态是指人坐、立、行走等各种基本的活动姿势。人体的姿势主要是通过脊柱屈曲的程度、四肢和手足以及头的部位等来体现。姿势正确、优美,不仅体现人的形体美,还反映出一个人的气质和精神面貌。可以说,它是展示人的内在美的一个窗口。

二、什么是形体美

形体美是人本质力量在体育运动实践这个特定的领域中的感性显现,它反映的是人自身与运动的审美关系。由于形体美是以人为审美对象,以人体运动为主要手段,因此,它是人的本质力量在自身的直接展示、确证和体现。具体而言形体美就是人的身体曲线美,是指人的躯体线条结合人的情感和品质,通过形象、姿态展示于欣赏者眼前的一种美。形体美是由视觉感官所感知的空间性的美,其特点是感知身体外轮廓线,线的运动可以构成具有广度和厚度的空间形体。点动成线,线动成画,画动成体。

形体美有人的形体美和物的形体美之分,物的形体美纯属外表之美,而人的形体美则是外在与灵魂的契合。形体美是由内向外散发之美,是肉体与精神美的结合,而精神之美则又包括了温柔、雅量、娴静、静养等因素。因此,形体美不但要展现体型美、姿态美和动作美,还要充分展现精神美。体型美是一种自然的美,比较集中地表现在比例均衡、对称和谐等形式上。女性以柔美和秀丽的曲线为美,男性以粗犷、强壮和威严为美。每个人都希望自己的体型匀称、协调、健美,这也是人们不断追求形体美的目标。姿态是指一个人在静止或活动中表现出来的身体姿势和举止神情,姿态美是指人体在空间运动和变化的样式,它是风度的语言、优美的姿态与造型,就像一首诗叙说着人的内心和外在世界。动作美是运动中健康能力、器官系统机能、表现能力和精神风貌的体现,是形体美的一种表现形式,它的美不仅来自于各种舞姿和体育运动,还来自于人们日常生活的动作美。

英国著名哲学家培根说:"相貌的美高于色泽的美,而秀雅合适的动作美又高于相貌的美,这是美的精华。"体型美、姿态美、动作美是形体美的核心,体型的完美和正确的身体姿态可以促进人体外形的完美,这在某种程度上反映了有机体机能的完美程度,也反映了一个人的精神面貌和气质。形体训练是练习者通过对形体的认知,运用科学的健身理念与方法,通过各种身体练习以增进健康、增强体质、塑造体型、培养姿态、陶冶情操,它是一个有目的、有计划、有组织的教育过程。

三、形体美的影响因素

(一) 身高和体重

人的体型美主要取决于身高与体重的比例是否协调。一般而言,身高较多地依赖于遗传,而体重以及受体重制约的胸围、腰围、臀围等则受后天的影响较大。因此塑造体型

美,就必须遵循人体生长发育的规律,在遗传因素所允许的范围内,根据自身的条件,通过控制肌肉和脂肪这两个可变因素,消除多余脂肪,增长肌肉,从而使身体协调、匀称。

(二) 姿态美

姿态美与体型美关系密切。在日常生活中,体型美需要通过优美的姿态来展现。例如,躯干正直的人与腰部松垮的人自然站立时给人的观感就有明显的差异,前者由于良好的姿态可以充分表现体型美,而后者由于腰部塌下、腹部挺出、肌肉松弛,只会给人体型不美的感觉。形成姿态美,脊柱是关键,因此应特别注意脊柱形态的形成,培养正确的坐、立、行的基本姿势。姿态美的形成,还必须通过严格的形体训练,建立正确姿势的动力定型并矫正不良的、错误的姿势。

(三) 动作美

动作美是形体美的一种表现形式,动作美之中蕴含着姿态美。姿态有静有动,如坐、立、卧、蹲等表现出静态时的姿态美,而走、跑、跳等就表现出动态时的姿态美。无论是静态的还是动态的,都要在完成动作时轻松、协调、准确、敏捷、高效率,这样才能显示出动作美。

(四) 气质美

气质,是人的高级神经活动类型特点在行为方式上的表现。在日常生活中,通常指人的典型而稳定的个性特点、风格和气度。由此可见,气质美似虚非虚,看似无形,实则有形,反映在一个人对待现实生活的态度、个性、自我调整能力和言行特征等方面。它既可能展示出人的端庄、典雅,也可能表现出人的猥琐和俗气。正由于气质美是内在美自然、真实的流露,所以它可以使体型美、姿态美、动作美达到更高的境界,使人具有永久的魅力。

气质的形成,虽与人的体质、神经类型、遗传等生理特征有关,但最终要受到后天环境的影响,主要包括自然环境和社会环境,如家庭条件、文化教育、自身修养等。因此,只有在加强形体训练,提高体型美、姿态美、动作美的同时,全面提高自身的文化素养、道德修养、美学素养,才能更好地具有气质美。

(五) 营养

营养是影响形体美的重要因素之一。美的形体是通过训练得到的,但如果没有科学合理的营养,就不能保证人体的正常生长和发育。训练后,不能及时地补充营养,也就无法补充由于训练所造成的能量损耗,形体训练的效果也就无从谈起。因此,只有在科学训练的同时保证科学合理的营养补充,才有可能获得优美的形体。

第二节 形体美的标准

一、形体美的基本标准

普列汉诺夫说过:"绝对美的标准是不存在的,并且也不可能存在。"这是因为,在人类历史的发展过程中,形体美的标准是变化的,即使是同一时代的人,由于民族特点、种族差异、地理环境、审美习惯的不同,标准也不尽相同,但总有一些相对稳定的评价标准成为人们的共识。

衡量形体美的基本标准如下:

1.骨骼发育正常,关节灵活自然,不显粗大突出,身体各部分之间的比例适度,给人以匀称感。

2.男子肌肉均衡发达,四肢肌肉收紧时,其肌肉轮廓清晰;女子体态丰满而无肥胖臃肿感。男女皮下脂肪适当。

3.五官端正,自然分布于面部,并与头部的比例配合协调。男子应面部轮廓清晰分明,五官和谐,眼睛有神;女子应眸明,牙齿整齐,鼻子挺直,脖颈修长。

4.双肩对称。男子应结实、挺拔、宽厚;女子应丰满圆润,肩部不沉积脂肪,略外展下沉,微呈下削,无耸肩或垂肩之感。

5.脊柱背视垂直成直线,侧视具有正常的生理曲线。肩胛骨无翼状隆起和上翻之感。

6.男子胸廓宽阔厚实,胸肌隆鼓,背视腰以上躯干呈 V 形(胸宽腰窄),给人以健壮和魁梧之感;女子胸部丰满挺拔,有弹性而不下垂,侧视有明显的曲线,微挺胸拔背。男女都无含胸驼背之态。

7.男子有腹肌垒块隐现,直立时,腹部要上立;女子腰细而有力,微成圆柱形,腹部扁平,无明显脂肪堆积,具有合适的腰围,腰部比胸部略细小 1/3。

8.臀部圆满适度,略上翘,有弹性。

9.男子下肢强壮,双腿矫健;女子两腿修长,腿部线条柔和。男女小腿腓部较突出,跟腱长,足弓高,两腿并拢时正视和侧视均无屈曲感。

10.整体看无粗笨、虚胖、瘦弱、纤细、歪斜、畸形、重心不稳、比例失调等形态异常现象。

二、形体美的标准

形体美在很大程度上又取决于身体各部位体围的尺寸和相互间的比例。身高和体重的对应关系不但反映一个人形体美的程度,同时也反映一个人的健康程度。身高主要反映骨骼的生长发育情况,体重反映骨骼、肌肉、脂肪等综合变化的状况,胸围则反映胸廓的大小及胸部肌肉的发育状况。因此,身高、体重、胸围被列为人体形体变化的三项基本指标。

(一)普通成年男子体型健美标准

普通成年男子体型健美体型标准,见表1-2-1。

表 1-2-1　普通成年男子体形健美标准

身高/cm	体重/kg	胸围		上臂屈	颈围	小腿围	大腿围	腰围
		常态	深吸气					
		/cm			/cm		/cm	/cm
153～155	50	94	97	32			48	65
155～157	52	94	98	32			49	65
157～160	54	95	95	33			50	66
160～163	56	97	101	33			51	66
163～166	58	98	102	34			51	68
166～169	61	99	103	34			52	69
169～171	63	400	104	35			52	69
171～174	65	100	105	36			53	70
174～176	67	102	107	36			54	71
176～180	70	103	108	36			55	72
180～182	72	103	109	36			55	73
182～184	75	104	110	37			56	74

（二）普通成年女子体型健美标准

　　女子体型的健美主要在于三围,即胸围、腰围和臀围。丰满而挺拔的胸部是构成女性曲线美的主要标志之一。乳房应丰满而富有弹性,并有适度发达的胸肌作为依托,从而构成胸部优美的曲线。过分肥大松弛或过分干瘪的乳房都将影响女性的体型健美。结实平坦的腹部和稍微纤细、苗条的腰部是女性曲线美的又一标志。腰腹周围过多地堆积着皮下脂肪,无疑会使人显得臃肿难看。丰满而适中的臀部能构成女子形体又一优美曲线。臀部过分肥大同样会显得臃肿,有损于体型健美;而过于瘦小的臀部则表现不出体型的曲线。修长而有力的四肢也是女子形体美不可缺少的一部分。腿部应略长于躯干,这样可使身体显得修长而苗条;腿部既不能粗胖,也不能瘦长,而应有结实的肌肉,这样才能显出腿部优美的曲线。因此,健美的体型首要的是各部位比例匀称协调。普通成年女子健美体型标准,见表 1-2-2。

表 1-2-2　普通成年女子体型健美标准

身高/cm	体重/kg	吸气后胸围/cm	腰围/cm	臀围/cm
154～155	47.5	88	58	88
155～158	48.5	88	58	88
158～160	50	89	59	89
161～163	51.5	89	59	89
163～166	53	90	60	90
166～169	54.5	90	60	90
169～171	56	92	61	92
171～174	58	92	61	92
174～176	60	94	64	94
176～180	61.5	98	66	96

第三节　空乘人员的形体标准

一、空乘人员面试的基本形体条件

(一)建议美学条件

五官端正,肤色好;身材匀称,下身长应超过上身长 2 cm 以上;着夏装时暴露部位无明显疤痕和色素异常;性格开朗,举止端庄。

(二)建议身高

女性身高为 160~172 cm(如图 1-3-1)。

男性身高为 170~182 cm(如图 1-3-2)。

图 1-3-1　　　　　　　　　　　　　图 1-3-2

（三）建议体重

女性：参考体重/kg=〔身高/cm-110〕±〔身高/cm-110〕×10%

男性：参考体重/kg=〔身高/cm-105〕±〔身高/cm-105〕×10%

（四）建议语言能力

具有较好的语言表达能力；口齿清晰，嗓音圆润；声音不干、不涩、不哑、不弱等。

以上各项标准在不同的航空公司会有不同的标准，上下浮动不大。此数据仅为广大读者提供参考。

二、空乘类考生考试内容

（一）形体测量

考生着泳装进行形体测量，通过测量考生的三围和各控制部位尺寸，了解考生的身材比例。测量指标包括：

1. 高度：身高、体重、上下身比例、肩宽。

2. 围度：头围、胸围、腰围、臀围、大腿围、小腿围、上臂围。

（二）形体观察

形体观察为考生着泳装登台，上台前进行正面、侧面、背面展示，向前、向后走一个来回（考生不得穿丝袜和佩戴饰品，发式须前不遮额、后不及肩、侧不掩耳，女生着纯色、分体、不带裙边泳装，男生着纯色泳裤）。目测考生的身体形态及五官、肤色、毛发、指甲、气质、精神状态的状况。

（三）台步表现

台步表现为考生着生活装，女生须穿高跟鞋，逐人登台，根据提供的两段音乐进行台步表现。

（四）口试

口试为考生随机抽题应试，包括中文和英语口试两部分。测试考生的思维及语言表达能力。

（五）才艺表演

考生在舞蹈、器乐、声乐、小品和体操中任选一项，限时 3 min。考生自备服装、磁带或光盘。

三、空乘类考生评分标准

空乘类考生的综合评价更加侧重于考生的中英文语言表达能力，气质、相貌、手形、表情、身体匀称、步态自如和亲和力等综合素质。以下按照等次由高到低的顺序将标准分为 A、B、C、D、E 五个档次。

（一）形体标准

A：头身比良好，五官端正，眉目清秀，轮廓清晰；颈部颀长、舒展；肩膀对称，躯干有正

常的生理曲度与良好的三围度比例,挺胸,纤腰有力,臀丰而不下坠;双腿修长挺直,线条流畅,两腿并直后缝隙小;手指纤细,肘部曲度不宜过大;皮肤光洁有弹性,肌肉富有力度。

B:五官端正,轮廓清晰,头身比较好;躯干有正常的生理曲度与较好的三围度比例;双腿修长挺直,线条流畅,两腿并直后缝隙较小;手指纤细;皮肤有弹性,基本光洁。

C:五官端正,轮廓清晰,头身比正常;躯干有正常的生理曲度与正常的围度,上下身差正常;双腿基本挺直,线条基本流畅;皮肤光洁,无明显疤痕。

D:五官基本端正,头身比基本正常;躯干有正常的生理曲度与正常的围度,三围度比例不理想;双腿基本挺直,线条不太流畅;皮肤无明显疤痕。

E:五官不够端正,轮廓不很清晰,头身比正常;躯干有正常的生理曲度,三围度比例不理想,上下身差正常;双腿不够挺直,线条不太流畅;皮肤有明显疤痕。

(二)语言表达

A:感情真挚、思想深刻、反应敏捷,有时代气息,体现青年人健康向上的精神风貌。语言规范,表达流畅、精彩,口齿清晰,普通话标准,英文发音准确,富有表现力和感染力。

B:感情真挚、思路清晰、反应较快,体现青年人健康向上的精神风貌。语言较规范,口齿较清晰,普通话较标准,英文发音较准确,有较好的表现力和感染力。

C:感情真挚、思路基本清晰、反应一般,体现青年人健康向上的精神风貌。语言基本规范,口齿基本清晰,普通话基本标准,英文发音基本准确,有一定的表现力和感染力。

D:感情基本真挚、思路不够清晰、反应稍迟钝,语言基本规范,口齿不太清晰,普通话不太标准,英文发音不太清楚,表现力和感染力一般。

E:思路不清晰、反应迟钝,语言不规范,口齿不清晰,普通话不标准,英文发音不准确,缺乏表现力和感染力。

(三)台步

A:步态自然大方,有节奏感;造型有韵味,能把握人体的均衡性,有良好的身体表现能力;表情自然,有亲和力。

B:步态比较自然大方,有节奏感;造型较有韵味,能把握人体的均衡性,有较好的身体表现能力;表情较自然,有亲和力。

C:步态基本自然大方,有节奏感;造型基本完成,基本能把握人体的均衡性,有一定的身体表现能力;表情基本自然,有一定的亲和力。

D:步态不够自然大方,节奏感不明显;造型缺乏韵味,基本能把握人体的均衡性,身体表现能力一般;表情不够自然,缺乏亲和力。

E:步态机械、僵硬、没有节奏感;造型缺乏韵味,不能把握人体的均衡性,缺乏身体表现能力;表情呆滞,缺乏亲和力。

(四)才艺展示

A:内容表达准确,有内涵,能深刻地理解作品;准确地把握节奏,有韵味,有良好的内在感觉,较强的艺术表现力;身体动作灵活、协调。

B:内容表达较准确,有内涵,能较好地理解作品;较好地把握节奏,有韵味,有较好的内在感觉和艺术表现力；身体动作较灵活、协调。

C：内容表达基本较准确，有一定的内涵，基本理解作品；能基本把握节奏，有一定的感觉和艺术表现力；身体动作基本灵活、协调。

D：内容表达不够准确，表现较浮浅，不能很好地理解作品；有一定的节奏，内在感觉和艺术表现力不凸显；身体动作不够灵活、协调。

E：内容表达不准确，表现浮浅，不理解作品；没有把握节奏，没有内在感觉和艺术表现力；身体动作机械、僵硬。

以上评分标准参考河南省招生办公室出台的《2010 年河南省模特空乘类专业省统考工作手册》。

第四节　模特行业的形体标准

一、模特面试的基本形体条件

（一）建议身高及比例

1. 服装模特类男生身高 180 cm 以上，女生身高 170 cm 以上。

2. 艺术模特类男生身高 178 cm 以上，女生身高 165 cm 以上。

上下身比例——对模特的要求是下身长于上身，要求在 10 cm 以上，以 12~20 cm 为最佳。大小腿比例——小腿与大腿比例接近相等或略长于大腿。头身比例——头长为身长的 1/7~1/8 为佳，较小的头颅会使身材显得更灵巧。三围——胸不能太挺，臀要窄，臀肉不能下坠。

（二）建议美学条件

五官端正，肤色好；身材匀称，下身长应超过上身长 2 cm 以上；着夏装时暴露部位无明显疤痕和色素异常；气质良好。对于模特而言，理想的头型是椭圆型，脸型不宜宽，可以稍长一些。

二、模特类专业考试内容

（一）形体测量

考生着泳装进行形体测量，通过测量考生的三围和各控制部位尺寸，了解考生的身材比例。测量指标包括：

1. 高度：身高、体重、上下身比例、肩宽。

2. 围度：头围、胸围、腰围、臀围、大腿围、小腿围、上臂围。

（二）形体观察

形体观察为考生着泳装登台，上台前进行正面、侧面、背面展示，向前、向后走一个来回（考生不得穿丝袜和佩戴饰品，发式须前不遮额、后不及肩、侧不掩耳，女生着纯色、分体、不带裙边泳装，男生着纯色泳裤）。目测考生的身体形态及五官、肤色、毛发、指甲、气

质、精神状态的状况(图1-4-1)。

图1-4-1　形体观察

(三)台步表现

台步表现为考生着生活装,女生须穿高跟鞋,逐人登台,根据提供的两段音乐进行台步表现。主要考察考生的舞台表现力、形象气质、身体协调性、自我表现力、个人综合素质的情况。

(四)口试

口试为考生随机抽题应试,测试考生的思维能力及语言表达能力。

(五)才艺表演

考生在舞蹈、健美操、艺术体操中任选一项,限时3 min。考生自备服装、磁带或光盘。

三、模特类考生评分标准

模特类考生各科评分具体标准同空乘类评分标准,但是由于专业的不同,评分的侧重点也有所不同。相对于空乘类评分标准的把握来说,服装模特类更加侧重于考生的身高、身体比例、五官轮廓、身体协调性和身体表达能力等自身自然条件的考核;而艺术模特类侧重考生的相貌、身体协调性、造型艺术能力、语言表达能力、审美情趣和亲和力等艺术气质的整体感觉。总体来说,模特类评价标准更侧重于以下四个方面:

(一)外在形象

1.气质——从内心迸发的激情体现在外表的风采。

2.身材——高矮、胖瘦、是否具有模特的美感、身体比例。

3.外貌——五官是否给人赏心悦目的美感、可爱,化妆是否得当。

4.艺术感觉——内涵、乐感、悟性、修养,是否具有发展潜质。

(二)走台

1.表现力——台风、步态、神态、表情。

2.造型——走台过程是否有定点造型,动作是否到位、完整。

3.完整连贯性——整个走台过程是否流畅,动作是否自然,体现艺术感染力。

4. 应变性——考生临场的即兴发挥以及应变能力。

（三）服装

1. 艺术性——色彩、明暗搭配、整体魅力、适合年龄的着装心理。
2. 实用性——舒适、方便、健康。
3. 新颖性——创新、大胆,鼓励服装多变及体现服装的多功能。
4. 环保性——服装的材质鼓励使用环保质地材料、面料。
5. 时尚性——具有流行潜力、引领潮流、符合现代审美意识。

（四）个人才艺展示

1. 新颖性——服装、动作的创新,是否有新意。
2. 独特性——是否有独到的个人表演特质。
3. 吸引力——才艺展示的整体感觉是否有足够的吸引力。

以上评分标准参考河南省招生办公室出台的《2010年河南省模特空乘类专业省统考工作手册》。

思考题

1. 形体的基本构成是什么?
2. 形体美的影响因素是什么?
3. 空乘人员面试基本身高、体重及健康要求是什么?
4. 说出模特行业人员的基本形体要求。

第二章

形体姿态控制训练

学习目标

学习掌握各种基本身体姿态的训练

掌握各种身体姿态的动作要领和练习方法

纠正不良体态,养成良好的习惯

上篇　形体健美篇

14

　　形体美是一个由多种要素有机组合而成的整体性的动态系统,它体现在肢体比例适度,肌肉均衡、身体丰满,皮肤健康、色泽柔润,体态身姿优雅四个方面,它们相互作用,相互影响,相映生辉,形成形体的动态美感。而优雅的体态和身姿离不开对身体各部位形态的基本训练,在现实生活中只有进一步改变身体形态的原始状态,提高形体动作的灵活性,才有可能增强站立姿态、行走姿态、坐立姿态和蹲姿的规范,从而获得健康、自然、匀称、美丽的身材,结实而富有弹性的肌肉和充满动感的曲线。正确优美的姿势,不仅对人的健康有益,而且能对人们的社会生产活动产生积极的影响。优雅的仪表和仪态,能带给他人心理上的愉悦和美的感受,不仅是自身良好形象、气质和风度的展现,也是企业良好形象及管理水平的体现。

第一节　基本站姿的要领与训练

　　站立是人体最基本的姿势,优美、典雅的站姿是一种静态美,它是形成不同质感动态美的起点和基础,所以养成良好的站立习惯是我们个人形象、气质塑造必不可少的一环。

　　站姿是否正确、优美、挺拔,主要受人体脊柱的影响,同时与骨盆位置是否正确也有直接关系。正确的站姿要求练习者既要保持头颈部位、胸腰部位正确的感知觉,使脊柱周围屈伸肌群均匀地收缩,以维持和固定脊柱的正常生理曲度,又要使下肢部位充分伸展并保持必要平衡,通过腹部和臀部肌肉的正确用力,使骨盆保持在正确的位置上。站姿练习是一个综合性的练习,是身体各部位感知觉练习效果的综合体现,练习者从中可体会到正确的站立感觉,从而显示出人体的曲线美和高雅的气质。

一、基本站姿的要领

基本站姿是各种站姿的基础,其规范要求是:两脚跟相靠,脚尖分开呈45°至60°角,身体重心落在两脚间的中心位置上;两腿直立,双膝并拢;收腹提臀,髋部上提;立腰挺胸,挺直脊背;双肩平齐,放松下沉;双臂自然下垂,虎口向前,手指自然屈曲(中指贴裤缝);头正,颈直,下颌微收,双目平视前方。

二、服务行业中的几种规范站姿

不同的工作岗位对站姿有不同的要求,但任何一种形式的站姿都是在基本站姿的基础上变化的,服务人员在实际中应选择适合的站姿来为客人服务。

服务工作中常见的站姿有以下几种:

1. 侧放式站姿(图2-1-1)

侧放式站姿同基本站姿,是男女通用的站立姿势。其要领是:双脚并拢,两腿并拢立直,双臂放松,自然下垂于体侧,虎口向前,手指自然屈曲。

2. 腹前握指式站姿

腹前握指式站姿是在基本站姿的基础上,两手握于腹前,右手在上,握住左手手指部位,两手交叉放在衣扣垂直线上。

(1) 站姿一(图2-1-2)

要领是:脚掌分开呈V字形,脚跟靠拢,两腿并拢立直,两手握指交叉于腹前。这是女性常用的站姿。

(2) 站姿二(图2-1-3,图2-1-4)

要领是:两脚脚尖向外略展开,一脚在前,将一脚跟靠于另一脚内侧前端,形成"丁"字,两手握指交于腹前,此站姿又称丁字式站姿,是只限于女性使用的站立姿势。

图2-1-1　　　　　图2-1-2　　　　　图2-1-3　　　　　图2-1-4

3. 双臂后背式站姿(图2-1-5)

要领是:两脚打开,略窄于肩宽,两脚平行,身体立直,身体重心放在两脚上,两臂肘关节自然内收,两手相握放在后背腰处。双臂后背式站姿是男性常用的站立姿势。

4. 单臂式站姿

单臂式站姿是男女通用的站立姿势,分为单臂后背式和单臂前屈式两种。一般情况下,男士更适合后背式,而女士更适合前屈式。

（1）站姿一（单臂后背式。图2-1-6）

要领是:在基本站姿的基础上,根据工作需要,选择将两脚打开或成丁字步。一手臂后背,一手臂自然垂下,身体重心放在两脚上。

（2）站姿二（单臂前屈式。图2-1-7）

要领是:在基本站姿的基础上,根据工作需要,选择将两脚打开或成丁字步。一手臂肘关节屈曲,将前臂抬至横膈膜处,手心向内,手指自然屈曲;另一手臂自然下垂。身体重心在两脚上。

站立太累时,可变换为调节式站姿,即身体重心偏移到左脚或右脚上,另一条腿微向前屈,脚部放松。无论变换成何种站姿,都要注意做到"万变不离其宗",即不能离开站姿的基本要领。

图2-1-5　　　　　　　图2-1-6　　　　　　　图2-1-7

三、克服几种不良的站姿

不良站姿会让人产生没有礼貌、懒散无力、自卑畏缩或缺乏教养的印象。对企业而言,会令人感到缺乏管理、服务性差。因此,我们在生活和工作中应尽量注意避免以下常见不良站姿的出现。

（1）头。头不正,颈不直,左右歪斜,或仰头、低头,左顾右盼,东张西望。

（2）肩。肩不平,耸肩或斜肩,身不正。

（3）胸、腰、背。弯腰驼背,含胸挺腹。或塌腰、撅臀,身子前倾;或倚门靠墙,趴桌靠椅。

（4）手。手臂插兜或叉腰,双臂交叉抱于胸前。

（5）腿。弯曲,抖动,交叉,叉开过大。

（6）脚。内八字或外八字,蹬踏,抖动等。

四、站姿的控制训练

服务工作者必须经过严格训练,长期坚持,养成习惯,才能在站立服务中做到持久地保持优美、典雅的站姿。下面给大家介绍几种站姿的训练方法。

1. 靠墙站立练习

在基本站立姿态的基础上,双腿夹紧,收腹,挺胸立腰,立背,紧臀,双肩后张下沉,下颌略回收,头向上顶,脚跟、腿、臀、肩胛骨和头紧靠墙。此练习是借助于墙的平面来培养和训练站立时上体挺拔,保持头、颈、躯干和腿在一条垂线上的好习惯,一次控制4个8拍,反复做8~10次。

2. 分腿立练习

两腿在小八字立的基础上分开与肩同宽,双手叉腰,双肘微向前扣,收腹,挺胸,立腰,立背,双肩后张下沉。此练习主要训练臀、腹及上体的正确感觉,夹臀与收腹同时进行。

3. 提踵站立控制练习

在基本站立姿态的基础上,双手叉腰,双足提踵站立至只有脚趾关节着地,双腿蹬直夹紧,重心平稳上升,双肩不能改变原有形态。控制2个8拍后落地,重复练习。此练习的目的是在改变双臂和重心位置的情况下,加强腿部支撑能力和上体形态的控制能力。

4. 双手叉腰,做向前、侧、后点地的站立控制练习

在基本站立姿态的基础上,保持上体形态和重心稳定,双腿伸直,分别向前、侧、后方做擦地动作至远端点地。前点地和后点地时动作力求绷脚尖,脚面向外;开胯侧点时,脚面向侧绷脚点地。每做一个方向,控制1个8拍,换方向进行练习。此练习主要训练腿的控制能力和重心的稳定性。

5. 移重心控制练习

(1)1~2拍左脚前擦地,3~4拍双腿屈膝,重心前移至左脚,成右脚后点位。5~8拍同1~4拍换右脚做。重复进行练习。

(2)1~2拍左脚向侧擦地,3~4拍双腿屈膝,重心移至两脚中间,成半蹲。5~6拍重心移至左脚,成右点位,7~8拍右脚收回还原成基本站立姿势。换脚重复进行练习。此练习主要训练在移动时腿的控制力和身体的正确姿态。

第二节 基本坐姿的要领与训练

优美的坐姿不仅仅指坐的静态姿势,还包括人们从就座时到坐定后的一系列动作和姿势,所以说完整的坐姿应该包含入座、坐定和起座三个程序。美的坐姿给人高贵、文雅、自然大方的感觉,所以对坐姿各个细节的规范要求是必不可少的。

一、入座和起座

入座时从容大方地走到座位前,自然转身,背对座位,双腿并拢,右脚后退半步,轻稳

自如地坐下,然后将右脚与左脚并起,身体挺直,呈基本坐姿状。女子入座时若穿的是裙装,应用手沿大腿侧后部轻轻地把裙子向前拢一下,并顺势坐下,不要等坐下后再来整理衣裙。最忌还未站稳,就失重般地散坐在椅子上,这样易让人觉得懒散、不文明、没修养。

起座应舒缓、自然。可右脚向后收半步,用力蹬地、起身站立,亦可用手掌支撑于大腿,重心前移,起身站立,注意起身时动作不可太快、太猛。

二、基本坐姿要领

基本坐姿是其他坐姿演变的基础,其规范要求为:头正,颈直,下颌微收,双目平视前方,或注视对方;身体正直,挺胸收腹,腰背挺直;双腿并拢,小腿与地面垂直,双膝和双脚跟并拢;双肩放松下沉,双臂自然弯曲内收,双手呈握指状,右手在上,手指自然弯曲,放于腹前双腿上。忌弯腰驼背,含胸挺腹,双膝分开。

三、几种规范的坐姿

1. 双腿垂直式坐姿(图 2-2-1)

同基本坐姿,又根据情况,上体可稍稍前倾。这种坐姿是正式场合最基本的坐姿,它给人以诚恳、认真的印象。

2. 开膝式坐姿(图 2-2-2)

在基本坐姿的基础上,双脚向外平移,两脚间距离不得超过肩宽,两小腿垂直于地面,两膝分开,两手或握于腹前或分别放在两侧大腿上。此坐姿仅适于男士。

3. 双腿斜放式坐姿(图 2-2-3)

此坐姿适于女士。基本要领如下:在基本坐姿的基础上,左脚向左平移一步,左脚掌内侧着地,右脚左移靠拢,脚跟提起,双腿靠拢斜放。双膝在整个变化过程中始终靠在一起,不可分开。亦可双脚向右侧步斜放,动作相同,方向相反。

图 2-2-1   图 2-2-2   图 2-2-3

4. 叠步式坐姿

此坐姿是在基本坐姿的基础上,左腿左侧一步,右腿交叠于左腿上,右腿小腿内收,脚尖朝下,相叠的两小腿靠紧呈一直线。

5. 前伸后屈式坐姿

此坐姿是在基本坐姿的基础上,一只脚后收,脚掌着地,呈后曲状。另一只脚前伸,全脚着地,两腿膝部靠拢,两脚在前后一条直线上。

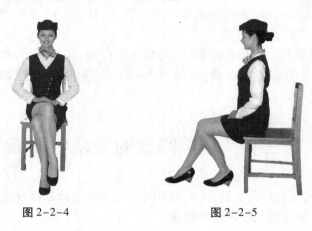

图 2-2-4   图 2-2-5

四、避免不雅坐姿

在落座时,一定要遵守律己敬人的基本规定,避免出现以下不雅的坐姿。

(1)坐立时上体不直,左右晃动,或上身过度前俯。

(2)两腿分开太大,不论是大腿还是小腿,都会给人不雅的印象。

(3)两腿伸得过远,这样坐既不雅观也会妨碍别人。身前如有桌子,双腿尽量不要伸到外面来。

(4)叠腿方式欠妥。"4"字型叠腿,将小腿放于另一条腿的大腿上,两腿之间还有很大的空隙,这样就显得非常的放肆了。叠腿时应两大腿相叠,且应并拢。

(5)抖腿或晃动脚尖。这样不仅会让人有心烦意乱之感,还会给人以极不安稳的印象。

(6)脚踩他物。坐下来后,脚一般都要放在地上,如果用脚在别处乱蹬乱踩,是非常失礼的。

(7)手乱放。就座后,双手要放在身前,有桌子时可放在桌子上。单手、双手放在桌下,肘支在前面的桌子上或是手夹在两腿间都是不允许的。

(8)满坐或坐太少。无论哪种坐姿,都不可满坐。如与德高望重的长辈、上级谈话时,为表示尊重、敬意可坐凳面的1/3;如坐宽大的椅子或沙发,不可满坐,也不可坐得太靠里边,坐满2/3即可,否则,会使小腿靠着沙发边有失雅观;若坐的太少、太靠边会使人感到你在暗示对方你随时都会离开。

五、坐姿的控制练习

1. 盘腿坐

重心落在臀部,挺胸收腹,立腰提气,肋骨上提,头颈向上伸,微收下颌,两腿屈曲,两

脚脚心相对盘于腹前,双肘放松,手腕搭于膝上,也可双手背于身后。

2. 正步坐

上体姿势同盘腿坐。两脚并拢,脚尖正对前方,两膝稍稍分开,两臂自然屈曲,两手自然扶于大腿处,上体正直,微向前倾,肩放松下沉,立腰,头、肩、臀应在一条直线上。

3. 侧坐

上体姿势同盘腿坐。上体微向侧转,两臂自然放松,扶于腿处,两腿屈曲并拢,双膝稍移向一边,靠外侧的脚略放在前面,这样臀部和大腿看起来比较苗条,给人以美的感受。

第三节　基本蹲姿的要领与训练

在日常生活中,在各种公共场合,人们有时难免会需要捡起掉在地上的东西,或取放在低处的物品。下面介绍几种规范的蹲姿。

一、几种规范的蹲姿

1. 高低式蹲姿(图 2-3-1)

高低式蹲姿的基本特征是双膝一高一低。下蹲时左脚在前,全脚着地,右脚稍后,脚掌着地,后跟提起,右膝低于左膝,臀部向下,身体基本上由右腿支撑。女子下蹲时两腿要紧靠,而男子两腿间可保持适当距离。

2. 交叉式蹲姿(图 2-3-2)

交叉式蹲姿通常适用于女士,特别是穿短裙的女士。优点在于造型优美典雅。下蹲时,右脚置步于左脚左前侧,使右腿从前面与左腿交叉,右小腿垂直于地面,右脚全脚着地;左膝从右腿后面向右侧伸出,左脚脚跟抬起,脚掌着地;两腿前后紧靠,合力支撑身体;臀部向下,上身稍前倾。

图 2-3-1　　　　　　　图 2-3-2　　　　　　　图 2-3-3

3. 半蹲式蹲姿

半蹲式蹲姿一般是在行走时临时采用,它的正式程度不及前两种蹲姿,但在需要时也采用。基本特征是身体半立半蹲。要求在下蹲时,上身稍许弯下,但不要和下肢构成直角或锐角;臀部务必向下,而不是撅起;双膝略为屈曲,角度一般为钝角;身体重心应放在一条腿上;两腿之间不要分开过大。

4. 半跪式蹲姿(图2-3-3)

半跪式蹲姿,又称单跪式蹲姿,它也是一种非正式蹲姿,多用在下蹲时间较长,或方便用力时。基本特征是双腿一蹲一跪。要求在下蹲后,改为一腿单膝点地,臀部坐在脚跟上,以脚尖着地;另外,一条腿应当全脚着地,小腿垂直于地面;双膝应同时向外,双腿应尽力靠拢。

二、采用蹲姿时的注意事项

(1)不要突然下蹲。蹲下来的时候,速度不要过快。当自己在行进中需要下蹲时,要特别注意这一点。

(2)不要离人太近。在下蹲时,应和身边的人保持一定的距离。和他人同时下蹲时,更不能忽略双方的距离,以防彼此"迎头相撞"或发生其他误会。

(3)不要方位失当。在他人身边下蹲时,最好是和他人侧身相向。正面他人,或者背对他人下蹲,通常都是不礼貌的。

(4)不要失去姿态。在大庭广众面前,尤其是身着裙装的女士,特别要防止大腿分开。

三、蹲姿的训练方法

(1)加强腿部、膝关节、踝关节的力量和柔韧性训练,具体方法是:压腿、踢腿、提踵、活动关节。

(2)有意识、主动、经常地进行标准蹲姿的练习,以形成良好习惯。

第四节 基本行走姿态的要领与训练

步态是人们行走时的姿态,它是以文雅、端庄的站姿为基础的,是人体最自然、最频繁的一种周期性的位移运动,属于动态姿势,具有节奏感和流动感。步态能直接反映出一个人的精神面貌、气质、文化修养和审美层次。优美的姿态虽然有一定的遗传,但也在于后天的培养和训练。只有通过专门的训练,增强腰、背、胸、腿、手臂的力量和控制能力,改进原始自然行走状态,才能使行走的姿态更规范、更优美、更有风度。

一、走姿的总体要求和步态规范

标准的走姿要以端正的站立姿态为基础,通过四肢和髋部的运动,以大关节带动小关节,使整个身体移动来实现。总体要求是轻巧、自如、稳健、大方、有节奏感。

在行走时,头正,颈直,下颌微收,目光平视前方;收腹挺胸,直腰,背脊挺直,提臀,上

体微前倾;肩平下沉,手臂放松伸直,手指自然屈曲,摆动两臂时,以肩关节为轴,上臂带动前臂呈直线前后摆动,两臂前后摆幅(即手臂与躯干的夹角)不得超过30°,前摆时,肘关节微屈,前臂不要向上甩动;提髋、屈大腿带动小腿向前迈步,脚跟先触地,身体重心落在前脚掌上;身体重心的移动,主要是通过后腿后蹬将身体重心推送到前脚掌,从而使身体前移;前脚落地和后脚离地时,膝盖必须伸直。如图2-4-1和图2-4-2。

图 2-4-1　　　　　　　　　　图 2-4-2

二、步态的三要素

所谓步态的三要素,即一个人在行走时的步位、步幅和步速。

(1)步位,即脚落地时的位置。女子行走时,两脚内侧着地的轨迹要在一条直线上;男子行走时,两脚内侧着地的轨迹不在一条直线上,而在两条直线上。

(2)步幅,即跨步时前脚跟与后脚尖之间的距离。标准的步幅是本人的1~1.5个脚长。

(3)步速,即行走时迈步的速度。一般步速标准为女子每分钟118~120步,男子每分钟108~110步。

三、不同着装的走姿要领

1. 着西装的走姿

西装以直线为主,给人挺拔、庄重、大方之感。因而在步态上应以直线为主,身体要挺直,步幅可略大些。尤其是女性,着西装时通常是公共场合,行走时应显得庄重,切忌髋部左右摆动。

2. 着旗袍的走姿

旗袍以曲线展现其妩媚、典雅的特点,反映出东方女性柔美、富有曲线的风韵。因而女性在身着旗袍行走时,要求身体挺拔、胸微含、下颌微收,步幅应小一些,髋部则可随重心的变化而左右略摆动。

3. 着一步裙的走姿

短一步裙是多数女性工作时的常规装,显示出女性端庄、敏捷、干净、利落、能干、高效的特点。所以行走时注重保持平稳，步幅要小一些，步速可稍快一点，双臂的摆幅也要小一些。

4. 穿高跟鞋的走姿

穿高跟鞋时身体的重心随之转移到前脚掌上。行走时，从头到脚都应给人挺拔的感觉。所以行走时要将踝关节、膝关节、髋关节挺直，挺胸收腹，立腰提臀，头微微上仰。步位称为柳叶步，即两脚跟前后踩在一条直线上，走出来的脚印像柳叶一样。

四、行走姿态控制训练

不良走姿绝大多数是后天不良习惯形成的，但是如果有毅力，坚持不懈地练习，是完全可以改变的。在体现步态美的诸多因素中，除了头、颈、肩、胸、腰、背、四肢的正确姿势外，脚踝也起着极其重要的作用，但却常常被人忽视。脚踝对人体起着支撑、维护平衡和缓冲的作用。拥有一双稳固、灵活而强有力的脚踝，走起路来才能有支撑力，步履优美稳健，灵活自如。因此，在控制好上体、四肢形态的同时，加强脚踝力量练习，提高脚踝灵活性，对矫正走姿和体现步态美也是非常重要的。

（一）脚踝力量和灵活性练习

1. 坐在椅子上，用脚趾夹起地上的小卵石或笔，抛向远处。

2. 站立体重或负重练习。保持正确站姿，用力踮起脚尖，膝关节伸直，尽量提起脚跟至最大限度，然后脚跟下落还原。可连续做，或提踵后稍停顿再继续做，做 25～30 次后放松。

3. 足尖、足跟、足外侧交替走。直立，双手叉腰，用足尖、足跟、足外侧交替行走，膝关节伸直，每个动作走 5～6 m 后放松。

4. 脚背屈伸练习。直角坐，双手撑地，两腿并拢伸直，脚背屈伸。

5. 脚踝绕环练习。姿势同上，两脚由内向外，或由外向内绕环，绕环时脚踝幅度尽量加大。

（二）走姿训练

练习时控制好上体形态，双肩放松，不前倾、后倒、左右晃动。双臂自然前后摆动，幅度不能过大。双脚落地要稳，进行中重心不能上下颤动。控制好胸式呼吸，充分展示良好的身体形态。

1. 直线行走平衡感训练

直线行走，在头顶上放一本书或一块儿小布垫，眼睛平视前方。目的是为了在走路时让颈、背部挺直，使上半身不摇晃。

2. 修正线条训练

进行修正线条训练时，可用一条 5 cm 宽的长带子放在地上，首先踏出一步，注意此时只有脚跟内侧踩到带子，接着让大脚趾也踩在带子上。另外，一只脚也以同样的方法踏出，必须记住只能踏到带子的边缘，使双脚呈倒八字形，以脚掌内侧接触带子。此外，还需避免翘着臀部走路。

以上动作若有音乐伴奏，则练习效果更好，练习的次数及距离因人而异，只要持之以

恒,就定能使步态更健美,走出美的神韵和风采。

五、不良走姿

日常生活中应避免不良走姿,不良的走姿会给人的身体健康和发育造成不良影响,而优美的步态给人身心健康带来更大的益处。行走时要防止八字步,不要低头驼背、摇晃肩膀、双臂大甩,不要扭腰摆臀、左顾右盼,脚不要擦地面。以下是常见的不雅走姿,应注意克服。

(1)肚子腆起,身体后仰。

(2)脚尖出去方向不正,呈现明显的外八字或内八字脚。

(3)两脚不落在一条直线上,明显地叉开双脚走。

(4)步幅过大,身子上下或左右摆动。

(5)双手横着摆动,或只摆动小臂。

(6)腿部僵硬或身子死板僵硬。

(7)脚部拖泥带水,蹭着地面走。

(8)耷拉眼皮或低着头走。

(9)在正式场合,手插在口袋、双臂拥抱、倒背双手走。

(10)不因场地而及时调整脚步的轻重缓急,把地板踩得"咚咚"作响。

六、行走礼仪规范

(1)走路要抬头挺胸、目视前方,肩臂自然摆动,步速适中,忌八字步、摇摇晃晃。

(2)上下楼梯、过道要靠右行,纵队排列,而不要并排行走。不拥不抢,不在楼梯上打闹。出入教室、办公室时要轻声慢步,不影响他人。

(3)遇到熟人要打招呼,互致问候,不能视而不见;需要交谈时,应靠路边说话,不能站在道路当中或人多拥挤的地方。

(4)在公路上应靠右边行走;过马路时应左右看车,不得快速奔跑。

(5)在狭窄的道路上应互相礼让,主动给长者、残疾人让路。

(6)向别人打听道路,先用礼貌用语打招呼,然后再问路;听完回答后,一定要致谢。

第五节　表情姿态的要领与训练

在人际交往中,表情是一种无声的语言,可以传递人们内心世界的思想感情。行为分析专家认为,在人际交往给人的各种刺激中,视觉印象占75%,包括表情、态度,特别是微笑;谈吐印象占16%,包括谈吐文雅,语言谦逊,有文化教养等;味觉印象占3%,包括香甜可口;嗅觉印象占3%,包括芳香、舒畅,富有吸引力和魅力等;触觉印象占3%,包括和谐、温暖和综合性多方面的感觉。因此,服务人员在工作中有必要正确地把握和运用好自己的表情。

一、眼神

眼睛是心灵的窗户。在交际中通过视线接触所传递的信息,也称眼神。眼神在人的面部表情中起主导作用,因此,学会运用眼神有助于我们的人际交往。

(一)瞳孔的变化

瞳孔是兴趣、偏好、动机、态度、情感、情绪等心理活动的高度灵敏的显示屏。瞳孔的变化随着人们的情感、态度、情绪等的变化而自动地变化。在某一特定光线下,当一个人的情绪或态度从积极状态变为消极状态,或从消极状态转变为积极状态时,他的瞳孔就会随之缩小或扩大。当人们对某物示爱、喜欢或感兴趣时,即兴奋时,瞳孔会扩大;而当人们对某物不喜欢或厌恶时,或在紧张、生气、戒备、消极时,瞳孔就会缩小。一些精明的商人即通过顾客瞳孔的变化,来判断他是否喜欢某种商品,从而决定是高价还是折价卖给顾客。

(二)注视的方式

在人际交往中,不同的注视方式所传达的信息也不尽相同。

1.公务注视

这是人们在工作交往中,联系业务、洽谈生意及外事谈判等场合中使用的注视行为。目光注视的位置在以对方双眼或双眼为底线,额头顶点的三角形区域内。这种注视给人严肃、认真、有诚意的感觉,能令对方慎重考虑你的意见,在一定程度上能让自己掌握控制权,保持主动。

2.社交凝视

这是人们在社交活动中,舞会、茶话会、宴会及朋友聚会等场合使用的注视行为。注视的位置以对方双眼或双眼为底线,唇心为顶角的倒三角形区域内。这种注视能营造一种缓和的气氛,令人感到舒适,也很有礼貌。

3.亲密注视

这是亲人之间、恋人之间所使用的注视行为。注视的位置在对方的双眼或双眼到胸部之间的区域内。这是一种最亲近、最没有芥蒂与防备的注视行为,所以,一般人不得随便使用亲密注视,以免引起他人的误解。

(三)学会用眼神表达尊敬与友好

1.注意方向的调整

(1)俯视,即目光向下注视对方,一般表示爱护、宽容之意。

(2)平视,即目光与对方目光约在同一高度平行接触,一般体现平等、公正、自信、坦率等语义。

(3)仰视,即目光向上注视对方,一般体现尊敬、崇拜、期待的语义。

(4)斜视,即视线斜形,一般表示怀疑、疑问的语义。

(5)侧扫视,即目光向一侧扫视,一般表示兴趣、喜欢或轻视、敌意态度的语义。表示兴趣、喜欢时,伴有微笑和眉毛上扬;表示轻视、敌意时,伴有皱眉、嘴角下撇。

服务业人员对宾客宜采用平视、仰视或俯视。

2. 学会时间的控制

据心理学家实验表明,人们目光的相互接触时间通常占交往时间的30%～60%。如果超过60%,则表示对对方本身的兴趣可能大于谈话;若低于30%,则表示对对方或对谈话的话题不感兴趣;如果完全不看对方,只是倾听,则表示听者或是自卑、紧张,或是心中有鬼,不愿让对方看到自己的心理活动,或是对谈话者漠视。

(1)注视时间过长,会令人感到不自在,这是一种对他人占有空间的侵犯行为;注视时间过短,甚至不看对方,会使人感到受漠视。这两种行为都是非常失礼的,都不利于感情的交流,在交往中一定要避免发生。

(2)在交谈过程中,除对方关系十分亲近外,连续的目光接触时间一般为1 s左右。较长时间的目光接触会引起生理上和精神上的紧张,大多数人倾向于避开这种接触,把目光转移开,以示谦让和退让。

(3)一般眨眼的正常次数是每分钟5～8次,一般1 s眨眼几次,且神情活泼,往往被视为对某物有特殊的兴趣,但有时会给人怯懦的感觉;若频繁地眨眼看人,目光闪烁不定,会给人心神不定,心不在焉的感觉;如果眨一次眼的时间超过1 s,则可视为闭眼,如果在交谈中不时地闭眼,就易给人厌烦、藐视之感。

(四)正式场合应克服的不良眼神

1. 不要浑身上下反复打量人。这种眼神容易被理解为有意寻衅闹事。

2. 不要盯住对方某一部位"用力"看。这种眼神是愤怒最直接的表示,有时也暗含挑衅之意。

3. 不要频繁地眨眼看人。这种眼神看起来心神不定,失于稳重,显得轻浮。

4. 不要左顾右盼,东张西望。这种眼神游离不定,让人觉得用心不专。

服务人员的眼神应传达出热情、友好、尊重、诚恳的信息,注重注视顾客的眼睛,从顾客的眼睛中获知其真实的感受,并将自己的心情袒露给对方,以达到心灵的交流。

二、笑容

文学家说,微笑是世界上最美的花朵;美学家说,人在微笑时,五官的比例是最和谐动人的;社会心理学家说,微笑是人际交往中最受欢迎的表情,是打开交往之门的金钥匙。微笑传递的信息常能促进双方沟通,融合双方感情;亦能弱化或消除存在心中的芥蒂与隔阂,增进理解和友谊。因此,我们说微笑是一种人人皆知的世界语。

(一)笑容的作用

微笑可以充分展示一个人的风度,助其成功。当他人获得成功时,你的微笑表示出你对他的真诚祝贺;当他人不慎做错了事而向你表示歉意时,你的微笑显示出你对他的谅解和你的大度;当他人处在紧张、缺乏自信的时候,你的微笑表明你在为他鼓励、加油,而不是鄙视。

在人际交往中,微笑能迅速地缩小彼此之间的心理距离,创造出和谐、融洽、互尊互爱的良好气氛,在交流与沟通中起着润滑剂的作用,有助于交际成功;微笑可以使客人感到欢迎、受尊重,在心理上产生亲近感、安全感和愉悦感;微笑有助于企业树立良好的形

象,获得良好的经济效益和社会效益,促进企业成功与发展。

(二)职业中笑容的标准(图2-5-1)

在服务工作中,微笑有重要意义。微笑服务是一种美德,是热情待客的表现,笑迎天下客是服务工作的宗旨,是与客人打交道的最基本的态度。

嘴唇:上下嘴唇应以脸部中间线为基准对称。

牙齿:应该整齐,且没有明显修补痕迹。让大部分上排牙齿外露,而把下排牙齿隐藏在唇内。

宽度:嘴唇咧开宽度应达到脸部的1/2。

牙龈:尽量少露出,如果露出牙龈,应在2 mm以内。

图2-5-1

(三)笑容训练的基本方法

我们怎样掌握好这门"世界语"呢? 诀窍是发自内心、有诚意。基本做法是:不发声,不露齿,肌肉放松,嘴角两端向上略微提起,面带笑意,亲切自然,使人如沐春风。

1. 放松肌肉

放松嘴唇周围肌肉就是微笑练习的第一阶段,它又称为"哆来咪练习"。嘴唇肌肉放松运动是从低音"哆"开始,到高音"咪",大声清楚地将每个音说3次。不是连着练,而是一个音节一个音节地发音,为了正确发音应注意嘴型。

2. 给嘴唇肌肉增加弹性

微笑时最重要的部位是嘴角。如果锻炼嘴唇周围的肌肉,能使嘴角快速移动到位,也可以有效预防皱纹出现。

挺直背部,坐在镜子前,反复练习下面几个动作。

(1)张大嘴,使嘴周围肌肉最大限度地伸张。张大嘴能感觉到颚骨受刺激的程度,并保持这种状态10 s。

(2)使嘴角紧张。闭上张开的嘴,拉紧两侧的嘴角,使嘴唇在水平上紧张起来,并保持10 s。

(3)聚拢嘴唇。在嘴角紧张的状态下,慢慢地聚拢嘴唇。出现圆圆的卷起来的嘴唇聚拢在一起的感觉时,保持10 s。

(4)保持微笑30 s。反复进行这一动作3次左右。

用门牙轻轻咬住木筷子(图2-5-2)。把嘴角对准木筷子,两边都要翘起,并观察连接嘴唇两端的线是否与木筷子在同一水平线上。保持这个状态10 s。在第一状态下,轻轻地拔出木筷子之后,练习维持此时状态。

图2-5-2

3. 微笑练习

这是在放松的状态下,根据所需嘴的大小练习笑容的过程。练习的关键是使嘴角上升的程度一致。如果嘴角歪斜,表情就不会太好看。在练习

各种微笑的过程中,可以发现最适合自己的微笑。

(1)小微笑。把嘴角两端一起往上提,使上嘴唇有拉上去的紧张感。稍微露出2颗门牙,保持10 s之后,恢复原来的状态并放松。

(2)普通微笑。慢慢使肌肉紧张起来,把嘴角两端一起往上提,使上嘴唇有拉上去的紧张感。露出上门牙6颗左右,眼睛也笑一点。保持10 s后,恢复原来的状态并放松。

(3)大微笑。一边拉紧肌肉,使之强烈地紧张起来,一边把嘴角两端一起往上提,露出10颗左右的上门牙,也可稍微露出下门牙。保持10 s后,恢复原来的状态并放松。

4. 保持微笑

一旦寻找到满意的笑容,就要进行至少维持那个表情30 s的训练。

5. 修正微笑

虽然认真地进行了训练,如果笑容还是不那么完美,就要寻找其他部分是否有问题。但如果能自信敞开地笑,就可以把缺点转化为优点,不会成为大问题。

(1)缺点——嘴角上升时会歪。两侧嘴角不能一起上升的人很多,这时利用木制筷子进行训练可以有效改善。刚开始会比较难,但若反复练习就会矫正过来。

(2)缺点——笑时露出牙龈。笑的时候露很多牙龈的人,往往在笑的时候没有自信,不是遮嘴,就是腼腆地笑。自然的笑容可以弥补露牙龈的缺点,但由于本人太在意,所以很难笑得自然。通过嘴唇肌肉的训练可以弥补这个缺点。

(3)挑选满意的笑容。以各种形态尽情地试着笑,在其中挑选最满意的笑容,然后确认能看见多少牙龈。大概能看见2 mm以内的牙龈,就很好看。

(4)借助字词进行微笑口型训练。微笑的口型为闭唇或微启唇,两唇角微向上翘,除对着镜子找出最佳口型进行训练外,还可借助一些文字发音时的口型来进行训练。如普通话中的"茄子"、"田七"、"前"等,当默念这些字词时所形成的口型是微笑的最佳口型。

6. 修饰有魅力的微笑

如果认真练习,就会发现我们可以在微笑的同时,用良好的身体姿势、眼神、眉毛等来修饰自己的笑容。但在人际交往中,我们较少用眉毛来表达感情。在公共场合中,眉毛应保持自然舒展即可。

(四)微笑的养成

微笑是人们喜悦心情的自然流露,服务工作者的微笑是其自身良好情绪的体现。加强这方面的培训教育使服务人员能够习惯微笑,善于微笑,并自觉地控制不良情绪。

1. 加强爱岗敬业、职业道德及微笑服务意识教育

只有当服务人员在思想和心灵深处,对自己所从事的职业和岗位有正确的认识,并热爱它时;只有服务人员在思想和内心深处具有了敬业、乐业的职业道德时;只有当服务人员在思想和内心深处具有了微笑服务意识,认识到微笑服务的意义和作用,明白了为什么要进行微笑服务时,服务人员才能把个人的烦恼、杂念置于脑后,以强烈的责任感、饱满的热情,全身心地投入到服务工作中去,自觉地为客人提供微笑服务。

2. 加强心理素质训练、增强自控能力

微笑需要以良好的心情为先导。心理素质好的人,无论遇到什么事,心理承受能力较强,情绪相对较稳定,自控能力也较强。而心理素质差的人,心理承受能力较弱,情绪

波动较大,自控能力也较弱,喜怒哀乐溢于言表,这常常会有损形象。因此,培养良好的心理素质,增强自控能力,对服务人员来说是非常重要的。微笑服务要求服务人员不得将个人的任何不良情绪带入岗位,而要在上岗前就调整好自己的情绪。

3.体验角色转换的感受

体验角色转换的感受,即要求服务人员去体验一下顾客的感受:他们需要什么?他们希望得到什么样的服务?若别人向你这样服务,你有何感受?服务人员在有了角色转换感受的深刻体验后,在服务中才能多为客人着想,才能体谅客人的感受,对客人多一份理解,多一份人情味,从而自觉地为客人提供微笑服务。

4.情绪记忆

将生活中自己最好的情绪储存在记忆中,当工作需要微笑时,即调动起最好的情绪,这时脸上就会露出笑容。

第六节　常用服务手势的要领与训练

手势是通过手和手指活动所传递的信息。手势是一种富有表现力的"体态语言",它不仅对口头语言起加强、说明、解释等辅助作用,而且还能表达有些口头语言无法表达的内容和情绪。在服务中,规范、恰当、适度的手势有助于增强人们表情达意的效果,并给人一种优雅、含蓄、礼貌、有教养的感觉。服务人员在与不同国家、不同地区、不同民族的客人交往时,了解并懂得他们的手势语,可以避免误解与不快。

一、"请"的手势

"请"的手势是服务人员常用的手势。"请"根据场景的不同,有"请进"、"这边请"、"里边请"、"请跟我来"、"请坐"、"请舞蹈"等语义。无论是哪一种语义,其基本姿势是相同的,仅手臂所抬的高度有所不同而已。"请进"的手势,其手臂抬起较高,如图2-6-1;"请坐"的手势,其手臂抬起较低,如图2-6-2。

以上两种"请"的手势也叫体侧式,其规范要求是:五指自然伸直并拢,掌心斜向上方,手掌与地面成45°,腕关节伸直,手与前臂形成直线,整个手臂略屈曲,屈曲弧度140°为宜,注意整个手臂不可完全伸直,也不可呈90°的直角。做动作时,应以肘关节为轴,上臂带动前臂,由体侧自下而上将手臂抬起,身体略微前倾,头略往手势方向倒,面向客人,面带微笑,目视来宾。

若一只手拿着东西或扶着门,而另一只手不便做体侧式"请"手势时,可采用屈臂式"请"手势。做法是:五指伸直并拢,掌心向上,手臂由体侧向体前方自下而上抬起,当上臂抬至离身体45°的高度时,然后以肘关节为轴,手臂由体侧向体前摆动,摆到手与身体相距20 cm处停住,身体略微前倾,头略转向手势所指方向,面向客人,面带微笑,目视来宾,如图2-6-3。

若面向较多的来宾表示"请"时,可采用双臂横摆式。如果是站在来宾的两侧,可将两只手臂向一侧摆动,如图2-6-4。

| 图 2-6-1 | 图 2-6-2 | 图 2-6-3 | 图 2-6-4 |

二、指示方向的手势

为客人指示方向,可采用直臂式。其规范手势要求是:屈肘由身前抬起,抬到略低于肩时,再向要指的方向伸出前臂。与体侧式的不同点是:手臂高度齐肩,肘关节基本伸直。上体微前倾,面带微笑,眼睛看所指目标方向,并兼顾客人是否看清或注意到目标。

第七节 形体形态指标的测量、评价与矫正

一、体型胚层类型的评价

物体或线段,按黄金分割进行分配的结果是最为优美和谐和具有完整性的,能使人产生赏心悦目的印象,即按 0.618/1 的比例分。从人体体型来看,人能符合这样的要求,而且,人体的各个部位都存在黄金分割点(或接近这个比值),人体的黄金分割点在肚脐;最美的面部横竖比为三庭五眼(接近这个比值);咽喉是头顶—肚脐的黄金分割点;膝关节是肚脐—足底的黄金分割点;肘关节是肩部—中指尖的黄金分割点等。如果一个人的分割点不是按 0.618/1 的比例来分的话,就会显得不协调。

评价 从生理角度来讲,人体的体型可分为外胚层、中胚层和内胚层体型,它们都有各自的特点。

外胚层体型:由外胚层发生而来的皮肤和神经组织状态所确定。外胚层成分占绝对优势的个体,典型特征是:身体纤细、脆弱、无力。这种体型的人身体各部位都表现为细薄,肌肉极不发达;还往往头骨较大,脸面瘦削,下颌尖细,颈部细长,胸薄而狭长,腹平坦甚至下凹,臀部不显眼,四肢瘦长。

中胚层体型:由中胚层发生而来的肌肉、骨骼发育程度所确定。中胚层成分占绝对优势的个体,典型特征是:身体各部位的肌肉、骨骼和结缔组织发育很好。这种体型的人

身体魁伟结实,肌肉粗壮并轮廓清晰,骨骼和关节粗大,肩部和胸部宽阔,腰腹较肩胸小,具有一定的曲线感,手脚粗大。中胚层体型也称运动员体型,骨骼和肌肉发达,体型适中呈倒三角。

内胚层体型:由内胚层发生而来的消化系统功能所确定。内胚层成分占绝对优势的个体,典型特征是:整个身体的各关节均成圆胖状,积蓄了大量的脂肪组织。这种体型的人头大而阔,颈部粗短,胸廓宽阔,腹部隆起并下垂,腰部粗大,臀部丰满,四肢粗短。

通过对训练前后所测量的数据进行对比,可以测出训练的效果。如果练习者的围度增大,说明对训练产生了效应,有可能是肌肉的围度增加,也有可能是脂肪的含量增加,这时就要结合身体成分、体重等指标来综合评价,得出练习者所属哪一种体型,然后针对练习者体型的不足进行矫正,使练习者向良好的体型转变。在阶段练习后再测一次体型,与原始数据进行比较,可以检测出练习方法是否正确,从而及时调整练习计划及方法。

二、形态指标的测量与评价

(一)仪器测量法

1.目的

了解身体长度、围度、厚度情况,找出形体差距,确定训练内容和扬长避短的着装方法。

2.要求

(1)专门、固定的测试地点,光线充足,温度不低于 20 ℃。

(2)落地大镜子,测量仪器。

(3)测量时应着轻便贴身短装练功服;在坚持练习后每月或每隔 2 个月测试一次。

(4)下列情况不宜测试:生病或自我感觉不好,生病后的恢复期,训练后尤其是大运动量后不能测量,女性月经期不能测量。

(5)测量时身体与地面保持垂直。

3.测量仪器

身高体重测量仪,软皮尺,脂肪钳,肩部卡尺。

4.测量内容与评价

体重——测量时,身体直立,保持平衡,脱鞋。通常情况是,我国的男子体重指数应为 348 g/cm,女子的体重指数应为 335 g/cm。若男子的体重指数超过 450 g/cm,女子的体重指数超过 420 g/cm,则表示偏于肥胖;男女的体重指数低于 300 g/cm,则表示偏瘦。

身高——两脚并拢,后背挺直。我国青年男子的身高指数应为 109,女子的身高指数应为 104。

上肢长——肩外侧到手指尖。两臂侧举时的长度等于身高。

肩宽——测量两肩之间的最远距离,用皮尺从左到右。标准者两肩的长度为头宽的 2.5 倍。

腰长——测量最后一根肋骨与髋骨之间的长度。

腿长——从后臀折线到地面的长度(臀折线是臀部与大腿后侧相交线)。标准的腿长应相当于身高的1/2。

腕围——测量腕骨最细的部位。

踝围——踝关节最细的部位。男子的脚踝围度约小于小腿围12 cm。

臂围——上臂最粗的部位。上臂围约等于1/2大腿围。

胸围——肩胛骨下沿2~3 cm的位置,前面紧贴乳头,皮尺水平绕一周。男女的胸围指数大于1者,说明胸廓和胸部发育良好;反之,则说明胸廓和胸部肌肉发育较差。

腰围——两脚并拢,上身挺直,测量腰最细的部位,皮尺水平绕一周。男子腰围约小于胸围18 cm;女子腰围不大于1/2身高。

臀围——两脚并拢,上身挺直,测量臀部最突出的部位,皮尺水平绕一周。男子臀围约等于胸围;女子臀围约大于胸围2~3 cm。

大腿围——两腿分开与肩同宽,测量大腿处最粗的部位。男子大腿围约小于胸围22 cm;女子大腿围约小于腰围8~10 cm。

小腿围——测量小腿最粗的部位。男子小腿围约小于大腿围18 cm;女子小腿围约小于大腿围18~20 cm。

上臂皮脂厚度——左上臂肩峰至桡骨头连线之中点,即肱三头肌肌腹部位的脂肪厚度。男性成人的肱三头肌皮肤皱襞厚度大于10.4 mm,女性大于17.5 mm属于肥胖。

上腹皮脂厚度——从腰线向右4~5 cm处捏起。

下腹皮脂厚度——肚脐下2~3 cm,腹部中部左右4~5 cm处捏起。正常腹部男性的皮肤皱襞厚度为5~15 mm,大于15 mm为肥胖,小于5 mm为消瘦;正常成年女性的腹部皮肤皱襞厚度为12~20 mm,大于20 mm为肥胖,小于12 mm为消瘦。

后背皮脂厚度——肩胛骨下靠近斜方肌的位置中点3~4 cm处捏起。正常成人肩胛皮肤皱襞厚度的平均值为12.4 mm,超过14 mm就可诊断为肥胖。

(二)目测法

1. 颈形(图2-7-1)

(1)过短:颈长小于脸长的一半。

(2)过长:颈长大于脸长的一半。

(3)适中:颈长等于脸长的一半。

2. 肩形(图2-7-2)

图2-7-1

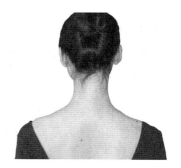

图2-7-2

（1）平肩：从水平线平视左右两肩点，刚好成一水平线者，即为平肩，此肩形又分为宽肩和窄肩两种。

（2）垂肩：从水平线平视左右两肩点，明显下垂者，即为垂肩。

3. 臂（图2-7-3）

前臂形状为平滑、圆润、内外有弧线。

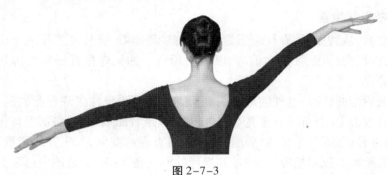

图2-7-3

4. 上身的长短

西方画家认为人头与躯干的比例为1：7最美。其中，头身＝身高/头长，例如，身高为160 cm，脸长为20 cm，头身为160/20＝8，即8个头身。若将人体分为7.1个头身长，认为标准比例上身（腰以上）2.7个头身，下身（腰以下）4.4个头身。如果上身短于2.7个头身为上身短，如果超过2.7个头身为上身长。

5. 胸

胸至锁骨可以看到比较明显的锁骨线，位置较高。女性胸部丰满、坚挺而富有弹性，可以看到明显的外圆弧形。

6. 臀形

（1）大：标准的臀部宽度大约是头宽的两倍多，超过此宽度且宽度大于肩宽者为大。

（2）小：髋部窄于肩。

（3）平坦：臀部无峰形，并且内有点下垂，多数人则因为腰部细小，便容易使臀部显得平坦。

三、身体姿态的评价

在没有仪器进行精确测量时，可以用以下方法进行目测，以判断身体形态的状况。

（一）基本姿态

1. 站姿：头正、颈直、开肩，上体自然挺拔，腰直，小腹微收，两臂自然放松，腿自然伸直，重心在双脚上。在对直立姿势进行检查时，要从两个方面进行观察：从后面看，头颈脊柱和两足跟立在一条垂直线上，肩部和髋部水平；从侧面看，头顶、耳前、髋、膝关节外侧、外踝间应在同一垂直线上。男子挺拔刚健，女子亭亭玉立。

2. 坐姿：端庄优美。女子要求两膝并拢；男子双膝稍可分开，略窄于肩宽。腰背要挺直，肩放松，挺胸，收腹，脊椎与臀部成一条直线，略收下颌，目视前方。

3.走姿:男子自然稳健,风度翩翩;女子轻捷自如,优美大方。要求以标准站姿为基础,行走时头与躯干成直线,目视前方。部位正确,重心平稳,步幅基本一致,双臂自然摆动。

此外,还应注意日常生活中动作的规范、准确、灵敏、协调,这也是姿态和形体美的一部分。

(二)脊柱形状检查

身体直立时,从背面看,脊柱应当是笔直的;从侧面看,脊柱外形呈两个生理弯曲,即颈段向前弯,胸段向后弯、腰段向前弯、骶段向后弯。如果脊柱有异常生理弯曲,就必然影响直立姿势。

1.脊柱前后弯曲检查:脊柱前后弯曲的检查主要是测脊柱生理弯曲的颈弯和腰弯的深度。检查时脱去上衣,背靠一个宽5~10 cm立柱或背靠墙站立,头部保持正直,两眼平视前方,两肩胛骨,骶部和足跟紧贴立柱或墙。检查者站在侧方,用直尺测量颈弯或腰弯距立柱或墙的距离。正常情况下,颈弯和腰弯的深度在3~5 cm范围内(颈弯3~4 cm,腰弯2~2.5 cm)。也可用手指估测,正常颈弯为3横指,腰弯为2横指。由于脊柱前后弯曲的变化,在外观上可改变头颈与躯干相互间的位置,而形成不同的背形,及我们通常所说的驼背、直背、鞍背。通过检查测量就可判断背的形状。

2.脊柱侧弯检查:脊柱侧弯的检查主要测后背脊柱是否平直。通常用两种方法:第一种方法是重锤法。准备时,衣着短裤,赤背,用一根粗绳的一段固定在头顶正中,另一端系一重锤自然下垂,依次检查侧弯的方向和弯曲的程度。检查时,首先目测重锤的细绳是否与脊柱保持一致,有无偏移现象。若有单纯的向左或向右偏移,称为"C"型弯曲;若脊柱上段向左,下段向右,或正好相反,则称为"S"型弯曲。"C"型和"S"型都属于异常脊柱。第二种方法是指压法。指压法是一种检查脊柱胸腰段有无侧弯的简便方法。检查时稍弓背坐好,另一人用手拇指沿脊柱正中用力由上至下压,在背部留下一条红印,正常脊柱呈直线,脊柱侧弯则呈曲线,这样就可以判断是否正常。

(三)背部检查

1.正常背:颈弯和腰弯的深度在正常范围。

2.驼背:胸段后弯幅度加大,似驼峰,腰弯小于2~3 cm。

3.直背:胸弯和腰弯均减小,背部平直。

4.鞍背:腰弯大于5 cm以上,形似马鞍。

(四)腿型检查

在对腿型进行检查时,先两腿自然并拢直立(不可用力并),然后根据两足跟或两膝之间的距离来判断腿的形状。

1.正常腿形:站立时,两足跟和两膝均能并拢。

2."O"型腿:两足跟并拢时两膝不能并拢,且相距超过1.5 cm以上。

3."X"型腿:两腿(膝)并拢时,两足跟不能靠拢,且相距1.5 cm以上。

4."D"型腿和"K"型腿,一侧膝正常,另一侧膝外翻或内翻。

评价 身体姿态的评价也是通过练习者练习前后的纵向比较。若练习者通过一段时间的练习,身体姿态越来越向标准化姿态靠近,而且练习前的一些不良姿态得到改善,说明练习效果良好;如果练习后通过身体姿态测量并没有得到改善,说明练习方法或练习量不合理,需要调整。

四、不良形体形态的矫正

(一)"头、颈部前伸"的矫正方法

头、颈部前伸主要是由于长期采用不正确的学习、工作姿势所造成的。其表现为站立和坐立时,颈部过分前伸,颈部与头不能与肩部保持在一条垂直线上。

1.矫正方法一:颈屈伸展

站立或坐立,颈屈,使下颚贴近颈前部,保持下颚内收;颈向后收至极限,然后做向前伸颈的动作,再收至还原。注意:不能使下颚向下运动。在此姿势下做伸颈动作,保持几秒钟,然后放松,重复5~10次。

2.矫正方法二:靠墙立颈

两脚距离墙30~50 cm靠墙站立,紧收下颚;头颈部尽力贴靠墙面,坚持几秒钟,放松。重复5~10次。

3.矫正方法三:颈环绕

站立或坐立,360°绕环颈。顺时针绕环5~10次,然后逆时针再绕环5~10次,向下绕环时收紧下颚。重复做3组。

4.矫正方法四:屈腿仰卧(图2-7-4)

图2-7-4

屈腿仰卧,全脚掌着地。颈后伸时迫使头颈着地,并且使背部平贴地面,保持5 s。重复5~10次。

5.矫正方法五:前屈压肩

两臂上举,躯干前屈,用手扶墙或把杆,胸部向下用力压,保持几秒,使压力置于肩部伸肌上。重复10~20次。

(二)"高低肩"的矫正方法

两肩高低不平是因为经常用同一侧的肩膀挎包、扛东西或用同一侧手提重物,使一侧的肩部处于紧张状态,久而久之,一侧的肩部有明显的斜肩,从而导致两肩的不平。

1.矫正方法一:双肩上提(图2-7-5)

面对镜子站立,两手持哑铃下垂于体侧。要求身体正直,两手用力均匀,双肩端起同时

吸气,使双肩保持在一个水平面上,停留10~30 s,然后沉肩,重复10次为一组,共练习3组。

2.矫正方法二:侧平举(图2-7-6)

面对镜子站立,上体正直。两脚开立与肩同宽,上体直立,两手持哑铃下垂于体侧准备。吸气,同时两臂做侧平举,控制3~5 s;呼气,放下还原。动作重复15~20次为佳。

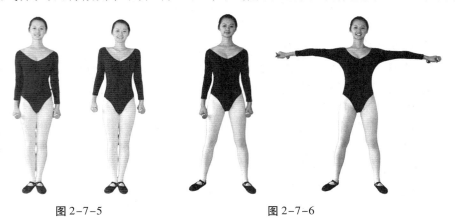

图2-7-5   图2-7-6

3.矫正方法三:单肩侧绕(图2-7-7)

面对镜子自然站立,低肩的一侧手持哑铃,向侧绕至单臂侧上举,另一只手自然放于体侧。重复15次为一组,共练习3组。

(三)"溜肩"的矫正方法

"溜肩"又称"垂肩",是青少年中常见的一种身体发展不平衡现象,主要表现为肩部与颈部的角度较大。"溜肩"形成的主要原因是肩部和肩胛骨周围附着的各肌肉群(如三角肌、胸大肌、背阔肌、斜方肌等)不发达、无力,使锁骨和肩峰部位下垂,从而形成溜肩畸形。

1.矫正方法一:耸肩(图2-7-8)

双手叉腰,直立或跪坐准备。吸气,双肩快速向上耸,控制5 s左右;然后向下放松沉肩,呼气,返回准备动作。每天练习5~10 min为佳。注意需要放松胸部做练习。

图2-7-7   图2-7-8

2. 矫正方法二:蝉式支撑

屈膝半蹲,双手撑地,与肩同宽准备。将重心慢慢移至双手,双脚立半脚尖,收腹、团身;然后右脚、左脚脚尖慢慢离地,双脚悬空。双手支撑全身重心,控制 3~5 s,返回准备姿势。动作重复 10~15 次为佳。

3. 矫正方法三:俯卧撑(图 2-7-9)

俯卧,两手掌撑在地面上,两手间距约同肩宽,两脚踏在地面上,身体保持平直准备。向下屈臂和向上撑起时,肘关节内收,不要外展。动作重复 15~20 次为佳,可根据自己的能力逐日递增。

4. 矫正方法四:胸前提拉(图 2-7-10)

站立姿态,双脚开立与肩同宽,双手握哑铃或杠铃准备。两手屈臂,将哑铃或杠铃沿身体向上提至与肩平行,控制 3~5 s,返回准备动作。动作重复 12~15 次为一组。

图 2-7-9　　　　　　　　图 2-7-10

(四)"驼背"的矫正方法

驼背形成的原因:平常不注意保持正确的身体姿势,背部肌肉不主动用力,致使背部肌肉松弛无力,从而导致驼背的形成。

1. 矫正方法一:前屈压肩

两臂上举后躯干前屈,两手扶墙或把杆,胸部向下用力压,保持几秒钟,同伴可帮助其向下沉,使压力置于肩部伸肌上。

2. 矫正方法二:仰撑挺胸(图 2-7-11)

平躺挺胸,双手侧平举,双脚并拢做准备动作。头向后卷同时挺胸至最大限度,头顶点地,两臂伸直放松扶地,控制 5 s 左右返回到准备位置。动作重复 10~15 次为佳。

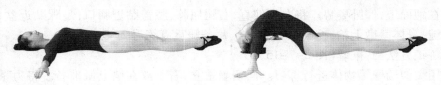

图 2-7-11

3. 矫正方法三：平屈扩胸（图2-7-12）

两脚并拢，自然站立，两手握拳或持哑铃。两臂胸前平屈向后扩胸，同时两肩向侧打开，肘关节尽量端平。动作重复20~25次为一组。

图2-7-12

4. 矫正方法四：俯卧两头起（图2-7-13）

俯卧，双手前伸，双脚并拢做准备动作。头、胸、腿同时向上抬起，使身体呈背弓形，控制5~8 s；吸气，还原。动作重复15~20次为一组。

图2-7-13

（五）"鸡胸"的矫正方法

"鸡胸"是一种常见的胸廓畸形，是指胸骨向前明显突出，胸前壁呈楔状凸起，状如禽类胸骨。它不仅影响美观，还会妨碍人体呼吸和循环功能。一般轻度的胸廓畸形对人体生理功能影响不大，主要应采取预防措施，如服用维生素D、增强体育锻炼等，以防止其继续发展。对严重畸形，则应给予外科手术治疗。

造成"鸡胸"的原因大致可以分为：①先天发育异常，胸骨和脊椎骨、肋骨的发育不平衡，造成了胸廓的畸形；②婴幼儿时期营养不良，如孕妇体内缺钙或患有某些营养不良的疾病；③胸腔内疾病，如先天性心脏病、扁平胸等；④日常不良习惯等原因。

1. 矫正方法一：抱吸腿（图2-7-14）

躺在地面上，仰卧姿势。将左脚伸直，右腿屈膝，膝盖贴近胸口，足踝贴近盆骨，双手环抱右腿，身体微微上抬，控制30 s左右。每条腿重复练习2~3次为佳。

2. 矫正方法二：推墙（图2-7-15）

利用类似墙壁等物体进行练习。面朝墙站立，右手放在墙上做准备。将力量放在肩膀位置，用手紧推墙，集中伸展右胸肌，控制10 s左右，这些肌肉组织平日极少有机会活动。左手将动作重复。每只手重复练习5~10次为佳。

图 2-7-14　　　　　　　　　　　图 2-7-15

3. 矫正方法三：正反 C（图 2-7-16）

利用类似哑铃等重物进行练习。盘腿坐地，两手紧握哑铃平举做准备动作。双手慢慢往前平移并拢，成前平举，腰椎向后平移，埋头头顶找肚脐。控制 5 s 左右，返回准备动作。动作重复 20~25 次为佳。

图 2-7-16

（六）"扁平胸"的矫正方法

"扁平胸"是一种胸廓呈扁平状的形态。正常人的胸廓横径纵径比为 1.5∶1，而"扁平胸"比的纵径大于 2，其前后径不及左右径的一半。当代人越来越注重个人形象的塑造，因而特别为"扁平胸"苦恼，因为"扁平胸"给人的印象一是不美观，二是不健康。其实，只要加强营养，平衡膳食，坚持锻炼，扁平的胸部一定会变成丰满、挺拔、曲线优美的胸部。

"扁平胸"产生的原因有三种：一是胸部先天性发育不良；二是青春期营养摄入不足；三是哺乳后乳房萎缩、松垂等。

1. 矫正方法一：推手美胸（图 2-7-17）

盘腿坐下准备，将双臂抬起与肩同高，两手掌心相向贴紧，双手合十，犹如祈祷。两手掌心稍使力向内互推，控制 10 s 左右，直到手臂、手肘微酸为止。整个练习重复 20~25 次为佳。

2. 矫正方法二：拉臂美胸（图 2-7-18）

盘腿坐下，挺胸，缩小腹，将双手伸直举高，高过头顶准备；将右肘微弯后，由左手稍

用力一拉将右手往背后带下,控制 5 s 左右;双手再伸直上举,左右手交替,也就是左手肘微屈曲,由右手稍用力一拉将左手往背后带下。整个练习左右交替,重复 20~25 次为佳。

3.矫正方法三:V 字挤压(图 2-7-19)

直立,双手持哑铃进行训练;吸气,同时弯曲胳膊肘,将双肘往身体两侧张开;呼气,同时胸部用力,将胳膊肘回收到胸前,离身体越远越好。此时两手肘在胸前相碰,两手掌分开,两个小臂呈 V 字形。控制 5 s 左右,返回准备动作。整个练习重复 12~15 次为佳。

图 2-7-17   图 2-7-18   图 2-7-19

(七)"塌腰"的矫正方法

"塌腰"主要是由于没有养成收腹立腰的习惯,使腰椎长年累月处于负重状态,腰椎的正常生理弯曲加大,久而久之形成"塌腰"的不良姿态。

1.矫正方法一:骨盆前收(图 2-7-20)

自然站立,两脚与肩同宽,骨盆向体前收,将骨盆置于身体的正下方或前下方,静止 5 s 后还原。重复 5~10 次。

2.矫正方法二:猎猫(图 2-7-21)

跪撑于地面,含胸低头,使脊柱向上拱起并保持 5 s,然后还原。重复 5~10 次。

图 2-7-20   图 2-7-21

3. 矫正方法三：屈腿仰卧起(图2-7-22)

仰卧，全脚掌着地；屈髋、膝，同时颈部也开始向前慢屈，使背部抬离地面45°。重复5～20次。

图2-7-22

(八)"脊柱侧弯"的矫正方法

"脊柱侧弯"是指脊柱向左或向右发生弯曲，超过正常范围。常发生于颈椎、胸椎、腰部或胸部与腰部之间的脊椎，是青少年发育期(以女性居多)比较常见的一种脊柱畸形。初期表现为两肩不等高或腰凹不对称；后期表现为脊柱向一侧弯曲，呈C形或向双侧弯曲，呈S形。

迄今为止，"脊柱侧弯"发病的原因仍不是十分清楚，不过大致可以分三种情况：①先天遗传；②人体代谢异常；③日常不良生活习惯。由于现在学生身体活动量普遍不足，肌力缺乏锻炼，再加上坐、站、走、背包等姿势不正确，容易造成"脊柱侧弯"。

检查"脊柱侧弯"的基本方法有：①测量双肩的高度是否相同；②测量双肩胛骨高度与位置是否对称；③测量腰线是否水平；④测量向前弯腰时，腰背部的左右高度是否一致。

图2-7-23

1. 矫正方法一：哑铃侧弯腰(图2-7-23)

双脚开立，自然站立，侧弯一侧的手臂握住哑铃自然下垂，另一侧手臂肩侧屈抱头准备。上体向握哑铃的一侧弯曲，尽力延伸。控制3～5 s，还原。动作重复15～20次为一组，做两组。

2. 矫正方法二：转体(图2-7-24)

两脚开立，双手持哑铃，弯曲双臂，胸前平举；扭转躯干，朝脊柱凸起的方向做体转运动。动作过程中要注意双腿伸直，双脚不要离开地面。反复练习20次为一组，共练习三组为佳。

3. 矫正方法三：跪立后举腿(图2-7-25)

跪立，两手掌体前撑地，将脊柱侧凸一方的腿用力向后上方抬起；抬腿时，挺胸，抬头，动作要快。控制时后腰肌用力夹紧，停留8～10 s，还原。重复练习20次为一组，共练习三组为佳。

图 2-7-24   图 2-7-25

（九）"O 型腿"的矫正方法

"O 型腿"是佝偻病的症状之一，又称"罗圈腿"。在正步站好，两足内踝部靠拢，双腿笔直站立时，如果双膝有缝隙，并且相距 1.5~2 cm 以上的，称为 O 型腿。O 型腿的形成原因大致有以下三种：①在幼儿时期站立过早、行走时间过长，导致双下肢长期负重，双下肢骨向外弯曲；②缺乏维生素 D 和钙，维生素 D 的缺乏会造成钙、磷代谢紊乱，钙的吸收障碍，出现骨质软化；③长期行走姿势不正确。O 型腿一旦形成，对一个人的站姿、走姿和形体都会有不同程度的影响，应及早发现，及时矫正。

1. 矫正方法一：双膝内扣（图 2-7-26）

双脚平行站立与肩同宽，两臂自然下垂。两腿微微弯曲下蹲，身体前倾，两手扶膝盖外侧。双手用力向内侧推压膝关节，使双膝关节内扣并拢，控制 5 s 左右。整个练习重复 5~10 次为一组。

2. 矫正方法二：跪坐练习（图 2-7-27）

跪立，两膝并拢，两小腿分开，双手叉腰。臀部慢慢向下压，用上体的重量压迫两腿慢慢向下扣膝至跪坐，控制 5 s 左右。整个练习重复 5~10 次为一组。

3. 矫正方法三：夹物下蹲（图 2-7-28）

正步站立，将书或其他物品放在两膝之间，两膝把物品夹紧，身体前屈，双手扶两腿膝盖外侧。屈膝缓缓下蹲，两手适当用力向内挤压，使双膝紧闭，所夹之物不掉落，控制 5 s 左右后起立。整个练习重复 10~20 次为一组。

图 2-7-26   图 2-7-27   图 2-7-28

(十)"X型腿"的矫正方法

"X型腿"又称"剪刀腿",是股骨内收、内旋,两膝能并拢,而胫骨外展、外旋,两脚并不拢的一种骨关节异常和腿部形态异常的现象,是佝偻病的症状之一。当正步站立时,两膝并拢,两足足跟并不拢,间隔距离在1.5 cm以上,走路出现两膝"打架"互碰步态的均为X型腿。造成X型腿的原因与O型腿基本相同。只有很少一部分人的X型腿是由小时候缺钙引起的,而大多数人的X型腿是由长期不良姿势或用力不当引起的。矫正X型腿的困难较大,但长期坚持练习,也会有很好的效果。

1. 矫正方法一:正坐压膝(图2-7-29)

坐立,两脚掌掌心相对,两膝外展,两手分别扶膝关节内侧。身体微前倾,同时双手轻轻下压膝盖,不可太快、太猛。注意,脚掌不要分开,膝盖压到不能再压时,保持一段时间,放开还原。整个练习重复15~20次为佳。

2. 矫正方法二:俯跪双膝外展(图2-7-30)

俯跪,两臂弯曲,用前臂在体前支撑做准备。两膝分别向外侧横移,尽量分开;两脚脚掌相对,尽量贴近地面。到最大限度后,控制5 s,还原到准备动作。整个练习重复10~15次为一组。

3. 矫正方法三:按压膝盖(图2-7-31)

坐在椅子或凳子上,右脚屈膝把小腿放在左大腿上,左手扶住右脚脚踝,右手放在右膝盖上。右手用力将右膝向下按压,按压至最大限度,控制5 s左右,然后慢慢放松两手还原。异侧腿动作同上。两侧练习各重复10~15次为一组,单次控制时间可根据水平提高而延长。

图2-7-29　　　　　　图2-7-30　　　　　　图2-7-31

(十一)"Y型腿"的矫正方法

"Y型腿"是佝偻病的症状之一,是胫骨内收内旋,而股骨外展、外宣,两腿膝盖以上并不拢的一种骨关节异常和腿部形态异常的现象。当正步站立时,两膝和足跟并拢,大腿内侧并不拢,间隔距离在1.5 cm以上的均为Y型腿。Y型腿形成原因与O型腿、X型腿基本相同,只是外形稍有区别。形成Y型腿的主要原因也是幼儿过早行立,导致下肢过早负重,骨质软化和长期保持不良姿势所造成的。

1. 矫正方法一：十字交叉腿踢（图2-7-32）

平躺，双手侧平举，双脚并拢绷脚尖准备。右脚脚尖发力，朝左肩方向踢腿，当腿踢到极限的时候控制5 s左右，左手握住右脚，辅助其向左交叉；收回右腿，返回准备动作。反向练习同上。两侧练习各重复15~20次为一组。

2. 矫正方法二：单腿半蹲（图2-7-33）

正步站立，双手叉腰准备。屈膝半蹲，右脚向左前侧方迈出交叉；两膝和大腿夹紧，右小腿可轻靠左小腿。腿部姿态类似跷二郎腿，控制5 s左右还原。反向练习同上。两腿各重复练习15~20次为一组。

3. 矫正方法三：夹书（图2-7-34）

利用类似书本等物品进行练习。正步站立，将书放在两大腿之间，大腿内侧把书夹紧；身体可微微前倾，两手适当用力向内挤压，使大腿紧闭，所夹之物不掉落，控制5 s后起立。整个练习重复10~20次为宜。

图2-7-32　　　　　　图2-7-33　　　　　　图2-7-34

（十二）"大腿过粗"的矫正方法

大腿过粗严重影响了人们的体形美和形态美，造成大腿过粗的原因大致可分为：①先天遗传；②饮食习惯，食用含脂肪食物过多，而脂肪聚集在臀部和大腿；③缺乏运动或运动不当、过量，如较长时间做屈腿附中动作，类似举重和短跑，这些都会使大腿变粗。

1. 矫正方法一：仰卧屈伸

仰卧，双腿伸直，然后双腿缓慢向上弯曲腿部尽量贴近胸部，慢慢向上伸直腿与身体垂直，还原。要求：双腿要夹紧，尽量控制姿态，匀速进行。重复练习15次为一组。

2. 矫正方法二：踏跳步（图2-7-35）

小八字站立，两手叉腰准备。将左脚向前跨一步，跳起，右腿后举伸直。跳起落下的同时换右脚向前迈步蹭地，左腿伸直后举，注意背部要挺直。速度不可过慢，整个练习重复20~30次为一组。

图 2-7-35

3. 矫正方法三：踢腿练习

前踢腿：仰卧地面，双腿并拢，双手放于体侧，左脚向上踢起，在空中停留 5 s，重复练习 20 次。换右腿做完为一组（图 2-7-36）。

侧踢腿：侧卧地面，双腿并拢，双手放于体前方，右腿向上踢起，在空中停留 5 s，重复练习 20 次。换左腿做完为一组（图 2-7-37）。

后踢腿：跪立，双手手掌撑于地面，左腿伸直点地后向上踢起，在空中停留 5 s，重复练习 20 次。换左腿做完为一组（图 2-7-38）。

图 2-7-36   图 2-7-37   图 2-7-38

（十三）"八字脚"的矫正方法

"八字脚"有内"八字脚"和外"八字脚"两种。外"八字脚"就是行走时两只脚尖向外分开，而行走时如果两脚脚尖向内扣则为内"八字脚"。"八字脚"主要是由先天遗传因素和后天因素造成的。后天因素主要是由于过早站立、学走，体内缺钙，以及不良的走姿习惯造成的。

1. 矫正方法一：日常训练

在日常生活坐、立、行中，有意识地控制两腿，使腿脚并拢，脚尖和膝盖朝正前方向。

2. 矫正方法二：芭蕾脚位（纠正"内八字脚"）

双手或单手扶把。两脚脚跟对齐并拢，两脚脚尖尽力向外分开，朝外，最好能够达到芭蕾舞一位脚。控制时间则根据练习者的自身情况而定，可由 5 s 慢慢增加到 1~2 min。在此基础上，可将左右脚分开约一脚的距离，形成芭蕾舞二位脚，练习方法同上。

3. 矫正方法三：脚跟外展（纠正"外八字脚"）

正步站立，双手叉腰。右脚脚跟向外慢慢展开 90°，再收回成正步；换左脚脚跟向外慢慢展开 90°，再收回成正步。反复进行。双脚同时向外慢慢展开脚跟 90°，再收回成正步。反复进行。

（十四）"扁平足"的矫正方法

"扁平足"俗称"鸭蹄"、"平板脚"等，是指在站立的时候，足部内侧没有足弓，而足底贴地。正常的足弓是由跖骨、距骨的拱形砌合，以及足底的韧带、肌腱等具有弹性和收缩力的组织共同构成的一个凸向上方的弓。足弓的主要功能是使重力从踝关节经距骨向前分散到跖骨小头，向后传向跟骨，以保证直立时足底支撑的稳固性。当身体跳跃或从高处落下着地时，足弓弹性起着重要的缓冲震荡的作用。在行走，尤其是长途跋涉时，足弓的弹性对身体重力下传和地面反弹力间的节奏有着缓冲作用，同时还有保持足底的血管和神经免受压迫，减少外力对脊柱、大脑和内脏的冲击等作用。

"扁平足"大部分是由遗传、先天结构发育不良或后天足部肌肉、韧带损伤，如肌腱损伤、小腿肌群麻痹、萎缩等原因造成的，这些因素使维持足弓的力量薄弱，引起足弓变形或者消失而形成扁平足。

1. 矫正方法一：芭蕾舞立半脚尖（图 2-7-39）

像芭蕾舞者一样，直立，双手叉腰准备。先慢慢提起脚后跟，尽量提高，脚趾尖紧抓地面；保持身体重心，控制 5 s，再慢慢恢复到准备位置。整个练习重复 15~20 次为宜。

2. 矫正方法二：钩脚压腿（图 2-7-40）

正步直立，双手自然下垂准备。右脚向前伸出，脚后跟着地，钩脚尖；左腿屈膝，身体前倾，双手可抓脚掌；尽力使头顶靠近右脚脚趾尖，控制 5 s 左右，返回准备动作。左脚钩脚动作同上。整个练习重复 10~15 次为佳。

图 2-7-39

图 2-7-40

3. 矫正方法三：抓趾

利用类似毛巾、小毯子等物品进行练习。将准备好的物品放在地板上，用脚趾去抓取。根据个人的练习情况，物品可更换为更不易抓取的物品，从而增加难度。每次练习 10 min 左右为宜。

思考题

1. 服务行业中有哪几种常见站姿？
2. 说出三种常见的坐姿。
3. 简述行走礼仪规范。
4. 请说出笑容的作用。
5. 身体姿态的评价都有哪几个方面？

第三章
健美操运动

学习目标

了解健美操的起源与发展
明确健美操的功能与价值
了解健美操分类的特点
了解健美操的创编要求与方法

第一节　健美操运动的起源与发展概况

一、健美操运动的起源

　　健美操是一项新兴的体育运动项目,最早是美国太空总署为太空人所设计的体能训练内容。医学博士库伯尔(Coper)设计了一些动作并逐渐加上音乐伴奏和服装,形成了具有独特体系的运动,并很快风靡世界。当时涌现出一批健美操的代表人物,如杰希·索伦森(Jesy Sorense)和著名的好莱坞影星简·方达(Jane Fanda)等。

　　健美操作为一项独立的体育运动项目兴起的时间是 20 世纪 70 年代末,其明显的标志是"简·方达健美操"的出现。作为现代健美操运动的发起人之一,简·方达根据自己的体会和实践编写了《简·方达健美操》一书及录像带,自 1981 年首次在美国出版以来,一直畅销至今,并被译成 20 多种文字,在世界 30 多个国家出售,对健美操运动在世界范围内的流行与发展起了巨大的推动作用,简·方达也因此成为 20 世纪 80 年代风靡世界的健美操杰出代表人物。健美操运动自从 70 年代末 80 年代初兴起以来,就以它强大的生命力迅速在全世界流行起来。到目前为止,健美操不仅在欧美等发达国家蓬勃发展,而且在一些发展中国家和地区也得到不同程度的开展。各种健美操俱乐部、健美操中心和健美操培训班如雨后春笋般到处涌现,许许多多的人选择健美操作为自己主要的健身方式,形成了世界范围的"健美操热"。

随着健美操在世界范围的广泛开展,人们逐渐认识到健美操是一项具有强大生命力和潜在商业价值的运动。一些热衷于健美操运动的有识之士分别发起并成立了各类健美操社团,使健美操成为一项有组织的体育运动。

首届国际健美操比赛是由国际健美操联合会于1983年在日本举办的,该联合会现在每年仍举办健美操世界杯赛。比较著名的比赛还有由国际健美操冠军联合会每年举办一次的国际健美操冠军赛,国际体操联合会从1995年开始举办的健美操世界锦标赛。这些比赛的竞赛项目均由男子单人操、女子单人操、混合双人操、三人操(性别任意搭配)4个项目组成。此外,各个健美操国际组织还单独或联合举办各种世界健美操巡回赛或大奖赛,且许多比赛都增设少儿项目以扩大健美操运动在世界范围的影响。

现在,各种健美操国际比赛的参与人数均呈逐年增多的趋势。随着自身的发展,这项观赏性很高的运动得到了世界各国越来越多的重视,国际体操联合会正在积极争取使健美操成为2012年奥运会的项目。

二、健美操运动的发展概况

(一)国外健美操运动的发展

健美操的首次国际比赛是由 IAF 在1983年举办的第一届国际健美操比赛,因此可以说,竞技健美操的发展历史只有十几年的时间。另外,比较著名的比赛还有由 ANAC 举办的世界健美操冠军赛和少儿健美操比赛。FIG 从1995年开始,每年举办 FIG 健美操世界锦标赛,到目前已举办过7届,每届均有40多个国家、百名以上的运动员参赛。除此以外,各个健美操国际组织还单独或合作举办世界健美操巡回赛和大奖赛,以扩大健美操运动在世界范围的影响。各种国际比赛的参赛人数呈逐年增多的趋势,说明竞技健美操发展很快,是一个很有生命力的竞技体育项目。

(二)我国健美操运动的发展

我国的社会健美操热始于20世纪80年代,当时在全国的部分城市已经有了健身俱乐部的雏形。1987年我国第一家规模较大的健身中心"北京利生健康城"面向社会开放,首次把健美操这项新的体育运动介绍给广大人民群众,其新颖的锻炼方式、良好的健身效果很快被人们所接受,从而吸引了大批的健身爱好者。随后,越来越多的以健美操为主要形式的健身中心在社会上相继开业,尤其是北京、广州、上海等大型城市,人们的思想观念更加开放,追求健康、追求美丽成为时尚,并且随着生活水平的不断提高,为健康投资逐渐深入人心,因此千千万万的人热衷于健身,热衷于健美操,他们每周2~3次地参加每次40~90 min 的健美操练习。通过锻炼,人们不仅增强了体质,而且娱乐了身心,同时也使健美操成为健身市场的一个重要组成部分。另外,电视等有关媒体的健美操节目的大量出现也对社会健美操热的持续发展起到了推波助澜的作用。

1992年经民政部注册中国健美操协会正式成立,同时也成为中华全国体育总会的团体会员,全国各行业系统也先后成立了有关的组织并举办健美操的活动。1997年国家体育总局成立体操运动管理中心,健美操项目归属体操运动管理中心管理,各省、市体育局也明确了健美操项目的管理部门。1998年国家体育总局颁布《健美操活动管理办法》,

使我国健美操项目的管理更加规范。

1987年,由原国家体委主办,康华健美研究所、北京体育学院、中央电视台等单位参与联合举办了全国首届"长城杯"健美操邀请赛,随后又分别组织过儿童、青年、中老年健美操比赛。最初的几年,每年举行一届全国健美操邀请赛,1992年改为全国健美操锦标赛,同年举办了首届全国健美操冠军赛。从1992年至今,我国每年举办一届全国健美操锦标赛并不定期举办全国健美操冠军赛。近年来,又在全国比赛中增加了健身健美操比赛以及中老年组和少儿组的比赛。

三、健美操运动的发展趋势

(一)健身健美操的发展趋势

1. 健身健美操的种类和练习形式将更加多样化

近年来,随着健身运动的不断发展,人们对健身的理解进一步加深,知识水平和健身的科学化程度不断提高,对健身的需求也更加多样化和个性化,因此出现了多种新的健身形式,如近年来兴起的水中健美操,利用移动器械像健身球、橡皮带、轻型杠铃等的集体力量练习以及在特殊场地进行的固定器械的有氧练习等,还有一些正在流行的特殊风格的健美操,如拳击健美操、拉丁健美操、街舞等。这些新的健身形式使健美操运动的内容更加丰富,适合的人群更加广泛,健身的效果更好,同时降低了损伤的可能性。健美操运动在此大环境下得到了迅速地发展,呈现出更加多样化和科学化的发展趋势。

根据最新资料显示,目前在世界范围内最受欢迎和发展最快的健身健美操项目是利用轻器械的集体力量练习和大脑身体综合练习。

2. 健身健美操练习的科学化程度将不断提高

首先,科学化是保证健身健美操练习效果的关键。如对不同人群体质的测定和不同年龄段人群锻炼的最佳心率范围的研究可提供科学有效的运动处方。不科学的练习方法不仅导致锻炼没有效果,而且还可能引起运动损伤。因此,只有不断提高科学性,才能使参加健美操练习的人真正达到有效地锻炼身体的目的。对传统健身健美操来说,编排简单的低冲击力和高低冲击力混合的练习仍是世界各国健身中心的常规项目,而单纯高冲击力的练习由于容易引起关节的损伤已不再流行。

其次,科学化也是健身健美操运动自身发展的需要。随着科学素质的不断提高,人们不再满足于只是活动一下、出一身汗的锻炼形式,而是寻求更加科学化的健身方式。是否科学、是否能真正达到锻炼身体的目的是人们选择健身项目的一个非常重要的考虑因素,只有科学化的锻炼才能得到人们的认可。因此,只有不断提高科学化程度,健身健美操项目才有发展,才能有市场。目前,一些健美操从业人士已经认识到这一点,正在不断地探索健身健美操科学化的方法和途径。

(二)竞技健美操的发展趋势

1. 竞技健美操更加注重艺术性创编

竞技健美操是一项艺术性极高并要求不断创新的运动项目。国际体操联合会在2005~2008年版的《竞技健美操竞赛规则》中,对裁判员的评分做了较大的调整,其中艺术分针对过去的编排要求更清晰、更细致、更科学,对于艺术分当中成套动作的整体创编、音乐的使用、操化动作组合、表现力与配合每项均2分,说明要求教练员拥有更广博的知识,充分体现编排的多样化,音乐的风格与使用,同时要求运动员有能力表现教练的编排意图及思想。

2. 竞技健美操的动作技术的完成将更加完美

国际体操联合会在2005~2008年版的《竞技健美操竞赛规则》中,对动作的技术完成质量提出了更高的要求,要求成套动作尽可能展示完美的姿态和关节的准确位置,主动和被动的柔韧、力量、爆发力以及肌肉耐力;同时对成套动作中出现的不同程度错误进行累积减分,对动作完成质量的扣分更加严格。因此,动作的完美完成将是运动员的技术和竞技水平的具体体现,是取得优异成绩的根本。可以预料,在未来的竞技健美操比赛中,动作技术完成质量将是评价运动员竞技水平的关键因素。

3. 竞技健美操的难度动作向多样化方向发展

国际体操联合会在2005—2008年版的《竞技健美操竞赛规则》中,对部分难度动作的分值进行了调整。分类基本保持上一赛季的四大分类,难度动作分值分为0.1~1.0分,包括预期的难度动作。在全面提高难度动作的分值、降低难度动作最低要求及减少难度动作数量的同时,对超过12个难度动作、难度动作缺组、超过6次地面动作、超过2次成俯撑落地、难度动作重复等都要进行减分,这意味着难度动作的选择将向着更加多样化的方向发展。

第二节　健美操运动的功能与价值

一、健美操运动的功能

(一)增进健康美的功能

"健康"即生理功能正常、无病理性改变和病态出现,但随着经济的发展和社会的进步,现代健康已不仅仅是生理意义上的"健康",而兼备健康的心理和行为。

"健康美"是一种积极的健康观念和现代意识,已经有研究证明,"健康美"是机体最有效发挥其机能的状态。一个具有"健康美"的人除了自我感觉良好、可轻松应付日常工作与生活外,还要有充沛的精力参加各种社交、娱乐及闲暇生活,亦能自发地处理突发的应激状态。

一个具有"健康美"的人应该具备的身体素质是良好的心肺耐力、肌肉力量、平衡性、灵敏性和柔韧性。心肺耐力的发展是心脏与循环系统有效运作,将机体所需的营养物质、氧气及生物活性物质送到肌肉和各个器官,并把代谢产物运走,在机体生命活动中发挥重要作用。肌肉力量的发展不仅塑造强健的体魄,亦具有强大的活动能力。身体柔韧性和灵敏性的发展可增大肌肉与关节的活动能力,减缓肌肉与附着组织的退化和衰老过程,使身体动作灵敏、富有朝气。

健美操作为一项有氧运动,其健身功效已得到认可。有研究认为:经常参加健美操锻炼的人,心脏总体积指数显著大于没有参加锻炼者,且吸氧量明显增加。有氧运动能发展人体的心肺功能,增强心肌,增加肺活量,减少心肺及呼吸系统疾病。健美操不仅具有有氧运动的功效,且兼备发展身体柔韧性和灵敏性的作用。因此,专家认为健美操是目前发展身体全面素质的较为理想的运动。

(二)塑造形体美的功能

"形体"分为姿态和体型。姿态是从我们平时的一举一动表现出来的行为习惯,受后天的因素影响较大;而体型则是我们身体的外形。虽然体育锻炼可以适当改变体型外貌,但相对来说遗传因素起着决定性作用。

良好的身体姿态是形成一个人气质风度的重要因素。健美操练习的身体姿态要求与我们日常生活中良好姿态的要求基本一致,因此,长期的健美操练习有益于肌肉、骨骼、关节均匀与和谐发展,有利于改善不良的身体姿态,形成优美的体态,从而在日常生活中表现出一种良好的气质与修养,给人朝气蓬勃、健康向上的感觉。

健美操运动可以塑造健美的体型。通过健美操练习尤其是力量练习,可使骨骼健壮、肌肉围度增大,从而弥补先天的体型缺陷,使人变得均匀健美。健美操练习还可以消除体内和体表的多余脂肪。人体内脂肪的消耗是由很多因素造成的,最重要的就是新陈代谢的快慢。有氧操的强度不大,并可以持续较长时间,能消耗体内多余脂肪,维持人体吸收与消耗的平衡,降低体重,保持健美的体型。

(三)缓解精神压力、娱乐身心的功能

随着时代的发展和社会的进步,人们享受科学技术所带来的舒适生活和各种便利的同时,也收到来自方方面面的精神压力。研究证明,长期的精神压力不仅会引起精神疾病,而且会造成许多躯体疾病,如高血压、心脏病、癌症等。科学研究表明:体育运动可以缓解精神压力,预防各种疾病的产生。健美操作为一项体育运动,以其动作优美、协调,全面锻炼身体,同时有强烈的音乐伴奏,是缓解精神压力的一剂良方。在轻松优美的健美操锻炼中,练习者的注意力从烦恼的事情上转移开,忘掉失意与压抑,尽情享受健美操运动所带来的欢乐,得到内心的安宁,从而缓解精神压力,使人具有更强的活力和最佳的心理状态。

另外,健美操锻炼增强了人们的社会交往。目前,无论国内外,人们参加健美操锻炼的主要方式是去健身房,在健美操指导员的带领和指导下集体练习,而参加健美操锻炼的人来自社会的各个阶层,这种形式不但扩大了人们的社会交往面,而且把人们从工作和家庭的单一环境中解脱了出来。因此,健美操锻炼不仅能强健身体,同时还具有娱乐功能,可以使人在锻炼中得到精神的享受,满足人们的心理需要。

(四)医疗保健功能

健美操作为一项有氧运动,其特点是强度低、密度大,运动量可大可小,容易控制,因此除对健康的人具有良好的健身效果外,对一些病人、残疾人和老年人也是一种医疗保健的理想手段。对下肢瘫痪的病人来说,可以做地上健美操和水中健美操,以保持上体功能并促进下肢功能的恢复。只要控制好运动的范围和运动量,健美操练习就能在预防

损伤的基础上达到医疗保健的目的。

二、健美操运动的价值

(一)健美操是一项全面促进身体健康的运动

健美操作为身体操练的体育项目之一,它不同于田径运动是以人类生存和生活的技能——走、跑、跳为主体进行活动,也不同于球类运动有鲜明的游戏对抗性,更不像有些运动必须在水上、冰上、空中等特定的环境下进行活动。健美操具有人为性特点,它的运动形式是人们根据需要而人为地创造动作去进行练习,针对肢体各个部位、关节、肌肉和器官的锻炼。为了达到增强体质的目的,可以科学地通过改变身体姿势、动作方向、动作路线、动作频率、动作速度和动作节奏,以创编适合于不同人群或个体需要的练习。

健美操作为一项有氧运动,其健身功效已成为共识。有研究显示,经常参加健美操锻炼的人,心脏总体积指数显著大于没有参加锻炼者且吸氧量明显增加。有氧运动能发展人的心肺功能,增强心肌,增加肺活量,减少心肺呼吸系统疾病。健美操不仅具备有氧运动的功效,且兼有发展身体柔韧性和灵敏性的作用。健美操是一项轻松、优美的体育运动,在健身的同时带给人们艺术享受,使人心情愉快,陶醉于锻炼的乐趣中,减轻了心理压力,促进心理健康发展,从而增强了健身的效果,使人体达到最佳功能状态。

(二)健美操运动市场广阔

随着人民生活水平的迅速提高,健身、休闲、娱乐逐渐成为人们的日常需要,尤其是从1995年我国政府全面推行"全民健身计划纲要"以来,通过广泛的宣传和教育,广大人民群众进一步加深了对体育运动重要性的认识,体育锻炼不再像以前一样是一种行政手段,而变成了人们自觉的行动,成为一种时尚。人们转变了思想、更新了观念,自觉自愿地为健康投资,因此,越来越多的人积极参与到体育运动中,掀起了一个全民健身的热潮。

健美操作为一项新兴的体育运动,以其独特的魅力受到人们的喜爱。健美操所特有的健身、健美、保健、医疗、娱乐的实用价值,尤其是对于控制体重、减肥、改善形体、提高协调性和韵律感所具有的良好效果越来越受到人们的重视,吸引了不同年龄的爱好者参与,形成了一定规模的消费群体。目前在社会上以健美操为主要内容的各种健身中心遍布我国大中型城市,而且在大中小学健美操也被列入教学大纲,作为正规的教学内容传授。另外,各种以健美操为主要内容的电视节目的播出也促进了健美操运动的普及与开展,使更多的人认识了健美操并加入到健美操锻炼中来。因此,健美操是一项具有广阔市场前景的运动。

(三)健美操表演与比赛有利于丰富群众的业余文化生活

体育是人类社会文化生活的一个重要组成部分,人们经常通过在业余时间参与体育运动来达到强身健体、娱乐身心、促进交流的目的。

随着健美操运动在世界范围的蓬勃开展,各类健美操比赛名目繁多。目前不仅有世界锦标赛、世界杯赛、全国锦标赛,各省市,甚至单位、学校内部也举办各种各样的比赛。

近年来健美操还经常作为表演项目出现在各种场合。

为准备比赛或表演,运动员与表演者需要付出一定的时间和精力,而比赛或表演本身也满足了人们自我表现的欲望,达到了娱乐身心的目的。对观众来说,观看比赛或表演就是一种娱乐行为,在欣赏过程中得到美的享受与体验,起到振奋精神的作用,丰富了群众的业余文化生活。

第三节　健美操运动的分类与特点

一、健美操的分类

健美操运动与其他众多体育项目一样,由大众健身、娱乐开始兴起,逐步引入表演和竞赛。根据当今世界和我国健美操运动的发展状况和未来的发展趋势,按照不同的目的和任务,健美操运动可分为健身健美操、竞技健美操和表演健美操三大类。

(一)健身健美操

健身健美操(通常称为大众健美操)练习的主要目的是锻炼身体、保持健康,通常适合用于健身房的健身课程。健身健美操的动作简单,实用性强,音乐速度可控制,且为了保证一定的运动负荷和锻炼的全面性,动作多有重复并均以对称的形式出现。健身健美操在练习时可以根据个体情况而及时变化,严格遵循"健康、安全"的原则,防止运动损伤的出现,在保证安全的基础上,达到锻炼身体的目的。

健身健美操按练习形式可分为徒手健美操、器械健美操和特殊场地健美操三大类(表3-3-1)。

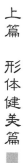

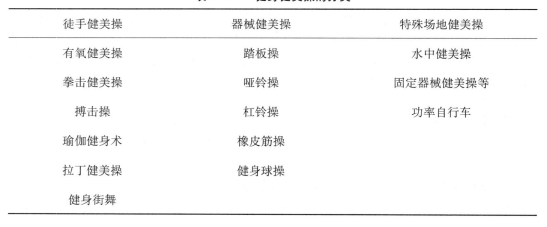

表3-3-1　健身健美操的分类

徒手健美操	器械健美操	特殊场地健美操
有氧健美操	踏板操	水中健美操
拳击健美操	哑铃操	固定器械健美操等
搏击操	杠铃操	功率自行车
瑜伽健身术	橡皮筋操	
拉丁健美操	健身球操	
健身街舞		

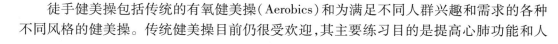

徒手健美操包括传统的有氧健美操(Aerobics)和为满足不同人群兴趣和需求的各种不同风格的健美操。传统健美操目前仍很受欢迎,其主要练习目的是提高心肺功能和人

体的有氧代谢能力,但随着社会的发展和生活水平的提高,人们健身的需求越来越多样化,因此近年来出现了多种新的徒手健美操练习形式。正在国内外流行的搏击健美操(Tabo),其主要练习目的是增强肌肉的力量、弹性与身体的柔韧性、灵活性,对腰腹锻炼有特殊的效果;瑜伽健身术(Yoga)有着独特的塑身理论,其主要练习目的是通过集中意念、调整呼吸及姿势调节身体的平衡、控制能力及改善人的健康状况。

器械健美操是利用轻器械、以力量练习为主的一种有氧健美操。力量练习的主要目的是使练习者发展和保持良好的肌肉外形、增强肌肉力量和防止肌肉退化,从而延缓衰老,使人更强健。器械健美操利用各种可移动的轻器械进行练习,既增强了健身的效果,又使健美操的练习形式更加多样化。踏板健美操(Step)通过增加踏板的高度来加大腿部的运动负荷,增加运动量,同时也使动作的编排更加多样化;而利用哑铃操、健身球操、橡皮筋操等可锻炼到全身的很多肌肉群,有效地提高肌肉力量,尤其是针对力量较弱的肌肉,弥补了徒手健美操的不足。

特殊场地健美操以其特殊的功效目前在国外发展很快,但在国内还开展较少。水中健美操是目前国外非常流行的一种独特的健美操练习形式,它可以减轻运动中地面对膝踝关节的冲击力,有效减轻关节的负荷,并利用水的阻力以及水传导热能快的原理提高练习效果,达到锻炼身体和减肥的目的,因此深受中老年人、康复病人和减肥者的喜爱。固定器械健美操,可以固定在某一处(地面或水中任何地方),学员可根据自己的需要进行练习,达到锻炼身体的目的。

(二)竞技健美操

竞技健美操是运动员在音乐的伴奏下,通过难度动作的完美完成,展示运动员连续表演复杂和高强度动作的能力。竞技健美操起源于传统的健美操,是在传统健美操的基础上发展起来的。竞技健美操以成套动作为表现形式,必须展示连续的动作组合、柔韧性、力量与七种基本步伐的综合使用,并结合难度动作的完美完成。竞技健美操的主要目的就是"竞赛、取胜",因此在动作的设计上更加多样化,并严格避免重复动作和对称性动作。

竞技健美操可按比赛的规模、项目、参赛年龄进行不同的分类。

1. 按比赛规模分类

(1)国际比赛

目前国际上规模较大的竞技健美操比赛有国际体操联合会(FIG)组织的"健美操世界锦标赛",国际健美操冠军联合会(ANAC)组织的"国际健美操冠军赛",国际健美操联合会(IAF)组织的"健美操世界杯赛"。

(2)国内比赛

我国正式的竞技健美操比赛有"全国健美操锦标赛"、"全国健美操冠军赛"、"全国大学生健美比赛"、"全国体育大会健美操比赛"以及非正式的通级赛和各省市的比赛。

2. 按比赛项目分类

竞技健美操比赛的项目有男子单人操、女子单人操、混合双人操、三人操(性别任意搭配)、六人操共五个传统项目。

3.按参赛年龄分类

竞技健美操按参赛年龄分为成年组和少年组两个级别。运动员年满18周岁可参加成年组比赛,少年组比赛在成套难度动作的选择上有所限制。

(三)表演健美操

表演健美操是根据所参加的表演的目的预先设计、编创和排练的成套健美操,人数不限,时间不等。表演健美操注重表演的效果,所以对音乐效果、动作设计、队形变化、表演者的动作质量及表现力等要求较高。通常表演健美操的动作较健身健美操动作难度大而比竞技健美操动作难度小,更强调动作风格及表现与音乐风格的协调统一,因此音乐往往重新制作或进行修改制作以达到表演要求。为了保证一定的表演效果,可在成套动作中加入更多的队形变化和集体配合的动作。表演者可以利用轻器械,如花环、旗子等,还可采用一些风格化的舞蹈动作,如爵士舞、拉丁舞等。在表演健美操中,以上的一切元素都必须通过表演者的身体语言、表情及眼神表现出来,所以表演健美操中更强调表演者的表现力。表现力是表演者将编者思想、刚柔相济的肢体语言、音乐的情绪与节奏和同伴之间的默契配合的一种综合运用能力,这种综合的表现能力可达到烘托气氛、感染观众、增加表演效果的目的。

二、健美操的特点

(一)健身健美操的特点

1.保持有氧代谢

健身健美操的动作及套路设计,都是以保证健身者在运动过程中能够最大限度地摄入氧气并充分燃烧体内脂肪作为能量供给为前提的,以此实现加快体内新陈代谢、重新建立人体更高功能水平的目的。在有氧运动中,呼吸系统、心血管系统及神经系统都得到良好的锻炼,对于消除体内多余脂肪、保持健康、增强体质具有良好的作用。

2.广泛的适应性

健身健美操练习的形式多样,参加的人数可多可少,时间可长可短,运动量可大可小,易于控制,可以在广场、大厅、娱乐场所、健身房,甚至在家庭的居室中进行。因此各个年龄阶段、不同性别、不同身体素质、不同技术水平的人都能从健身健美操练习中找到适合自己的方式,都能从健身健美操练习中获得乐趣,如中老年人可选择低强度的水中健美操,青少年可选择动感强劲的街舞等,都能达到锻炼身体、娱乐身心、保持健康的目的。

3.注重个体差异

健身健美操以其生动活泼、轻松自如、随心所欲的运动形式早已被大众所接受。健身健美操的动作形式多样,节奏有快有慢,套路有长有短,动作有难有易,运动量和运动强度大小可任意调节,在实际运用中能够根据个人特点与要求各取所需。

4.健身的安全性

健身健美操所设计的运动负荷与运动节奏,都充分考虑了由此而产生的一系列刺激

结果的可行性,使之适合于一般人的体质,甚至体质较弱的人都能承受的有氧范围。人们在平坦的地面上,在欢快的音乐声中,跟随快慢有序的节奏进行运动,十分安全而且有效。

(二)竞技健美操的特点

1. 以传统健美操为基础

竞技健美操保留了传统健美操的基本特性,如动作的弹性与控制、传统健美操中常用的七种基本步伐以及体现肌肉力量的动作。不同于传统健美操的是竞技健美操的动作幅度更大、力度更强、速度更快,给观众的视觉感受更深刻、更有刺激性。因此,竞技健美操是以传统健美操为基础,是在普及的基础上求发展,从比赛中求提高。

2. 高度的艺术性

竞技健美操是属于难、美项群的竞赛项目,竞技健美操的艺术性主要体现在其"健、力、美"的项目特征上。竞技健美操运动员必须要具备高质量的、好的、优美的、自信的和充满活力的完成动作的能力。运动员在比赛中所表现出的健美的体魄、高超的技术、流畅的编排和充沛的体力等,充分显示出热情、活力、魅力、情感以及非凡的气质,无不给观众留下深刻的印象,从而充分体现出健美操运动"健、力、美"的特征和高度的艺术性。

3. 强烈的节奏性

竞技健美操强烈的节奏性通过音乐充分地表现出来,竞技健美操音乐的特点是节奏强劲有力、旋律优美,具有烘托气氛、激发人们热情的效果。竞技健美操音乐具有自己特有的形式,其主要作用是用来烘托成套动作的效果与气氛。运动员可以将音乐的风格用肢体语言和面部表情表演出来,同时音乐主体的选择、节奏速度、高低音和后期动效的制作都可使运动员的表演得到升华,与观众达成共鸣。音乐的选择或制作与运动员的特点、动作风格相吻合能激发观众的情绪,使竞技健美操比赛更具有感染力与观赏性。

第四节　健美操的创编

一、健美操创编过程中的重要因素

(一)主体与客体

任何一个掌握健美操知识的人都可以进行健美操的创编,但要究其效果与质量却有千差万别。而健美操的实践活动又往往是由群体参与性为主要特性的,在整个创编与实践过程中主客体是紧密相连的,体现了主客体的互补性、集体性、智慧型、创造性的交流过程。是具有创造性主题在主导原则之下的要求与规范编排,传递给教学对象丰富信息的一种磨合过程。因此,对主体与客体就会有特定的要求。

主体（创造与提，　→　客体（接受信息，
供信息接受反馈）　←　消化, 做出反映）

1. 主体

主体是指在健美操的创编过程中的主导者, 也就是主要的创编者。作为主创人员, 他在整个创编过程中应处于领导位置。因此不仅需要有精湛的健美操专业知识, 还应对健美操的相关领域有所了解。如：体育运动的相关项目、艺术领域等; 敏锐的观察力; 较好的分析和吸纳能力; 准确的充满激情的表达能力等。

另外, 作为主创人员, 还应该具有主动精神及饱满的创作与参与热情, 并能积极的钻研与投入到这一领域当中。

2. 客体

在这里我们所讲的客体是指在健美操创编与教学过程中的对象, 作为创编活动的接受者, 他们应具有如下的品质与能力。第一, 对健美操这一运动项目的爱好。第二, 积极主动的参与精神。第三, 执行与操作能力。

（二）动作与音乐

1. 动作

健美操在一定意义上讲是以身体各关节的灵活性、肌肉的弹性、韧带的伸展性作为基础, 在身体各部位的参与下的一种健身与竞技运动项目。从严格意义上说是身体标准姿态控制基础上的有节律的弹动和速度控制技术。

动作作为健美操当中的首要因素, 良好的、科学的符合健美操要求的动作会使我们更容易接受乃至达到目标。优美大方的动作可以使人赏心悦目, 并给人们带来欢乐从而延缓疲劳现象的产生。

健美操采用的动作是那些有益于健康、遵循人体的自然发展规律, 安全可靠的动作, 而易造成损伤的动作是被禁止使用的。良好、科学的使用这些动作, 会有效的促进人体健康。掌握这些动作的规律, 了解它的功能是作为一个创编者所必需具备的专业技能, 因此动作是健美操的核心。

2. 音乐

音乐作为一种完整的艺术形式, 有着自己独特、系统、完整的表达方式, 健美操动作在音乐的衬托下, 更具生命力与艺术性。使健美操扩大了表现的空间。

音乐的节奏与速度, 严格的控制着动作的节奏与速度。因此, 在很大程度上控制着动作的强度。

二、健身健美操的创编目的

人类的活动是围绕着自身生存与发展而进行的, 健美操运动是为了提高人体自身的健康水平与各种机能与能力而进行的。创编是这一活动的开端, 因此只有明确目的才能更好地完成整个活动过程。

（一）提高并改善人体在生理上的健康水平

大量的研究表明，长期从事有氧运动可以使心肺功能得到改善，它使呼吸肌功能增强，肺活量增大。呼吸次数减少，并使肺功能加强，提高肺部的氧供应能力。从心血管循环系统来看，有氧锻炼可使心肌纤维增粗，收缩及扩张加强，从而增加每搏输出量，使心血管系统处在一个良好的状态下。

有氧运动可以增强胃肠蠕动，增加消化液的分泌量，从而加强消化与代谢功能。同时使肾脏供血充足、代谢加强。

有氧锻炼可增加淋巴液的分泌，从而增强了人的免疫功能，，提高人体抵抗疾病的能力。

人体运动系统能力的好与坏取决于人的神经、骨骼及骨骼肌的发达程度。健美操通过人体各关节及肌肉练习，促使骨骼肌与神经系统得到发展。值得提出的是青少年时期是骨增长期，到了成年骨骼的增长会减缓及停止下来，但骨质变化却没有停止。因此适当的科学的锻炼对骨的造血及骨密度是有着积极的影响，而肌肉在人的一生中都可以变化，通过锻炼使肌纤维增粗从而加强肌力及改变肌肉形态。此外通过简单至复杂的身体练习可以提高人的协调性及反应能力，增加韧带的柔韧度，扩大人的活动空间及灵敏性。

人体运动需要大量的能量供应，这样就需要人体本身提供所需的能量。人体的"燃料库"是血糖及皮下所贮存的脂肪。如果皮下脂肪贮存过多不仅影响体态，同时还会引发多种疾病，北京体育大学柏晓玲教授对 120 名 40 岁平均每天每人 1 小时至 1 个半小时的健美操锻炼者的实验中发现，仅 20 人体脂百分数由原来的 29.3% 下降为 25.6%，平均每人减少体脂 0.7%。

由于健美操的练习手段与方法中有针对肌肉的练习内容，及它的训练时间所决定在发展肌肉的抗阻能力及提高人的耐力方面起着积极的作用。

综上所述，健美操创编在影响人生理方面的目的有如下几个方面：

1. 提高各循环系统的功能。
2. 改变身体成份。
3. 使骨骼与肌肉得到发展。
4. 提高人的协调性。

（二）改善精神状态

现代社会人类活动更多的由单纯的体力型变为脑力活动。高密度的人群与现代化的大工业生产模式给人们精神上造成了越来越大的压力与负担，一方面是体能活动的减少，另一方面是脑力工作的加大与精神压力的增加，是造成现代人很多疾病与心理障碍的重要原因之一。现代人类的生活方式从原来"大家庭"转变成为"小家庭"，钢筋水泥把人们锢禁在狭小的空间内使人际交往减少，这是造成心理问题的又一重要因素。

科学、适当的体育锻炼可以使人的机体疲劳得以缓解，优美动听的音乐可以愉悦身心，健美操综合了两方面的特点，因此能够使人的疲劳状况得以缓解。

健美操通过热情奔放的动作与强烈的节奏及丰富的展现力使人们在锻炼的同时，释放心中的压抑与烦恼，从而使人们的心理压力得以缓解，集体锻炼的形式为人际交往创

造了条件。

单一机械的重复性劳动可以使肌肉僵硬、神经抑制,而健美操多方面的综合练习,特别是伸展动作使僵硬的肌肉得以放松。

(三) 娱乐与表演

由于健美操综合了音乐、舞蹈、体操等项目的特点,因此它具有较强的艺术性及表现力,人们在从事这项活动的同时会感到身心的一种娱悦,优美的动作加之音乐的支持也会给旁观者带来美的感受。

把健美操的精华与艺术手段有机的结合,可以创编出艺术效果极佳的表演作品,同时把我们平时用的锻炼套路加以提炼也可以成为很好的表演项目。它飞不但给人们带来赏心悦目的效果,同时对项目本身也起着提高带动的作用。

(四) 竞赛

健美操作为一项体育运动项目,它体现了人体在力量、柔韧、协调、节奏感、审美及表现力等诸多方面的综合能力。根据它的不同特性,按动作的难易,运动强度的高低,区别出不同的层次,可以作为评价运动能力、健康水平等方面的标准。我国现已公布了区别运动等级的《健美操等级运动员规定动作》及区别健康水平的《健美操大众锻炼标准》,这些等级中大部分为规定动作。但我们仍可以通过其他套路的创编用以达到或接近这些标准。

自 1984 年美国首创有氧操比赛至今,健美操已逐渐形成为竞技性的体育运动项目。各种赛事众多,影响日益扩大。竞赛是通过围绕对各个运动员的健美操套路的艺术性、强度、难易的评价及完成情况的评价而进行的。套路本身作为基础,它的创编就显得尤为重要了。

三、健身健美操的创编原则

(一) 健身性健美操创编的指导思想

健身健美操的宗旨是提高人的健康水平,我们在进行创编时除了把握住具体的操作外,首先要明确总体的指导思想。

健身性是我们在创编中首先做到的,也就是说我们的一切动作与设计都应该围绕着这一思想进行。人生在世的基本愿望之一是使人自身的健康得以保证与提高,健身健美操的目的在于提高人的健康水平,发展人的运动基本素质,改善形体。健身健美操属有氧运动范畴,有氧运动可以使人体各循环系统得到很好的锻炼,同时有氧运动又能有效地消耗体脂。我们应发展多种有益身体练习手段配合有氧健美操来加强它的健身性。

要保证人体健康,我们在创编中就首先使人的各部分都得到充分的锻炼。根据解剖特征使人的头颈、躯干、四肢得以充分的锻炼。我们应当注意有意识的科学的使用各关节的各种运动形式(如:各种屈伸、摆动及绕环等),从而促进肌力的增加,关节灵活性的提高以及通过改变运动位置、方向、节奏、路线影响不同的肌群。通过动作路线、节奏、位置、方向与单一动作、复合性动作的变化来培养人的协调性，同一动作重复越多对同一肌肉及关节影响越大，但并不是越多越好。比如连续踢腿动作不要超过 32 次，单腿连续踢不得多过 8 次；同一方向过多重复（一般为 50 次以上）的手臂动作，尤其是过头顶、向前或向侧面的动作等等。因此恰如其分地运用这些因素才能达到促进健康的目的。

作为一个健身的指导者，他应该知道每一个动作对哪些肌肉或肌群产生影响，肌肉做功的基本原理。如：通过手臂胸前屈肘来施加对二头肌的影响，通过提膝对腹直肌及股四头肌施加影响等等。

健身健美操成套动作对人影响除了健康性，安全性也是必须做到的，它是保证健康的前提条件，同时也是这一项目真正为大多数人服务与发展这一项目的有力保障条件之一。因此，在创编中，我们必须坚持有益健康为基础，避免那些容易造成伤害的动作，发展那些有益于身心健康的方法与手段。我们必须做到：第一，确保运动处于有氧运动范畴，避免无氧现象的出现。第二，遵循人体自然运动规律，杜绝违反人体自然活动的动作出现。第三，减少运动对关节的冲击力，保护关节。第四，避免肌肉的过度牵拉，防止对肌肉造成伤害。第五，确保成套整体风格的积极向上的精神，以带给人们朝气蓬勃、轻松愉快、积极向上的精神状态。

全面发展身体特性，是健美操创编活动中必须重视的，它同样是保证人体健康特别是均衡发展的重要条件之一。

娱乐与艺术性是创编活动中的另一个指导思想，健美操不同与其他运动项目的重要特性之一，在于它有很强的娱乐性与艺术性。人们在锻炼躯体的同时，身心也可以得到愉悦，仅仅生理上的健康已远远不适合我们今日的社会。世界卫生组织（WHO）发表的健康定义为："健康是一种在身体上、精神上的完满状态，以及良好的社会适应力，而不仅仅是没有疾病和衰弱的状态。"依据这一定义我们把健康分为第一生理健康、第二心理健康、第三良好的道德与社会适应能力。优美动听的音乐可以陶冶人的情操，舒展大方的动作使人有美的享受，人们在音乐的衬托之下，释放了压抑的情绪，从而获得良好的情绪与状态。

因此，在我们设计动作之前，我们要反复地聆听音乐，去感受它，去分析它，感受音乐到底给你带来了什么？也就是我们先要用感性去看待它，然后我们应该用我们的知识与理智去分析音乐的风格、节奏、乐句与乐段等等。

（二）健身健美操创编的技术性原则

要保证创编出优质健身健美操动作与套路，仅仅具有正确的指导思想是远远不够的。"没有规矩，不成方圆。"在创编活动中遵循特定的规律与原则是保障动作与成套的科学性、时效性的必要条件，是通向设想目标的桥梁。

1. 成套结构的合理性原则

在我国，健美操的形式多种多样，不论是在学校体育中我们常常可以见到 5 分至 10 分钟左右的短小健美操套路，还是健身俱乐部里的 1 小时的大健身课，它们在结构上都包括准备、基本、结束三个基本部分。短时间的健美操套路在内容上，它们更侧重关节练习。由于目前各学校的训练条件有限，一般没有垫上练习。同时还有一些特殊功能与形式的健美操练习，例如：手指操、太极健美操、中老年健身操、青少年健身操等等，这些操主要针对人们日常中的具体问题与具体对象而设计。不论它们的形式差异如何,结构上的三个部分是基本不变的。因此,合理的成套结构是应遵循的第一条原则。

2. 鲜明的针对性原则

在健美操的创编中,创编者首先应该了解接受套路的对象的具体情况,大千世界芸芸众生、不同人群的具体情况与要求各不相同,所以,我们在创编健美操时就要要对接受者的具体情况进行分析,最基础的是身体情况有无严重的疾病,特别是不适合运动的疾病,如:严重的心血管疾病、运动功能上的疾病与缺陷等。身体素质(力量、耐力、速度、柔韧、灵敏)的好与坏、运动经历、心理状态和周围环境等因素都是我们必须考虑的。鲜明的针对性是我们遵循的第二条原则。

3. 正确的动作顺序及流畅性原则

在健身俱乐部练习及大众集体练习健美操时,锻炼者流动性强,业余练习者居多,一般的教练常常采用连续不断带领法练习健美操,因此我们在创编这类操时应注注意有顺序地安排动作,使动作与动作之间形成规律及连贯性,这样便于锻炼者最快最顺利地接受掌握动作,特别是步法的流畅,因为流畅符合规律的步法是保证锻炼顺利不间断的有利保证,同时也可以减少运动损伤的出现,从而更好地达到锻炼的目的。

所谓有序流畅,是指活动部位的有序流畅以及动作与动作前后连接的规律有序流畅。如按解剖的位置由上至下或由下至上,由外向内或由内向外,从一种步伐合理连接至另一种步伐、由局部至全部、由单一至综合与复杂。为了有利于教学的顺利进行及学习者的掌握,我们在创编中可以有意识地分解复合性动作并对动作进行分析,并使动作有序流畅。健美操的动作是由下肢步伐配以上肢、躯干的运动而成,在形成一个复合性动作时,我们可以把这一动作分成若干个单一动作之后逐步加以组合,如:先做下肢动作再做上肢动作最后组合成一个完整的动作或先做动作原形,再在原形动作上加以变化等等。

要使动作连贯合理,首先我们要了解动作中有哪些类型,第一是步伐,步伐的流畅的主要保证在于运动中的身体重心的把握,如果能够在运动中使身体重心平稳,做到流畅就不难了。步伐的主要形式有以下几种:一是双脚同时运动,二是双脚依次运动,三是单脚多次运动,而在步伐与步伐的转换过程中重心的变化是其中的关键所在,首先双脚同时运动时,重心在双脚中间,这样的步法有双脚弹动、半蹲、开合跳等等,像这类的步伐我们在连接下一个步伐时可以任意的选择。而重心偏离人体中心,倒向某一边时,如果接下一步法最常见的是,使用身体的另一边(也就是使用另一只脚),除非你要有意多次使用同一侧脚时可以不变化重心。第二手臂动作,手臂动作的运动形式与运动范围比较复杂与多样,但归纳起来有:对称性运动、不对称运动、单手运动(单手依次、单手单边多次)、双手运动;运动形式有伸、举、摆、绕、振等等。对于一般人来讲,对称运动比不对称运动容易接受,如果上下之间与左右之间在胸前停留一下更容易接受,我们要有规律的、科学的、有目的的使用这些形式。

当整套操形成一定的规律,可以使锻炼者尽快地掌握动作加强锻炼的实效性。动作的有序性及流畅性是我们应当遵循的第三条原则。

4. 合理的运动负荷原则

创编一套操,控制运动负荷是非常重要的。健身健美操要严格地把运动负荷控制在中小强度,使之确保运动当中的呼吸供氧。为了有效地达到最佳锻炼价值,我们应把负荷控制在健身所需要的负荷之内。日本神户女子大学补园一仁教授在"关于长寿与健身,增强体质新理论"一文中把心率作为衡量运动负荷的一种方法,他把同年龄组运动最高心率和实际运动心率进行比较,把运动强度划分为35区。

他认为"当运动者的平均心率达到此运动者最高心率的60%～80%时,为健身区,此时心率越高对身体的影响越大,锻炼的效果越明显。高于80%为强化训练区,这表明不但运动强度大,且影响身体更剧烈。当低于60%,为消遣区,只起到一般性活动的作用"。

在健美操中常用最高心率办法为:220-年龄=最高心率

通常运动负荷受下列因素影响:动作速度、重复次数、时间、动作幅度、肌肉用力。相同的时间内,动用速度越快,重复次数越多,幅度越大,肌肉用力越大强度越大。反之则越小。保持动作速度、幅度、肌肉用力,时间越长、重复次数越多强度越大,反之越小。

5. 动作风格与音乐风格的统一性原则

健美操是一项结合体操、舞蹈、音乐等项目特点的综合性体育锻炼项目,它的重要特点之一是带有强烈的娱乐性与表现力,因此有目的的吸收舞蹈动作与其他运动项目的动作以及独特的动作创造是在创编中必不可少的环节。

现代健美操起源于60年代末70年代初的美国,70年代迪斯科舞蹈盛行于美国,后风靡全球。健美操最初把迪斯科与体操动作融为一体,并运用有氧运动的锻炼原则独树一帜,迎得了众多人们的钟爱。它之所以很快被人们接受正是来源于它独有的娱乐性与健身的实效性。而后健美操融合了越来越多的舞蹈动作与独创的动作,形成了风格各异、形式多样的健美操。如:爵士健身操、拉丁健身操、搏击健身操等等,使参加健美操的锻炼者从中得到了无比的乐趣与益处。健美操是一项包容性很强的体育运动项目。它能够很快地吸收新的舞种与新动作,只要对身体锻炼有好处都可以被接纳。这是和健身市场与人们的需要所分不开的,也是健美操向前发展的原动力。因此,创编者在创编中采用舞蹈素材、其他运动项目的动作与独创性的好与坏是衡量一个创编者优劣的重要标志。

创编者要想很好地运用上述动作素材,应注意以下几个方面:

第一,应注意在一套操中舞蹈或运动的项目风格尽可能的统一,以便形成独特的鲜明的风格。舞蹈是一种艺术形式,往往与时代、文化等有着密不可分的联系。一个时期往往有着其代表的文化特征。因此在我们采用舞蹈素材时,应考虑接受对象的文化背景。只有尽可能被人们所接受才能达到最佳效果与影响力。如果我们把过多的舞种混杂其中,这会使人们感到杂乱无章。特别是把地域跨度过大的文化形式区别开来,如果有必要采用,一定要经过吸收——消化——改变的过程,利用其他的运动项目也是如此。

第二,采用舞蹈或其他的运动项目动作应与健美操的特点相结合。任何一个来自其他形式与舞蹈的动作,都不应该不加考虑与不加改造地使用。健美操的特点之一是其节

奏强烈、奔放与热情,同时要求有一定的节奏及频律,也就是说它应保持一定的律动性以及韵律性,它的步伐特点是保持弹性、动作清晰有力、动作与动作连接快,我们应参照这种特点进行选择与改造。值得注意的是避免使用那些被证实了的易造成损伤及违反人体自然形体与运动规律的动作出现。

第三,音乐的风格与动作风格应该统一。因为往往一个舞种都伴有相应风格的音乐,只有这样才能使人们去接受谐和完整的文化熏陶,从而达到身心的完美统一。

强调创编中的艺术性与创新,并在创编中遵循动作风格与音乐风格的统一性,是创编中的第五条原则。

四、成套健美操创编的步骤与过程

创编步骤与过程是指在创编健美操的实际操作时的先后步骤与流程。有序地进行这些步骤,可以提高创作的效率与质量,同时有利于我们对其结构及形式进行分析以便于下一步的修改工作。

创编过程可以有多种,但主要有两种:

第一种:

制定目标——音乐的选择与剪辑——素材的选择与确定——建立基本结构——按创编原则组合动作与分段——按成套顺序完成成套动作的组合——总体方案的修改与定案

第二种:

制定目标——构思成套的结构——素材的选择与确定——按原则组合动作与分段——按成套顺序组合成套——音乐的选择、创作与剪辑——总体方案的修改与定案

(一)制定目标

当创编者要进行创编,第一步是制定目标,因为只有目标明确才能使创编具有目的性,才能尽可能的少走弯路。

制定目标时,首先要明确,通过你的套路动作所应达到的目的,也就是说到底是为什么而创编。可先从健美操的分类开始,第一是为了比赛还是健身,或是纯粹为了表演(要考虑整台演出的主题,应与其对应)。第二是套路的风格。它决定着成套动作的个性与艺术价值。

(二)音乐的选择、创作与剪辑

音乐作为健美操的另一组成部分,在创编过程中不容忽视,健美操的音乐首先应是符合健美操的特点,比如具有节奏鲜明、热烈而蓬勃的精神。其次根据创编的目标选择音乐的风格。它可以突出个性与对锻炼者起到带动作用。接下来可以根据成套的结构或是具体要求确定音乐的长短起伏,或反之根据音乐的长短起伏来确定成套的结构与动作。

在使用已出版的音乐作品时,往往我们要根据我们的需要进行编辑,在进行音乐编辑时要尊重原有的音乐完整性,也就是说当我们决定取舍音乐的某一部分时,不能破坏

音乐的基本结构形式,而是利用这些为我们服务。

根据我们的整体构思,我们可以有目标的选择音乐,当我们拿到一首音乐时,你首先应考虑的是它是否能够感动你,特别是能够激起你的想象与灵感,那这首音乐就是你想要的。得到想要的音乐后,要反复聆听,感受它的整体旋律,开始——发展——高潮——结束等过程。然后把音乐划分为若干段以及你想要保留的部分。最后可以进入音乐的编辑工作。需要特别注意的是要使各部分的连接自然、流畅、有特点。

(三)选择与确定素材

素材收集工作主要靠平时的学习与积累。当目标确定后,在创编者的"素材库"中选择那些适合目标的动作。如:健身健身操的编排应选择那些具有锻炼价值,同时又容易被接受的动作组合;竞技健美操的编排应选择便于难度动作的连接的动作、更加突出个性的动作、独创动作等等;表演性健美操的编排选择的动作组合难度要适中,介于健身健美操与竞技健美操之间,表演效果好,避免重复,注意与音乐的一致性及与成套动作风格的一致性。

(四)按创编原则组合动作

所谓组合动作是把两个以上的单个动作连接起来的动作组。在连接这些动作时,应按照创编原则去做。可按成套的先后顺序,也可打破顺序,按主次组合动作,再根据结构顺序创编其他动作组合。还可以首先考虑那些具有代表性的、风格明显的动作,然后再选择主体动作。总之这些动作应该是和音乐的段落相对应的。

(五)依据整体设计框架完成成套动作

当基本动作组合完成后,我们可按顺序把动作组合连接起来,组合成套。成套动作的框架要基本符合我们最初的设计。

(六)修改与评价

当一套动作初步完成之后,先要进行初步的实践,然后要进行评价与修改,从而使成套更趋于合理与完善。

评价工作可以是创编者独立完成,也可以请有关专家进行。

健身健美操的评定可参考创编原则,对锻炼价值进行评定,评定锻炼前后的生理指标,如:心率、耗氧、肌肉与关节的活动量等等,另一方面是否可能造成损伤,前后动作是否流畅,最后应对其娱乐性、趣味性、艺术性进行评价。

如果成套有不足,则应参考创编原则进行修改。修改工作通常在创编完成之后进行,但有时修改工作在创编同时同步进行,边创编边修改,应注意不要过多地在细节问题上纠缠,过于纠缠,往往会使创编陷入困境,成套创编完成之后进行修改,整体、全面的分析可以有比较,使成套更完美。

思考题

1.简述健美操的发展。

2.请叙述健身健美操的功能。

3.健美操是怎样分类的？

4.请简述健美操的创编过程。

第四章

健美操基本技术与基本动作

学习目标

掌握健美操的基本技术

学习健美操的基本动作

学会分析健身健美操的不安全动作

第一节　健美操的基本技术

健身健美操的基本技术主要有落地技术、弹动技术、半蹲技术和身体控制技术。所有这些技术要求都是从保证练习安全性的角度出发的,其中落地技术、弹动技术和半蹲技术实际上是紧密联系在一起的。

(一)落地技术

落地缓冲的主要目的是使身体尽可能地保持稳定,同时减少地面对关节、肌肉的冲击力,以避免造成运动损伤。

健身健美操的落地技术为:落地时,由脚跟过渡到全脚掌或由前脚掌过渡到全脚掌,然后迅速屈膝——屈髋缓冲。所有动作在瞬间依次完成,用以分解地面对人体的冲击力。同时躯干与手臂保持良好的姿态,肌肉用力以保持动作的稳定与控制。

每一个动作都要有一个"全脚掌"落地过程的要求,这样可以使练习者的小腿肌肉得到放松,避免在整堂课中小腿始终紧张,从而减少了由于小腿局部负担过重而引起的胫骨或腓骨骨膜炎以及肌肉过度疲劳或拉伤的可能性。

(二)弹动技术

健美操的弹动技术是健美操最重要的基本技术之一,是体现健美操的最基本特征,用以区别其他运动项目的重要因素之一。

健美操的弹动主要依靠踝关节、膝关节、髋关节的屈伸缓冲而产生,它的主要作用是减少运动对关节的冲击力,从而减少运动对人体造成的损伤。值得注意的是,在屈伸的过程之中,腿部的肌肉要协调用力才能有效地防止损伤,从而产生流畅的弹动动作。

在练习弹动动作时,我们可以先从练习踝关节的屈伸动作开始。练习方法为:双腿并拢伸直,身体正直,立踵、落踵。在充分掌握了踝关节的屈伸之后,是膝与髋关节的弹动练习,练习方法为:双腿原地并拢伸直,身体正直,屈膝半蹲,膝关节不要超出脚尖的位置,同时髋关节稍屈。当这两部分的动作已经熟练,我们可以把两部分连起来,使之形成完整的弹动动作。在踝关节的弹动过程之中,最主要的肌群为小腿的后部肌群,而膝关节、髋关节的运动主要由大腿肌群、臀部肌群、腹部肌群和腰部肌群参加运动。

在做弹动练习的时候,参与运动的肌群在整个运动过程之中要有控制,使动作变得流畅。

(三)半蹲技术

在健美操练习的过程中,每一个动作都需要半蹲的出现,因为无论是落地和缓冲技术,还是弹动的技术实际上都是和半蹲动作联系在一起的。一些常用的力量练习动作,如分腿半蹲、弓步等,也和半蹲动作有很大的关系。因此,半蹲技术的掌握对健美操练习的完成质量具有重大影响。

半蹲时,身体重心下降,臀部向后下45°方向用力,膝关节不应超过脚尖,腰腹、臀部的大腿肌肉收缩,上体保持正直,重心在两腿之间,起落要有控制。分腿半蹲时,脚尖自然外开,应特别注意膝关节弯曲的方向要与脚尖的方向一致,保持自然关节的正确位置,避免脚尖或膝关节内扣或过度外开,以及膝关节角度小于90°的"深蹲"。

在有氧操练习中,分腿半蹲一般采取"宽蹲"的姿势,即两腿开度大于肩。而在轻器械练习中,尤其是在负重的情况下,一般都采用"窄蹲"的姿势,即两腿开度同肩宽。这一差别主要是因为"宽蹲"有助于加大动作幅度,有效地提高运动负荷和无负重状态下的练习效果,同时动作也更好看、更流畅;而"窄蹲"则更有利于负重,提高在负重状态下的练习效果,同时避免运动损伤。但无论是"宽蹲"还是"窄蹲",都应遵循同样的技术要求。

(四)身体控制技术

健美操的身体姿态是根据练习的安全性和现代人体与行为美恶标准而建立的。首先在整个非特殊条件下的运动过程中,身体应该保持自然挺拔、头部稍稍昂起的姿态,颈椎、胸椎、腰椎处于正常生理曲线的位置,并始终保持腰腹和背部肌肉收缩,避免因腰腹部位的摆动和无控制而可能引起的腰部损伤。四肢的位置根据具体的动作要求和练习者的个体情况而定,但无论肢体的位置如何变化都应有所控制,避免"过伸",尤其是无控制的"过伸",这是造成运动损伤的重要原因。总之,健美操练习过程中的身体姿态取决于肌肉用力的感觉和程度,总的动作感觉是有控制但不僵硬、松弛而不松懈。

第二节　健身健美操的基本动作

一、基本步伐

(一)基本步伐的体系

健美操基本步伐是体现健美操练习者下肢动作基本姿态的主要手段。根据动作的强度特点,可将基本步伐分为无冲击力动作、低冲击力动作和高冲击力动作,许多低冲击力动作同时也可作高冲击力动作。根据动作完成形式的不同,我们又可以将基本步伐分为交替类步伐、迈步类步伐、点地类步伐、抬腿类步伐和双腿类步伐五种(表4-2-1)。

表4-2-1　健身健美操常用基本步伐体系

类别	原始动作形式	低冲击力形式	高冲击力形式	无冲击力形式
交替类	踏步 march	踏步 march 走步 walk "一"字步 easy walk "V"字步 vstep 漫步 mambo	跑 jog	
迈步类	侧并步 step touch	并步 step touch 迈步点地 step tap(heel) 迈步吸腿 step knee 迈步后屈腿 step curl 侧交叉步 grapvine	并步跳 step jump 小马跳 pony 迈步吸腿跳 step knee 迈步后屈腿跳 step curl 侧交叉步跳 grapvine	
点地类	点地 touch step	脚尖点地 touch,tap 脚跟点地 heel		
抬腿类	抬腿 lift step	吸腿 knee lift(up) 摆腿 leg lift 踢腿 kick	吸腿跳 knee lift 摆腿跳 leg lift 踢腿跳 kick 弹踢腿跳 fuck 后屈腿跳 leg curl	
双腿类			并步跳 jump 分腿跳 squat jump 开合跳 jumping jack	半蹲 squat 弓步 lunge 提踵 calf raise

(二)基本步伐的动作及练习方法

1. 两脚交替类步伐

两脚始终做依次交替落地的动作。

(1)踏步(原始动作)March(图4-2-1)

包括原地踏步、踏步走等动作。两脚原地依次抬起,依次落地;手臂前后自然摆动。

动作要点:在落地时,踝、膝、髋关节依次有弹性缓冲。

动作变化:踏步分腿并腿 March out to in——两脚依次向两侧迈步,成分腿半蹲,再依次还原并腿。

1	2	3	4

图 4-2-1

（2）走步 Walk（图 4-2-2）

迈步前走四步或后走四步。

动作要点：向前走时脚跟先落地，过渡到前脚掌，后走时则反之。

动作变化：①三步点地 Walk tap——向前走三步，第四拍点地；②三步吸腿 Walk knee——向前走三步，第四拍吸腿。

1	2	3	4

图 4-2-2

（3）"一"字步 Easy walk（图 4-2-3）

一脚向前一步，另一脚并于前脚，然后再依次还原。

动作要点：向前迈时，脚跟先着地，过渡到全脚掌，前后均要并腿过程。膝关节始终有弹性的缓冲。

动作变化：①"V"字步 V step（见"V"字步动作）；②十子步 Box step——左脚向右前方迈一步，右脚向左脚左侧迈一步，左脚向左脚后方迈一步，右脚向右后方迈一步，形成一个"十"字形。

1　　　　　　2　　　　　　3　　　　　　4

图 4-2-3

（4）"V"字步 V Step（图 4-2-4）

一脚向前侧方迈一步，另一脚随之向另一前侧方迈一步，呈两脚开立。屈膝，然后再依次退回原位。

动作要点：膝、踝关节始终保持弹动状态，分开后呈分腿半蹲，重心在两脚之间。

动作变化：X 步——向前完成一个"V"字步，再向后完成一个"V"字步，形成"X"形。

1　　　　　　2　　　　　　3　　　　　　4

图 4-2-4

（5）漫步 Mambo（图 4-2-5）

一脚向前迈出屈膝，重心随之前移，另一脚稍抬起，然后原地落下；或者向后撤一步，重心后移，另一脚稍抬起，然后原地落下。

动作要点：两脚始终保持交替落地，身体重心随动作前后移动，始终在两脚之间。

动作变化：漫步转体 360°。

1　　　　　　2　　　　　　3　　　　　　4

图 4-2-5

（6）跑步 Jog（图 4-2-6）

两脚经过腾空，依次落地缓冲，两臂屈肘摆臂。

动作要点：落地屈膝缓冲，脚跟尽量落地。

动作变化：①高抬腿——膝盖尽量抬高；②后踢腿跑——小腿尽量后屈，脚跟到臀部；③双跳跑——每只脚落地两次，交替进行。

图 4-2-6

2. 迈步类步伐

（1）并步（侧并步为原始动作）Step touch（图 4-2-7）

一脚迈出，另一脚随之并拢屈膝点地；再向反方向迈步。

动作要点：两膝始终保持弹动，动作幅度和力度可随风格而定。

动作变化：①两次并步 Two touch——向一侧做两个并步，再向反方向迈步；②侧交叉步 Grapevine（见交叉步动作）。

1   2   3   4

图 4-2-7

（2）迈步点地 Step tap（图 4-2-8）

一脚向侧迈一步，两腿经屈膝移重心，另一脚在前、侧或后用脚尖或脚跟点地。

动作要点：两膝同时有弹性地屈伸，重心移动轨迹程弧形；上体不要扭转。

1   2   3   4

图 4-2-8

（3）迈步吸腿 Step knee（图 4-2-9）

一脚迈出一步，另一腿屈膝抬起，然后向反方向迈步。

动作要点：经过屈膝半蹲，抬膝时支撑腿稍屈膝。

动作变化：重复吸腿 2 or 4 Knee repeater——一脚迈出一步，另一腿重复屈膝抬起两次到四次，最多不超过八次。

1   2   3   4

图 4-2-9

（4）迈步后屈 Step curl（图 4-2-10）

一脚迈出一步，另一腿后屈，然后向反方向迈步。

动作要点：经过屈膝半蹲，支撑腿稍屈膝，后屈腿的脚跟靠近臀部。

1   2   3   4

图 4-2-10

（5）侧交叉步 Grapevine（图 4-2-11）

一脚向侧迈一步，另一脚在其后交叉。随之再向侧迈一步，另一脚并拢，屈膝点地。

动作要点：第一步脚跟先落地，身体重心快速随脚步移动，保持膝、踝关节的弹动。

动作变化：①交叉步屈腿 Grapevine curl——一侧交叉步的第四步做向后屈腿；②交叉步吸腿 Grapevine knee——一测交叉步的第四步做向上吸腿。

1　　　　　2　　　　　3　　　　　4

图 4-2-11

3. 点地类步伐

（1）脚尖点地 Touch Tap（图 4-2-12）

一脚稍屈膝站立，另一脚伸出，脚尖点地，然后还原到并腿姿势。

动作要点：支撑腿始终保持屈膝站立，并且随动作有弹性地屈伸。

动作变化：①侧点地左右移重心 Tap side——一腿稍屈膝站立，另一腿向侧伸出，先脚尖着地，随即脚跟迅速向下弹压，同时重心侧移，然后还原；②点地吸腿 Tap knee tap together——一腿稍屈膝站立，另一腿向侧伸出点地、吸腿、再点地、还原。

前点　　　　　　　测点

图 4-2-12

（2）脚跟点地 Heel（图 4-2-13）

一腿稍屈膝站立，另一腿伸出，脚跟点地，然后还原到并腿姿势。只可做向前和向侧的脚跟点地。

动作要点：支撑腿始终保持屈膝站立，并且随动作有弹性地屈伸。

图 4-2-13

4. 抬腿类步伐

（1）吸腿 Knee lift（图 4-2-14）

一腿屈膝抬起，落下还原。

动作要点：支撑腿保持屈膝弹动，大腿上抬超过水平；上体保持正直。

图 4-2-14

（2）摆腿 Leg lift（图 4-2-15）

左腿屈膝支撑，右腿向左前方摆动，接着再向右后方摆动。

动作要点：摆动腿膝盖伸直，上体要有控制，不要晃动。

图 4-2-15

（3）踢腿 Kick（图 4-2-16）

一腿稍屈膝站立,另一腿抬起,然后还原。

动作要点:抬起腿不需很高,但要有控制;保持上体正直。

图 4-2-16

（4）弹踢腿（跳）Flick（图 4-2-17）

一腿站立(跳起),另一腿先向后屈,然后向前下方弹踢,还原。通常以高冲击力的形式出现。

动作要点:腿弹出时要有控制,保持上体正直。

1　　　　　　2　　　　3　　　　　　4

图 4-2-17

（5）后屈腿（跳）Leg curl（图 4-2-18）

一腿站立(跳起),另一腿向后屈膝,放下腿还原。通常以高冲击力的形式出现。

动作要点:支撑腿保持弹性,两膝并拢,脚跟靠近臀部。

图 4-2-18

5. 双脚类步伐

（1）并脚跳 Jump（图 4-2-19）

两腿并拢跳起。

动作要点：落地缓冲有控制。

1~2   3~4

图 4-2-19

（2）分并腿跳 Squat jump（图 4-2-20）

并腿站立交替脚起跳，分腿交替脚落地，分腿交替脚向上跳起，并腿交替脚落地，屈膝缓冲。

动作要点：屈膝半蹲时，大、小腿夹角不要小于 90°，空中注意身体的控制。

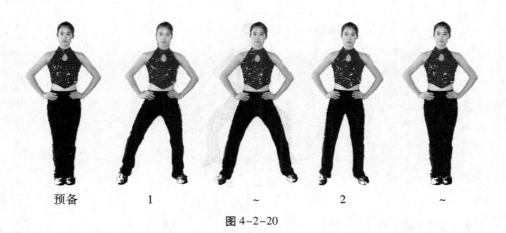

预备　　　　　1　　　　　～　　　　　2　　　　　～

图 4-2-20

（3）开合跳 Jumping jack（图 4-2-21）

由并腿起跳，分腿落地；然后，再由分腿起跳，并腿落地。

动作要点：分腿屈膝蹲时，两腿自然外开，膝关节沿脚尖方向屈，膝关节夹角不小于90°，脚跟落地。

动作变化：半个开合跳 Half jack——一脚向侧跳，落地时屈膝，同时另一腿直膝、钩脚尖留在原地；然后跳回原地。

图 4-2-21

（4）半蹲 Squat（图 4-2-22）

两腿有控制地屈和伸。可分为并腿半蹲和分腿半蹲。

动作要点：分腿半蹲时，两腿左右分开稍大于肩（或与肩同宽），脚尖稍外开，屈膝时关节角度不得小于90°，膝关节对准脚尖方向，臀部向后45°方向下蹲，上体保持正直。

图 4-2-22

（5）弓步 Lunge（图 4-2-23）

两腿前后分开，两脚平行站立；蹲下，起来。

动作要点：半蹲时后腿膝关节向下，大腿垂直于地面；重心始终在两脚之间。

动作变化：侧弓步 Lunge side——一腿稍屈膝站立，另一腿向侧伸出，先脚尖着地，随即脚跟迅速向下弹压，同时重心侧移，然后还原。

侧弓步　　　　　　　　前弓步

图 4-2-23

（6）提踵 Calf raise（图 4-2-24）

两腿脚跟抬起，落下脚跟稍屈膝。

动作要点：两腿夹紧，重心上提时，收紧腹部；落下时屈膝缓冲。

图 4-2-24

二、基本手型及上肢动作

(一) 基本手型

健美操中的手型有很多种，它是从芭蕾舞、现代舞、迪斯科、西班牙舞、武术等运动中汲取和发展起来的。手型是手臂动作的延伸和表现，手型的变化可以使手臂动作更加丰富多彩，具有感染力。常用的手型如下(图 4-2-25)：

1. 合掌：五指伸直，相互并拢。大拇指微屈，指关节贴于食指旁。

2. 分掌：五指用力伸直，充分张开。

3. 健美指(西班牙舞手型)：五指用力，小指、无名指、中指自掌指关节处依次屈，拇指稍内扣。

4. 拳：握拳，拇指在外，指关节屈曲，紧贴于食指和中指。

5. 响指：无名指、小指屈，拇指与中指用力摩擦打响。

6. 芭蕾舞手型：五指微屈，后三指并拢，拇指内加。

7. 剑指：食指、中指并拢伸直，其余三指相叠。

8. 立掌：手掌用力上屈，五指指关节自然屈曲。

9. "V"指：食指、中指伸直分开，其余三指相叠。

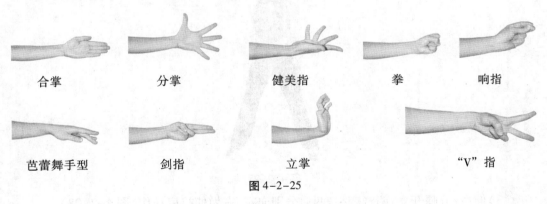

| 合掌 | 分掌 | 健美指 | 拳 | 响指 |

| 芭蕾舞手型 | 剑指 | 立掌 | "V"指 |

图 4-2-25

(二) 上肢动作

1. 肩部动作

肩部动作包括：提、沉、绕和绕环伸肩等动作。

预备姿势：两脚开立，手臂自然下垂。

(1)提肩：肩关节做向上的运动，包括单肩提、双肩提和依次提(图 4-2-26)。

图 4-2-26

（2）沉肩：肩关节做向下运动,包括单肩沉、双肩沉和依次沉（图4-2-27）。

图 4-2-27

（3）伸肩：分腿开立,两臂侧举,两肩分别向左、右做伸拉肩动作（图4-2-28）。

图 4-2-28

（4）绕肩：肩关节向前或向后做小于360°的弧形运动（图4-2-29）。

图4-2-29

2. 手臂动作

手臂的动作是多种多样的,正确的手臂姿势对身体姿态和动作风格起着重要作用,由举、屈伸、摆动、绕及绕环、振、旋等动作组成。

（1）举：以肩为轴,手臂向不同方向伸展,包括前举、上举、前上举、前下举、侧举、侧上举、侧下举、后下举等（图4-2-30）。

前平举　　　　　上举　　　　　侧平举　　　　侧上举　　　　侧下举

图4-2-30

（2）屈伸：肘关节由屈曲到伸直或伸直到屈曲的动作,包括胸前屈、胸前平屈、肩上侧屈、肩下侧屈、胸前平屈、胸前上屈、腰间屈、头后屈等。

1）胸前屈：两臂胸前屈、握拳拳心向内,前臂与地面垂直。可做前、后、左、右、上、下各方向的屈伸（图4-2-31）。

图 4-2-31

2)胸前平屈:两臂胸前平屈、握拳、拳心向下,前臂与地面平行,可做前、后、左、右、上、下方向的屈伸(图 4-2-32)。

图 4-2-32

3)肩侧屈:肘向侧抬起,与肩同高,前臂、上臂夹角成 90°,拳心相对,可做前、上、下、侧方的屈伸(图 4-2-33)。

图 4-2-33

4）肩前屈：两臂前举，肘弯曲，拳心向内，上臂与肩同高，大小臂呈 90°（图 4-2-34）。

图 4-2-34

5）腰间屈：两手握拳，肘关节屈曲，拳在腰间（图 4-2-35）。

图 4-2-35

6）头后屈：两臂肩侧上屈，两手抱头，手指重叠（图4-2-36）。

图4-2-36

（3）绕：双臂或单臂向内、外、前、后做180°以上、360°以下的弧形运动（图4-2-37）。

图4-2-37

（4）绕环：以肩为轴，双臂或单臂做向不同方向的绕环（图4-2-38）。

图 4-2-38

（5）振：以肩为轴，臂用力至最大幅度做弹动摆动动作，包括上举后振、下举后振、侧举后振等（图4-2-39）。

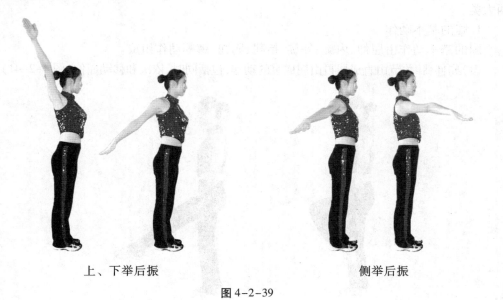

上、下举后振　　　　　　　　　　侧举后振

图 4-2-39

（6）旋：以肩或肘为轴，臂做前旋或后旋动作（图4-2-40）。

图 4-2-40

动作要求：上体保持正直，位置准确，路线清晰，幅度要大。

三、下肢动作

下肢动作是健美操基本动作中重要的组成部分，包括腿的基本动作和脚的基本站立两大类。

1. 腿的基本动作

腿的基本动作由屈伸、内旋、外旋、抬腿、踢腿、蹲等动作组成。

（1）屈伸：膝关节由直成屈再由屈成直的动作，包括同时、依次和移动屈伸（图 4-2-41）。

图 4-2-41

（2）内旋和外旋（内扣和外展）：指以髋和膝为轴做腿的向内和向外的旋转动作，包括两腿同时或依次内、外旋（图 4-2-42）。

图 4-2-42

（3）抬腿：一腿支撑，另一腿屈膝抬起到 90°，包括向前抬腿、向侧抬腿和屈膝抬腿等（图 4-2-43）。

侧抬腿　　　　　　　　前抬腿

图 4-2-43

（4）踢腿：一腿支撑，另一腿向不同方向由下至上的加速摆动，包括直腿踢、弹踢等。
直腿踢：踢腿时两腿伸直，包括前踢、侧踢和后踢等（图 4-2-44）。

图 4-2-44

弹踢:一腿支撑,另一腿经屈膝向各方向做踢伸动作,包括向前弹踢、向侧弹踢和向后弹踢等(图4-2-45)。

图4-2-45

(5)蹲:膝关节屈曲,包括半蹲和全蹲。半蹲时,大、小腿形成夹角;全蹲时,大、小腿折叠(图4-2-46)。

半蹲   全蹲

图4-2-46

2. 脚的基本站立

脚的基本站立包括直立、开立、点地立、提踵立、弓步、跪立等。

(1)直立:两脚并拢,头颈、躯干和脚的纵轴保持在一条直线上(图4-2-47)。

图 4-2-47

（2）开立：两脚左、右分开与肩同宽或宽于肩（图 4-2-48）。

图 4-2-48

（3）点地立：一腿支撑，另一腿向各方向伸直。脚尖点地，包括前点立、后点立（图 4-2-49）。

点地立　　　　　　　前点立　　　　　　　后点立

图 4-2-49

（4）提踵立：两脚跟提起离地，用脚前掌站立（图4-2-50）。

图4-2-50

（5）弓步：指两脚前后或左右开立，一腿绷直，另一腿屈膝。屈膝腿的膝部与脚尖垂直，包括前弓步、侧弓步和后弓步等（图4-2-51）。

前弓步　　　　　　　　侧弓步　　　　　　　　后弓步

图4-2-51

（6）跪立：指大腿与小腿成直角的跪姿，膝和脚支撑身体，包括双脚跪立、单脚跪立、跪坐等。跪坐时大、小腿折叠，臀部坐在脚跟上（图4-2-52）。

单腿跪立　　　　　　双腿跪立　　　　　　跪坐

图 4-2-52

四、竞技健美操基本步伐

竞技健美操比赛套路始终保持了传统有氧操的特点,规则规定成套动作必须包括七种健美操步伐,但动作规格上稍有别于健身健美操,对关节和四肢的位置要求更高,在完成上强调准确的控制,动作的制动,协调、灵活、流畅的动作变化。下面将七种健美操步伐要求列举如下:

1.踏步

一腿支撑,一腿屈于体前,髋与膝保持弹动;膝、踝关节放松,落地时从脚尖顺势过渡到全脚掌;躯干保持自然的直立,表现出腰腹的控制力量;整个过程身体感觉向上。

变化:包括角度、高度与方向的变化。如 V 字步转体 180°、斜前方迈步点地等。

2.后踢腿跑

躯干保持正直,单腿屈膝向后。摆动腿的小腿最大幅度的向臀部屈曲;髋和膝在一条线上,脚面绷直变现出控制,落地缓冲时脚尖滚动至脚跟着地。

变化:包括各种角度和方向的动作变形。

3.吸腿跳

躯干保持正直一腿支撑,一腿屈膝高抬,摆动腿髋与膝最大程度的弯曲,关节角度不小于 90°,达到最高点是小腿垂直地面,脚尖绷直。

变化:包括各个空间、角度、高或低强度的动作变形。

4.踢腿跳

一腿支撑,一腿做屈髋做直腿高踢的动作,摆动腿(踢起腿)在髋部前或侧运动,摆动腿的高度不低于肩,支撑腿伸直(高强度动作时要有缓冲),动作过程中躯干自然直立,脚面绷直。

变化:包括各个平面、高度、高或低强度与方向的动作变形。如高踢、中踢、侧摆腿踢和交换腿踢等。

5. 开合跳

两腿并拢开始同时用力跳起落成开立,两脚分开的距离大于肩宽(一个半到两个肩宽),两脚尖自然向外分开,膝关节顺着脚尖方向弯曲。并腿落地时,足跟并拢,脚尖向前或稍外开。整个过程躯干保持自然直立,起跳动作控制有力。落地时,脚尖过渡全脚掌缓冲。

变化:包括各个角度的髋膝关节的高或低强度的动作变形。

6. 弓步跳

双脚由并拢或分开开始,跳起分腿落地,一腿蹬直,一腿弯曲。低强度动作时,注意弯曲腿的膝关节应大于90°,重心在两腿之间。高强度动作时双腿前后交替跳动,重心在两脚之间,落地注意缓冲,躯干自然直立。

变化:包括各个空间、角度、方向、高或低强度的动作变形。

7. 弹踢腿

起始动作为髋部伸展的后踢腿跑,摆动腿小腿由后屈向前下方踢腿。摆动腿表现出制动动作,整个过程表现出很好的控制。

变化:包括各个空间、角度、方向、高或低强度的动作变化。

第三节 健身健美操常见不适宜动作

一般情况下,人们认为进行健美操锻炼不易发生伤害事故,但如果不注意选用科学的锻炼方法,也会造成损伤。我们被那些优美的动作和欢快的节奏所吸引,场上那些热烈的气氛无时无刻不在牵引着健美操爱好者尽力去模仿指导员的动作,跟上音乐的节奏进行练习,练习当中,有大量的动作会对人体产生较大的冲击。一些不适宜的力量练习动作、针对不同人群的不适宜的动作以及不科学的训练方法等都会在无形中对身体的某些部位造成不必要的伤害。

一、健身健美操中的不安全因素

(一)地面的冲击力对人体的影响

在健美操练习中,地面可对人体造成很大的冲击力,如果这种冲击力长时间地反复作用于人体,就会对人体造成很大的伤害,因此应该尽量避免。地面的硬度、鞋的弹性、落地的技术是影响冲击力的主要因素。另外,体重以及腾空和非腾空动作的选择也会对冲击力大小产生影响。

(二)超范围动作

这是指在长度和方向上超出安全运动范围的动作。许多涉及过度弯曲和过度伸展的动作均属于超范围动作,它们具有潜在的危险性,负重练习时更是如此。例如过度背伸会使腰部处于超范围伸展的位置。此外,可能动作本身是安全的,但在做动作时没有控制好就会变成不安全的了。例如在做臂屈伸动作时,如果没有控制好会造成肘关节超范围运动而引起损伤。

（三）局部负担过重

健美操锻炼中，负荷过重也是导致受伤的常见原因。例如，屈膝蹲，当膝关节大于安全角度 90°屈曲时，膝部就会承受过度的负荷。另一方面，过多地重复某一动作也会造成局部负担过重，例如过多的高冲击力动作可造成下肢局部负担过重而引起多种损伤。

二、不适宜动作解析

（一）头颈部

1. 快速或猛烈的头部动作：可能引起颈椎和颈部肌肉损伤。
2. 头部过度后仰：对颈椎造成过度压力（图 4-3-1）。

图 4-3-1

3. 头绕环：对颈椎造成过度压力并使某些人眩晕（图 4-3-2）。

图 4-3-2

（二）躯干

1.过度背伸：对脊椎造成过度压力。

（1）站立过度背伸（图4-3-3）

错误动作　　　　正确动作

图4-3-3

（2）站立后举腿过度背伸（图4-3-4）

错误动作　　　　正确动作

图4-3-4

（3）弓步过度背伸（图4-3-5）

错误动作　　　　　　正确动作

图 4-3-5

（4）跪撑过度背伸（图 4-3-6）

错误动作　　　　　　正确动作

图 4-3-6

（5）跪撑后举腿过度背伸（图 4-3-7）

错误动作　　　　　　正确动作

图 4-3-7

（6）俯撑过度背伸（图 4-3-8）

错误动作　　　　　　　　　　　正确动作

图 4-3-8

（7）俯卧过度背伸（图 4-3-9）

错误动作　　　　　　　　　　　正确动作

图 4-3-9

（8）仰卧过度背伸（图 4-3-10）

错误动作　　　　　　　　　　　正确动作

图 4-3-10

（9）桥（图 4-3-11）

图 4-3-11

2. 过度前屈：造成腰部压力过大。挤压椎间盘和过度抻拉腰部肌肉。

（1）站立无支撑体前屈（图4-3-12）

错误动作 　　　　　　　　　　正确动作

图4-3-12

（2）体前屈转体（图4-3-13）

图4-3-13

（3）分腿坐体前屈（图4-3-14）

错误动作 　　　　　　　　　　正确动作

图4-3-14

（4）并腿坐体前屈（图4-3-15）

错误动作　　　　　　　正确动作

图4-3-15

（5）仰卧翻臀（图4-3-16）

图4-3-16

3.过度侧屈：对脊椎造成过分压力。

（1）站立过度侧屈（图4-3-17）

错误动作　　　　　　　正确动作

图4-3-17

（2）坐位过度侧屈（图4-3-18）

错误动作　　　　　　　正确动作

图4-3-18

4. 直腿腹肌练习：腿部的长杠杆会压迫腰部而导致腰背痛。

（1）直腿仰卧起坐（图4-3-19）

错误动作　　　　　　　正确动作

图4-3-19

（2）直腿举腿（图4-3-20）

错误动作　　　　　　　正确动作

图4-3-20

（3）两头起（图4-3-21）

图4-3-21

（4）直腿上下、左右打腿（图4-3-22）

图4-3-22

（三）膝关节

1. 膝盖深度屈曲小于90°，使膝关节受到很大的压力。

（1）双腿全蹲（图4-3-23）

图4-3-23

（2）单腿前全蹲（图4-3-24）

错误动作　　　　　正确动作

图4-3-24

（3）单腿侧全蹲（图4-3-25）

错误动作　　　　　正确动作

图4-3-25

（4）膝关节超过脚尖（图4-3-26）

错误动作　　　　　正确动作

图4-3-26

（5）弓步膝关节超过脚尖（图4-3-27）

错误动作　　　　　　　正确动作

图4-3-27

2.膝关节不正常位置：造成膝关节一侧压力过大。

（1）脚尖内扣（图4-3-28）

图4-3-28

（2）膝关节扭转（图4-3-29）

图4-3-29

（3）跨栏姿势压腿（图4-3-30）

图4-3-30

（4）跨栏姿势仰卧（图4-3-31）

图4-3-31

思考题

1. 简述健美操的基本技术。
2. 健美操的基本动作有哪些？
3. 健身健美操常用的基本步伐是怎样分类的？
4. 说出十个健身健美操常见的不安全动作。

第五章

健身健美操的锻炼效果与评价

第一节　健身健美操的锻炼效果

一、健身健美操的健身效果

　　健身健美操是一种长时间的低强度的有氧运动,它的成套动作简单、活泼、流畅,讲究针对性和时效性,节奏速度适中。所以健身健美操的锻炼价值首先在于健身,科学地进行健身健美操锻炼,可增进健康,增强体质,全面提高身体素质。经常从事健身健美操锻炼的人,能有效地提高有氧代谢功能,增强各器官系统的机能。

　　首先,健身健美操对人体运动系统的影响最大,它能使身体各部分的关节、韧带、肌肉得到发展,提高肌肉的弹性和关节的灵活性,并可促进骨骼的生长,骨密度的增加,尤其对骨骼肌的改变最为明显。

　　其次,健身健美操对练习者的心血管系统和呼吸系统也有很大影响。健身健美操能使心肌纤维产生变化,心肌收缩力增强,心输出量增加和供血能力提高,有助于向脑细胞供氧、供能,提高大脑的思维能力,同时通过循环系统向全身细胞提供更多的氧气和养料,改善新陈代谢,减少脂肪沉积,延缓血管硬化,有益健康。对呼吸道阻力减少,可反射性地使呼吸加快、加深,使呼吸肌(主要是膈肌和肋间肌)活动增强,更多的肺泡参与气体交换,使肺通气量和摄氧量较安静时增加近10倍。因而使呼吸供能增强,保持肺组织的良好弹性,使人体供氧充足。

　　此外,健美操的动作包含髋部全方位的活动比较多,因此腰腹肌和骨盆肌得到了运动,并加强了肠胃的蠕动,增强了消化机能,有助于营养的呼吸和利用。再者,运动中由于呼吸的加深,引起腹肌和胸肌大幅度上下移动的活动,对肠胃起到按摩的作用,从而增强其消化功能,并使整个机体的血液循环加速,新陈代谢旺盛,进而使肝脏的功能得到改善。

二、健身健美操的健美效果

健美操练习的动作要求和身体姿态要求与我们日常生活中的状态基本一致,因此,通过长期的健美操练习可改善不良的身体状态,形成优美的体态,在日常生活中表现出一种良好的气质和修养,给人以朝气蓬勃、健康向上的感觉。健美操运动还可塑造健美的体型,通过健美操练习尤其是力量练习,可使骨骼、肌肉围度发生变化,从而弥补先天的体型缺陷,使人变得匀称健美;其次,经常有计划地进行健美操运动,并配合科学的饮食,就可以有效地减去多余的脂肪,并能使全身的肌肉均匀地发达起来。同时健美操还能矫正各种不良姿势,如驼背、O 型腿等,使锻炼者的形态和举止风度发生良好的变化,保持健美的体型。

三、健身健美操的健心效果

健美操不仅能塑造健康的身体、健美的体魄,而且对人的心理状态也有好的影响。健美操是一项"美"的运动,它是在音乐的伴奏下进行,长期从事健美操运动可以增强锻炼者的节奏感、韵律感,提高认识美、鉴赏美的能力,同时,通过优美明快的音乐节奏、活泼的形体动作,既能使人得到美的享受,陶冶美的情操,又能激发积极的情绪,消除紧张和疲劳,身心得到全面调节,精神面貌和气质修养都得到改善和提高。特别是健美操是一项集体运动,可以使练习者体验到个人与集体的关系,把"小我"置于"大我"之中,起到协调人与人之间关系的作用,有助于增进友谊、交朋结友,使人在锻炼中得到一种精神享受,满足人们的心理需要。运动可反射性地引起皮质和下丘脑部位兴奋性提高,使丘脑中的"愉快中枢"发放冲动,并通过交感神经产生营养性影响,促进机体代谢过程,提高肌体的适应能力,使人更积极乐观地投入到健身运动中去,并能从中获益。同时,因为健身运动大多为群体性项目,互帮互学,集体练习,也可促进良好氛围的形成,使参加者始终保持愉快的心境。

第二节 评价健身健美操运动效果的指标

一、身体成分

身体成分指机体中的皮肤、脂肪、肌肉、骨骼、结缔组织、内脏器官和体液等的含量,这些成分的重量即为体重。总体重中体脂的比例被称为体脂百分比。体重中非脂肪部分又被称为瘦体重或去脂体重。对于身体成分的测量要比简单的称体重烦琐的多,但是如果要精确地测定某人与健康有关的体重增加或减少,对身体成分的评估又是极其重要的。

(一)脂肪细胞

有一种特别的细胞,它专门储存脂肪,被称为脂肪细胞。体脂具有保护组织器官及储存能量的作用。一般来讲,人体体脂分布在腹部的较多,女性的臀部和大腿较男性有更多的脂肪。人体大约有一半的体脂分布在皮下。两种因素决定了身体中的脂肪数量,即脂肪细胞的数量和体积。脂肪细胞在出生前增加、出生后增生至青春期为止。儿童时期的肥胖被认为是有较多的脂肪细胞所致。同样,青少年在青春期超重通常也与脂肪细胞增多有关。以前认为成年人的脂肪细胞数量相对恒定,但近年来研究证据表明,成年人的脂肪细胞在某种条件下也可能增加。除了数量,脂肪细胞的体积常常由于能量需求的平衡状态而储存和释放甘油三酯。脂肪细胞储存较多的甘油三酯就会造成总体重中脂肪比例的增加。脂肪细胞由于不断地储存甘油三酯而使其自身变得肥大,过程一般止于成年之初。在此之后其自身的大小变化便成为机体能量平衡的结果。如果从食物中摄取的热量高于机体需求,超出部分便转化为脂肪储存在脂肪细胞中,结果造成其体积肥大而臃肿,当储存在脂肪细胞中的脂肪作为能源提供能量时,脂肪细胞便释放脂肪而变得皱缩。

(二)体脂分布

从出生到青春期的发育过程中,身体脂肪不宜过多,因为小学时的身体脂肪往往决定中学甚至成年时的身体脂肪含量。有证据显示,肥胖儿童比正常儿童的成年肥胖发生率高出三倍。少年儿童时期的身体脂肪组成对成年后的身体成分具有重要的影响。成人的体脂分布与遗传和激素的分泌有关。近年来的一些研究证据表明,体脂主要存在于腹部而不是臀部,这可能对健康更加不利。大腹便便的男性比臀部肥胖的男性更容易患心脏病、高血压以及糖尿病。女性成年人的体脂分布常见于臀部、大腿上部和上肢背面,而腹部分布却显得较为适中。由于激素的作用,女性身体脂肪的分布总体上较男性更趋于躯干的下面,减体重或者通过体育锻炼来消耗体脂主要是针对蜂窝状组织,即臀、大腿上部、上臂等体脂。

(三)身体成分的平衡

身体中各组成成分不仅功能各异,而且含量和分布也有各自的规律,当人体内各种成分的数量维持在一定的水平并保持平衡时,人体各种生理机能就能保持正常运转,反之,某种成分过多、不足或互相平衡失调,则会给人体的生理功能带来不利的影响,甚至威胁人的健康。健身健美操练习对人的身体成分的影响很大,特别是改善脂肪和肌肉在人体中的比重方面,效果显著。有规律、有计划地进行健身健美操锻炼,可使脂肪含量降低,肌肉比重增加。

二、运动系统

(一)肌力

肌肉力量可表现为绝对肌力、相对肌力、肌肉爆发力和肌肉耐力等集中形式。通常所说的肌力是指绝对力量,即肌肉最大收缩时所产生的力,通常用肌肉收缩时所能克服

的最大阻力负荷来表示。

(二)爆发力

爆发力是指人体在最短时间内做功时所能产生的最大力量。

(三)柔韧性

柔韧性是指用力做动作时扩大动作幅度的能力。关节运动幅度增加,对于提高动作质量非常重要,往往柔韧性越好,动作就越舒展、优美和协调,并且有助于避免健身运动损伤。

三、心血管系统

(一)心率

心率是每分钟心脏搏动的次数。正常人安静状态时,心率约为60～100次/分。心率是了解循环系统机能的一种简单易行的指标之一。在运动实践中常用心率来反应运动强度及运动训练对人体的影响。心率有明显的个体差异,不同年龄、不同性别和不同心理条件下,心率都不同。初生儿的心率很快,每分钟130次以上,以后随年龄增长而递减,至青春期接近成人的心率。在成年人中,女性心率比男性稍快。经常进行体力劳动和体育锻炼者,安静状态下心率较慢。同一个人,从卧位到坐位或站立时心率加快,肌肉运动、饮食后或情绪激动时心率加快,体温升高。

(二)脉搏

脉搏是心脏输出血液引起的动脉管壁波动。脉搏是评价心血管机能状态及监控运动量及运动强度的有效指标之一。正常成人每分钟脉搏75次左右,和心率次数一致,所以我们可以通过测量脉搏来得出心率的次数。经过长期的健美操练习,脉搏的次数会降低,这是身体机能状态提高的表现。

(三)血压

血压是指血管内的血液对单位面积血管壁的侧压力。

(四)最大摄氧量

最大摄氧量是反映人体心肺功能的一项综合性生理指标。它是指人体在进行有大量肌肉群参加的长时间剧烈运动中,当心肺功能和肌肉利用氧的能力达到本人极限时,每分钟所摄取的氧量,是评价人体有氧工作能力的重要指标之一。

四、呼吸系统

人在运动中通常会使肺部的容积和吸氧量成倍增长,肺泡的张开率提高,从而增大了肺部的容积和吸氧量,使呼吸肌变得强劲有力。安静时呼吸加深、次数减少;运动时吸氧量增大,从而使肌体具有较强的有氧代谢能力。

健美操练习可使呼吸系统的功能大大提高,对呼吸系统的直接作用就在于增强呼吸肌的收缩能力,扩大胸部的活动范围。呼吸肌力量增强,可使肺部呼吸活动增加,呼吸差

增大。慢而深的呼吸表明，每次呼吸后有较长的休息时间，因而不易疲劳，在轻度劳动和运动时，不至于出现呼吸急促和胸闷现象。而剧烈运动时，在提高呼吸频率的同时，可通过加深呼吸，增大肺通气量来满足机体的需要。缺乏锻炼的人，肺活量小，呼吸表浅，随着身体活动量的增加，会产生气喘、胸闷等现象，很难忍受剧烈的身体活动。我们检测肺通气功能的指标有呼吸频率和肺通气量。

五、机体其他系统

(一) 神经系统

人体作为一个统一的整体进行正常的生命活动，离不开神经系统的调节。从神经生理学的观点来看，人体在从事健身健美操运动的过程中，肌肉与肌腱的收缩和牵张以及身体各部位的空间位置等随时发生变化的信息，都以神经冲动的形式连续不断地穿向中枢，到达大脑皮质。

各种信息在中枢神经系统分析整合，使体内各个器官系统的功能活动按照需要统一起来，使机体适应体内为其所发生的变化，以维持机体与环境的平衡。适当的运动是外周主要的生理刺激，能使大脑皮质兴奋和抑制过程更加协调，从而提高神经系统的工作效率，加强对各脏腑组织功能的系统作用。同时，通过健美操练习，神经纤维分布在肌肉组合的数量也有所增加，整个神经系统对肌肉的控制能力，通过身体锻炼而大大提高。肌肉对神经刺激发生反应的速度和准确性以及各肌肉之间互相协调配合的能力也会有很大的改进，在进行复杂和困难的动作时都能做到有条不紊地用最小的能量消耗而发挥出最大的运动效能。

我们通过神经系统外在的表现：反应时身体的灵敏性及平衡来评价健身健美操对神经系统的影响。

1. 灵敏性

灵敏性是指人体迅速改变体位、转换动作和随机应变的能力。它是多种运动机能和身体素质的综合表现，是一种复杂的素质。大脑皮质神经过程的灵活性及分析综合能力是灵敏素质重要的生理基础。神经过程的灵活性好，兴奋与抑制转换的快，才能使身体在内外环境变化时迅速地作出判断和反应。

2. 平衡

平衡指人体保持平衡的能力。它体现了神经系统对肌肉控制的能力。

(二) 内分泌系统

人体各器官的机能，一方面是神经系统的调节，另一方面也是内分泌的调节。人体有些腺体或组织细胞能分泌一种生命活性物质，这种物质称激素。它可经细胞外液渗入毛细血管或淋巴管，借血液循环运动送至所左右的组织器官以调节其活动，调节和控制机体的生长、发育和生殖机能，直接或间接地加速或抑制体内原有代谢过程，维持内环境平衡及调节营养素、电解质和水，增强机体对有害刺激和环境条件急剧变化的抵抗或适应能力。健身健美操可调节内分泌腺的功能，促进人体新陈代谢和正常的生长发育。当剧烈运动时，内分泌腺能产生适应性反应，对协同肌肉活动和提高人体机能能力起着重要的作用。我们通过评定血清睾酮、皮质醇作为内分泌机能的评定指标。

(三)消化系统

长期进行身体锻炼,代谢活动强,能力物质大量消耗,这就增加了身体对营养物质的需求,机体通过神经系统反射活动而提高消化吸收的功能,消化管蠕动功能增强,消化液分泌增多,促进了对营养物质更好地消化和吸收。锻炼时,呼吸加深,使膈肌和腹肌大幅度地运动,对腹腔器官起到良好的按摩作用,可使胃肠的蠕动增加,促进粪便排泄,消化液的分泌增多,从而使消化和吸收能力提高。但是,如果运动时间过长或是运动负荷过大,出现了过度疲劳,则有可能影响肝脏的正常功能,会导致肝细胞产生一系列的病理变化。我们可以通过检查肠胃功能和肝功能以及测量消化酶来评价健身健美操对消化系统的影响。

第三节　健身健美操锻炼效果的评价方法

评价健身健美操的运动效果可以由参加健美操活动的主体自我评价与教师评价相结合来进行。考虑到实用性与可操作性,在所有的评价指标中我们选取部分实用性强且操作相对简单的评价指标作为本章节内容。

(一)对身体成分的评价方法

对身体成分的评价方法,见体能训练篇第四章第二节。

(二)对心血管系统的评价方法

1. 脉搏(心率)

测量时,被测者坐位或平躺,测量者以食指、中指和无名指的指端按住被测者腕部的桡动脉,以 10 s 为单位,连续测 3 次,取平均值再乘以 6。

(1)基础状态下的测量

基础状态即清晨。最简便的方法是在早晨起床前后的基础状态下进行各种简易指标如脉搏、血压的检查。

评价　如运动量适宜,晨脉变化每分钟不超过正常的 3~4 次,在数日内有脉搏明显持续上升,则说明运动量偏大,有疲劳积累的征兆。

(2)运动后即测脉搏

运动结束后马上以 10 s 为单位,连续测三次,取平均值再乘以 6,即为每分钟脉搏次数。

评价　由于健身健美操是有氧运动,它的强度应控制在最大心率的 60%~80%。最大心率为 220 减去年龄。如果心率过快,则表明运动量或强度过大。

(3)安静状态下的脉搏

即练习者在平常不运动时的心率。

评价　脉搏主要反映心脏的功能状态,是健康检测中常用的评价指标。一般人安静脉搏约为 75 次/min(60~80 次/min),我国 18~25 岁青年的脉搏,男性平均为 75.2 次/min,女性平均为 77.5 次/min。通过长期的训练,也有安静时心率在 60 次/min 以下的。这说明是心脏机能加强和提高的表现,也是心脏能量节省化和健康状况良好的标志。

2. 血压

正常测量时要先安静坐 10 min,然后进行测量。具体操作方法为:将脉压带绑在被测者上臂上,其下缘应在肘关节上 3 cm,松紧适宜。以手指摸寻肘窝处的肱动脉,然后把听诊器的听头放在肱动脉上进行测量。正常人收缩压为 13.33 ~ 16.00 kPa(100 ~ 120 mmHg),舒张压为 8.00 ~ 10.57 kPa(60 ~ 80 mmHg)。记录为收缩压/舒张压(kPa)。测量时应注意:

(1)测量前 1~2 h 内,被测者不得从事任何剧烈运动(包括体育活动)。

(2)被测者静坐 1 min 以上,接受测量血压要求的讲解,消除精神紧张,情绪安定地接受测量。

(3)测量血压时,上臂不可受过紧衣袖压迫。

(4)需重复测量血压值时,应使血压水银柱下降至 0 位后再进行。

(5)血压复测者,必须令被测者再休息 10 ~ 15 min,对血压持续超出正常范围者,应提请内科医师注意。

评价 一般来说,练习者的血压是保持基本恒定的,变化范围上下在 1.33 kPa(10 mmHg)以内。练习者可将初次测量的数据作为基础值,将以后测量的结果与基础值进行对照,练习后良好的状态应是血压稍有所下降。若是血压出现持续性升高,说明运动强度过大,出现了疲劳。将血压作为长期评定的指标,则可以检测练习者的心血管系统功能是否有所收获。

3. 最大摄氧量

测量者最大摄氧量一般有直接法和间接法。直接法是利用自动气体分析仪或心肺功能自动分析仪、功率跑台或功率自行车等直接计算或自动分析出最大摄氧量的方法。这是一种最简单易行的方法,在健身俱乐部里比较适用。

间接法由于操作复杂,计算麻烦,所以多用在实验室。

4. 台阶试验

测试方法:测量仪器为台阶若干(男高度 30 cm、女高度 25 cm)、秒表、录音机、节拍器或录音磁带。被测者静坐 10~15 min,测量人员测量被测者安静时脉搏,以便了解被测者心脏功能是否适应台阶试验的要求,为被测者做好充分准备。然后,令被测者站在台阶前方,按照节拍器以 30 次/min 的频率上下台阶,即从预备姿势开始,听到第一响时,一只脚踏在台上;第二响时,踏台腿伸直,另一只脚跟上台并站立;第三响时,先踏台的脚下来;第四响时,另一只脚下来还原成预备姿势。在测量中以每 2 s 上下踏台一次的速度连续做 3 min。运动完毕后,令被测者立刻静坐在椅子上,测量人员同时开表计时,测量运动后恢复期第 2 min 至第 2.5 min、第 3 min 至第 3.5 min、第 4 min 至第 4.5 min 的 3 次 30 s 的脉搏数并填入相应的方格内。如果被测者在运动中坚持不下去或跟不上上下的台阶频率 3 次,要立即停止运动,并以 s 为单位记录运动持续的时间。同样,测试 3 次脉搏数,填入相应的方格内,以便今后评价用。

注意事项：

（1）被测者必须严格按照节拍器的节奏，即每 2 s 完成上下一次台阶的运动。

（2）被测者在每次登上台阶时，姿势要正确，腿必须伸直，尤其是膝关节不得弯曲。

（3）测量人员必须严格按照测试方法的要求，准时、准确地记录恢复期 3 次 30 s 的脉搏，被测者不能自己测量脉搏。

（4）被测者在测量前不得从事任何剧烈活动。心脏功能不良或有不同程度心脏病病人不能进行此项测量。

（5）对测量中不能坚持完成或明显跟不上频率的被测者，应果断中止其运动。

评价 台阶试验是一种测量心血管机能的简易方法。它利用定量的运动负荷和心率恢复的速度间的比例关系，计算台阶指数。台阶指数越高，说明人负荷运动后心率恢复正常的速度越快，心血管机能越好。台阶指数的评价标准，见表 5-3-1。

台阶指数=踏台阶上、下运动持续时间(s)×100/2×(3 次测定脉搏数的和)

表 5-3-1　男、女 18～25 岁台阶指数的评分等级

年龄(岁)/台阶指数	评分等级				
	1 分(差)	2 分(下等)	3 分(中等)	4 分(良好)	5 分(优秀)
男 18～25	45.0～48.5	48.6～53.5	53.6～62.4	62.5～70.8	70.9 以上
女 18～20	44.6～48.5	48.6～53.2	53.3～62.4	62.5～70.2	70.3 以上
女 21～25	44.5～48.3	48.4～53.0	53.1～62.0	62.1～70.0	70.1 以上

注：选自《中国国民体质监测系统的研究》，北京：北京体育大学出版社，2000.

（三）对呼吸系统的评价方法

评价呼吸系统功能的好坏，可以通过在定量负荷的练习后，测量练习者的肺通气量，然后通过前后数据的对比，来判断练习者的心肺功能是否有所改善。这是一个客观的评价方法，并且要通过长期的练习者的练习积累才能体现出变化。通过定量负荷的健身练习后，测量肺的通气量，如果肺通气量不变或下降，这表明身体机能提高。这是因为在进行定量负荷后，身体出现了机能节省化，即用比以前小的机能反应，就能完成同样强度的工作。测量肺的通气量有以下三种方法：

1. 肺活量

测试方法：测量仪器为电子肺活量计或桶式肺活量计。使用电子肺活量计测量时，首先将肺活量计接上电源（可以用电池或外接电源），按下电源开关，肺活量计通电，待 led（液晶显示器）闪烁"8888"数次后再显示 0，表明肺活量计进入工作状态。测量时先将口嘴装在文式管的进气端，被测者手握文式管，保持导压软管在文式管上方位置，头部略后仰，尽力深吸气，直至不能呼吸为止，然后将嘴对准口嘴做尽力的深呼吸，直到不能做到呼气为止。此时 led 上显示的值即为肺活量。测量 2 次，取最大值，读数以 ml 为单位，不计小数。使用桶式肺活量计测量时，被测者取站立姿势，一只手握管头部略后仰，尽力深吸气，直到不能再吸气，然后用嘴对准口嘴做一次性尽力深呼气，直到不能再呼气为

113

止,待浮筒停稳后,进行读数。测量 2 次,取最大值,读数以 ml 为单位,不计小数。各种肺活量计在每次使用前都必须实行检验,仪器误差不能超过 3%。测量时应注意:

（1）测量前应向被测者讲解测试方法和动作要领,并做示范。被测者可做必要练习。

（2）被测者吸气和呼气均应充分,呼气不可过猛,并防止从嘴与口嘴接触部分漏气,防止用鼻呼气,呼气开始后不得再吸气。测量人员应注意观察,防止因呼吸不充分,漏气或再吸气影响测量结果。

（3）使用桶式肺活量时,测量人员放气动作不宜过猛,防止水的流溢。应随时保持水位,及时换水,保持水质清洁。

（4）每次测量每人要准备 1 个口嘴,避免交叉感染。

（5）对个别始终不能掌握要领的被测者,要在记录数字旁注明,不予统计。

评价 呼吸功能通常用肺活量来评价,肺活量随年龄的增长而变化,从儿童开始逐步上升,20 岁到达最高峰,男子平均 3 600 ml,女子平均 2 700 ml,其后逐渐下降,肺活量还与体重、胸围、身高密切相关。因此,还可用相对肺活量即肺活量指数(肺活量 ml/体重 kg)来评价,评价标准见表 5-3-2、表 5-3-3。健身健美操练习既能使人的肺活量水平提高,也能延缓肺活量的衰减。练习者将第一次测量的结果作为初始指标,将以后测量的结果与第一次的数据进行对照,若练习效果良好,练习者的肺活量会有所提高;若是肺活量出现了下降现象,说明练习强度或练习量不合理,也有可能是练习者的呼吸系统出现了病变。

表 5-3-2　男、女 18～25 岁肺活量评分等级

性别	年龄	评分等级				
		1 分（差）	2 分（中下）	3 分（中）	4 分（良）	5 分（优）
男	18～20 岁	2 500～2 849	2 850～3 249	3 250～3 899	3 900～4 349	4 350 以上
	21～25 岁	2 500～2 950	2 951～3 300	3 301～3 900	3 901～4 500	4 501 以上
女	18～20 岁	1 600～1 849	1 850～2 249	2 250～2 749	2 750～3 099	3 100 以上
	21～25 岁	1 600～1 949	1 950～2 249	2 250～2 749	2 750～3 099	3 100 以上

注:选自《中国国民体质监测系统的研究》,北京:北京体育大学出版社,2000.

表 5-3-3　大学生肺活量/体重指数评价标准

性别/等级	优	良	中	中下	差
男	≥81.2	75.2～81.1	67.2～75.1	60.9～66.9	60.8 以下
女	≥65.8	60.2～65.7	52.6～60.1	47.0～52.5	46.9 以下

注:选自《体育教程》,成都:四川大学出版社,2000.

2.时间肺活量

在最大吸气后,以最快的速度进行最大呼气,记录在一定时间内所能呼出的气量。

正常成人最大呼气时,第 1 s、第 2 s 和第 3 s 呼出的气量分别是 83%、96% 和 99%,在 3 s 内人体基本可呼出全部肺活量的气量,其中第 1 s 的时间肺活量的百分率最有意义。

评价 时间肺活量是一个评价肺通气功能较好的动态指标,它不仅反映肺活量的大小,而且还能反映肺的弹性是否降低、气道是否狭窄、呼吸阻力是否增加等情况。

(四)对神经系统的评价方法

1. 平衡性

(1)睁眼动力平衡测验

让练习者在 3.8 cm 宽的平衡木上往返行进 4 次,记录时间及掉下来的次数。

评价 时间越短,掉下来的次数越少说明平衡性越好。

(2)睁眼静力平衡测试

让练习者用优势脚在 2.5 cm 宽的木板条上站立,记录站立时间。

评价 时间越长,表示平衡性越好。

(3)金鸡独立的测试

测试者两手叉腰,单足站立,另一条腿置于支撑腿膝关节处,直到平衡被破坏、支撑脚移动为止。

评价 时间越长,表示平衡性越好。

2. 灵敏性

(1)侧跨步测试

在地面上或测量板上以 120 cm(7~11 岁为 100 cm)的距离画 3 条平行线。被测者跨中线站立,用"开始"的口令作为启动信号,按右—左—中的顺序反复横跨,在 20 s 内要尽可能快的方法移动,但不得跳跃。这样两脚跨过线的次数越多,则其敏感性越好。两脚每跨完一线为一次,脚不到或跨过外侧线,以及没跨中线不算数。测量两次取最后成绩。

评价 在 20 s 内跨的次数越多,表示灵敏性越好。

(2)立卧撑测试

练习者由站立姿势开始,听到"开始"信号后,迅速屈膝—弯腰—下蹲—两手在足前撑地,两脚向后跳伸直成俯撑,然后再经过屈腿蹲撑恢复为站立姿势。共进行 10 s,计算被测者完成动作的得分。

评价 以 10 s 内完成正确动作的次数为测试结果,把整个动作分为 4 部分,每部分计 1 分。

动作方法:按照从站立—下蹲、手撑地(蹲撑)—双脚向后跳成俯撑—双脚向前跳收成下蹲、手撑地(蹲撑)—站立的顺序为 1 次完整动作。

在测试过程中,凡有在俯撑时两腿弯曲及站立时身体不直者要扣除 1 分。得分越高的练习者表明其灵敏性越好。

思考题

1. 请叙述健身健美操的锻炼效果。
2. 什么是身体成分？
3. 健身健美操的评价指标有哪些？
4. 健身健美操锻炼效果的评价方法中,心血管系统是如果评价的？

第六章
《全国健美操大众锻炼标准》
动作说明与图解

第一节 《全国健美操大众锻炼标准》概述

为积极贯彻落实《全民健身计划纲要》，推动健美操运动在全国的进一步推广和普及，充分发挥健美操在全民健身运动中的作用，以适合广大群众健身的需求，为大众提供更多、更好的科学健身方法，国家体育总局于 1998 年颁布了《全国健美操大众锻炼标准》（以下简称《锻炼标准》）。

《锻炼标准》依据有氧运动的规律，结合国际有氧运动发展趋势，针对我国健身而具体设计。在创编中遵循了有氧、安全、简单易学、循序渐进和提高身体基本素质的原则，适用不同年龄和不同体能人群的需要。通过练习，逐级达标，使锻炼者的体能水平逐渐得到提高，同时增加对健身知识的了解和认识，提高锻炼的兴趣，从而达到健身、健心的目的。为适应当前我国大众健身的发展需要，中国健美操协会对《锻炼标准》一至六级动作进行了第三次重新创编，在保留原成人一至六级和少儿一至三级共九套动作的基础上，新增加了健身街舞、有氧拉丁和有氧搏击三套风格动作，并于 2009 年 8 月起在全国执行，2004 年颁布的《锻炼标准》第二套动作于 2009 年 12 月 31 日废止。

一、《全国健美操大众锻炼标准》第三套规定动作的特点

（1）第三套动作沿用了第二套动作的分级，仍为一至六级（一级为入门、二至三级为初级、四至五级为中级、六级为高级），其中一至三级有少儿套路。

（2）第三套动作的结构仍分为有氧操部分和力量练习部分。在进行通级测试时，必须完成两个部分的动作，但在表演和比赛时，可只做有氧操部分，并为此制作了每一级的通级和表演两种音乐。

（3）第三套动作在第二套动作的基础上，难度略有增加，动作的编排更加科学化、连接更加流畅，并在高级别动作中适当增加了舞蹈因素，表演性更强，更加符合目前健美操发展的最流行趋势。

（4）增加了街舞、拉丁和搏击三种特殊风格的动作套路，内容更加丰富和新颖，为喜爱健美操运动的人、俱乐部和各级学校教学提供了更多的选择。三种特殊风格的动作不分级别，也没有力量练习部分。

（5）成套动作的时间与结构：①成套动作时间约为 3 min，其中有氧操部分约为 2 min，力量练习部分约 1 min；②各个级别的有氧操部分均为四组动作，每组动作为 32 拍×2，右左对称，即从右脚领做的组合开始，换为左脚领做，完全重复一次。

二、《全国健美操大众锻炼标准》各级测试套路的创编原则和音乐速度

表 6-1-1

级别	创编原则	音乐速度
一级	·进行低强度的有氧练习 ·认识及掌握健美操音乐节奏和特点 ·学习健美操基本动作的原形 ·在一个组合中包含 3~5 个基本步伐 ·简单的力量练习	130 拍/min
二级	·进行中、低强度的有氧练习 ·进一步掌握健美操音乐节奏 ·学习健美操各类别基本动作 ·在一个组合中包含 4~5 个基本步伐 ·增加了 45°~90°的方向变化 ·低难度的力量练习	135 拍/min
三级	·进行中等强度的有氧练习 ·在掌握各类基本动作基础上，增加了 90°~100°的方向变化及简单的图形变化 ·在一个组合中包含 4~5 个基本步伐 ·配合简单手臂动作 ·低难度的力量练习	132 拍/min
四级	·保持中等强度的有氧练习 ·复合动作增多，高低冲击力动作相同 ·手臂动作变化增多 ·增加 180°~360°转体及跳跃动作 ·增加了更多的图形和路线变化 ·力量练习	143 拍/min

续表 6-1-1

级别	创编原则	音乐速度
五级	· 进行中高强度的有氧练习 · 组合较四级动作复杂、多变,进一步提高肌肉的协调性、灵活性和肌肉的控制能力 · 增加360°转体及跳跃动作 · 力量练习及柔韧练习	150 拍/min
六级	· 保持中高强度的有氧练习 · 组合动作更复杂,充分展现良好的协调性和表现力 · 全面提高健美操动作的能力	150 拍/min

三、《全国健美操大众锻炼标准》评定标准

表 6-1-2

通过(基本符合即为:"通过")	未通过
一、动作的正确性 (一)身体姿态舒展 (二)动作技术正确 (三)动作范围恰当	动作不正确 落地技术不正确,身体没有控制 改变动作性质(4拍以上)超过4次
二、连接动作的流畅性 (一)动作之间的连接要自然、流畅 (二)动作的转换及方向的变化要干净利落,无多余动作	动作停顿 停顿超过4次,每次超过4拍 停顿超过2次,每次超过8拍
三、表现力 (一)动作要展示内心的激情,体现一种健康、向上的情绪 (二)提倡个人风格的表现力	
四、身体的协调性 (一)全身协调运动 (二)动作轻松、有弹性 (三)动作清晰、无多余动作 (四)动作避免过松弛或过分紧张	
五、节奏感 (一)动作要充分表现音乐情绪 (二)动作和音乐节奏要配合协调 (三)一连串动作的节奏要准确	节奏感差 1/3 的成套动作未配合音乐节奏

第二节 《全国健美操大众锻炼标准》动作图解

一、健美操大众锻炼标准 一级

一级是健美操大众锻炼标准的入门套路动作。一级成套动作始终保持低强度的有氧练习,并进行最简单的腹、背肌内力量和身体核心部位的稳定性练习。每一个组合均由 3~5 个最常见的健美操基本步法组成,并配以简单的、对称性的上肢动作。

(一)操化训练部分

组合一

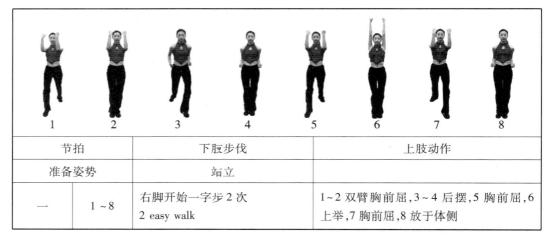

节拍		下肢步伐	上肢动作
准备姿势		站立	
一	1 ~ 8	右脚开始一字步 2 次 2 easy walk	1~2 双臂胸前屈,3~4 后摆,5 胸前屈,6 上举,7 胸前屈,8 放于体侧

节拍		下肢步伐	上肢动作
二	1 ~ 4	右脚开始向前走 3 步吸腿 3 walk knee fwd	1~3 双肩经前举后摆至肩侧屈,4 击掌
	5 ~ 8	左脚开始向后退 3 步吸腿 3 walk knee bwd	手臂同 1~4

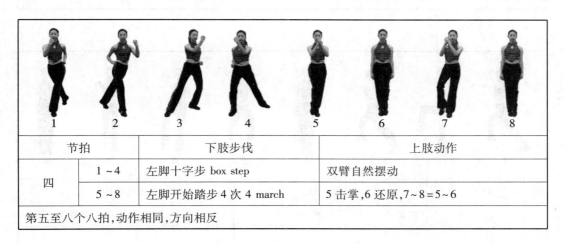

节拍		下肢步伐	上肢动作
三	1~4	右脚开始侧并步2次 2 step touch	1 右臂肩侧屈,2 还原,3 左臂肩侧屈,4 还原
	5~8	右脚向侧连续并步2次 2 double step touch	5 双臂胸前平屈,6 还原,7~8=5~6

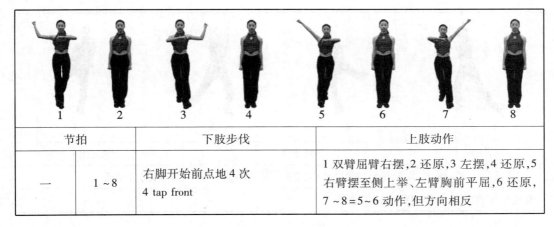

节拍		下肢步伐	上肢动作
四	1~4	左脚十字步 box step	双臂自然摆动
	5~8	左脚开始踏步4次 4 march	5 击掌,6 还原,7~8=5~6
第五至八个八拍,动作相同,方向相反			

组合二

节拍		下肢步伐	上肢动作
一	1~8	右脚开始前点地4次 4 tap front	1 双臂屈臂右摆,2 还原,3 左摆,4 还原,5 右臂摆至侧上举、左臂胸前平屈,6 还原,7~8=5~6动作,但方向相反

121

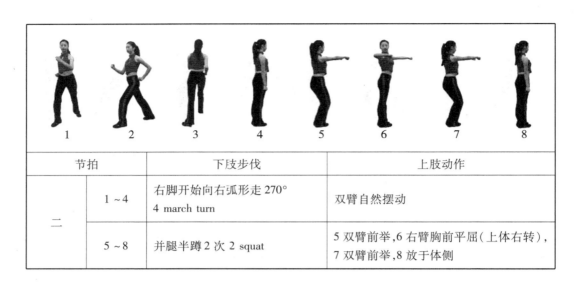

节拍		下肢步伐	上肢动作
二	1~4	右脚开始向右弧形走270° 4 march turn	双臂自然摆动
	5~8	并腿半蹲2次 2 squat	5 双臂前举,6 右臂胸前平屈(上体右转), 7 双臂前举,8 放于体侧

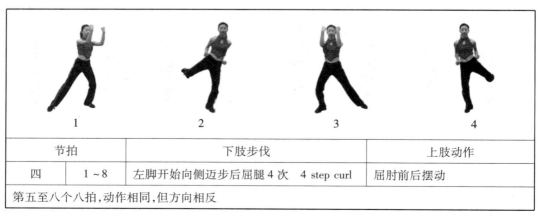

节拍		下肢步伐	上肢动作
三	1~4	左脚开上步吸腿右转90°	1 双臂前举,2 屈臂后拉,3 前举,4 还原
	5~8	右脚上步吸腿 2 step knee change	5~8=1~4

节拍		下肢步伐	上肢动作
四	1~8	左脚开始向侧迈步后屈腿4次 4 step curl	屈肘前后摆动
第五至八个八拍,动作相同,但方向相反			

组合三

节拍		下肢步伐	上肢动作
一	1~4	右脚向右交叉步 grapevine	1~3 双臂经侧至上举,4 胸前平屈
	5~8	左脚向侧迈步成分腿半蹲 squat	5~6 双臂前举,7~8 放于体侧

节拍		下肢步伐	上肢动作
二	1~4	右脚开始侧点地 2 次　2 tap side	1 右臂左前举、左臂屈肘于腰间,2 双臂屈肘于腰间,3~4=1~2,但方向相反
	5~8	右脚练习 2 次侧点地　Double tap side	5~8=1~2,重复 2 次

节拍		下肢步伐	上肢动作
三	1~8	左脚开始向前走 3 步,吸腿 3 次 3 walk fwd 3 knee up	1 双臂肩侧屈外展,2 胸前交叉,3=1,4 击掌,5 肩侧屈外展,6 腿下击掌,7~8=3~4
四	1~8	右脚开始向后走 3 步,吸腿 3 次 3 walk bwd 3 knee up	同上
第五至八个八拍,动作相同,但方向相反			

组合四

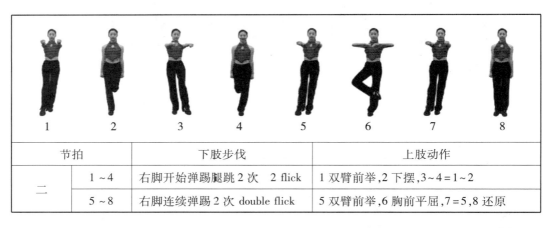

节拍		下肢步伐	上肢动作
一	1～8	1～4 右脚开始 V 字步,5～8A 字步 1 V step + 1A step	1 右臂侧上举,2 双臂侧上举,3～4 击掌 2 次,5 右臂侧下举,6 双臂侧下举,7～8 击掌 2 次

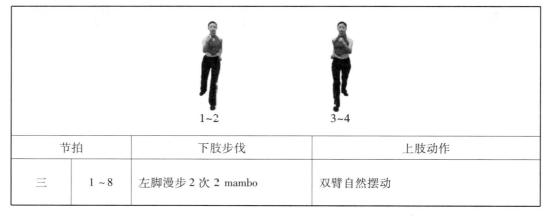

节拍		下肢步伐	上肢动作
二	1～4	右脚开始弹踢腿跳 2 次 2 flick	1 双臂前举,2 下摆,3～4＝1～2
	5～8	右脚连续弹踢 2 次 double flick	5 双臂前举,6 胸前平屈,7＝5,8 还原

节拍		下肢步伐	上肢动作
三	1～8	左脚漫步 2 次 2 mambo	双臂自然摆动

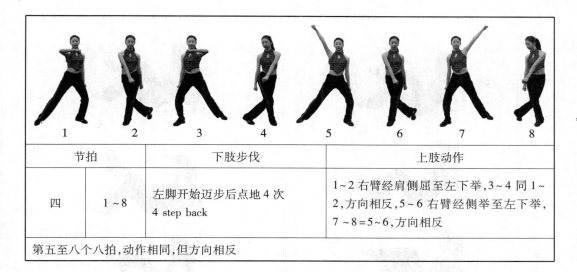

节拍		下肢步伐	上肢动作
四	1~8	左脚开始迈步后点地4次 4 step back	1~2 右臂经肩侧屈至左下举,3~4 同 1~2,方向相反,5~6 右臂经侧举至左下举,7~8=5~6,方向相反
第五至八个八拍,动作相同,但方向相反			

(二)力量训练部分

开始动作		过渡动作一	

节拍分段			动作描述
开始动作	4拍	1~4	右脚侧一步成开立,右臂侧举,掌心向前
过渡动作	一	1~2	向右转体90°成右弓步,双臂前举,掌心相对
		3~4	右腿站立,吸左腿,双臂上举,掌心相对
		5~6	左腿后伸成大弓步,上体前倾,左手撑地
		7~8	左转180°成屈腿坐,双手体后撑地,指尖向前

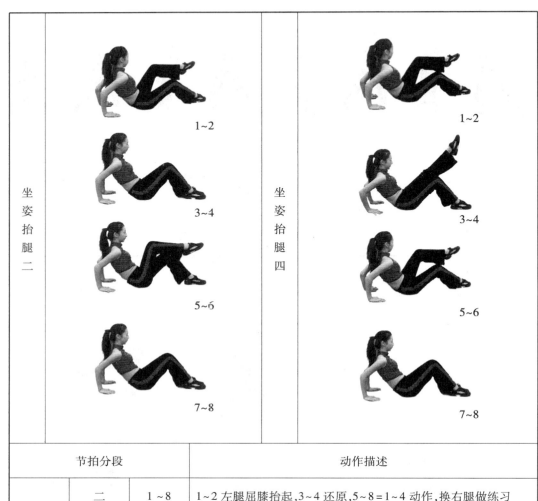

节拍分段			动作描述
坐姿抬腿	二	1～8	1～2 左腿屈膝抬起,3～4 还原,5～8＝1～4 动作,换右腿做练习
	三	1～8	动作同第二个八拍
	四	1～8	1～2 左腿屈膝抬起,3～4 伸直,5～6 屈膝,7～8 还原
	五	1～8	动作同第四个八拍

节拍分段			动作描述
过渡动作	六	1~2	右腿伸直
		3~4	右转90°成侧撑,右手支撑,左手上举
		5~6	左转90°成坐,右手体后支撑,左手放于左膝上
		7~8	右转90°成侧卧肘撑,右臂屈肘支撑,左手置于体前地上
大腿和臀部练习	七	1~8	1~2左腿向侧抬起,3~4还原,5~6左腿向后摆起,7~8还原
	八	1~8	动作同第七个八拍,最后2拍右转体180°
	九至十	1~8	换腿练习,同第七至第八个八拍

| 过渡动作十一 | 1~4
5~6
7~8 | 背肌练习十二 | 1~4
5~8 | 背肌练习十四 | 1~4
5~8 |
| | | 背肌练习十三 | 1~4
5~8 | 背肌练习十五 | 1~4
5~8 |

节拍分段			动作描述
过渡动作	十一	1~4	左转90°成俯卧,双臂平屈于体前
		5~8	5~6向左转头,7~8还原
背肌练习	十二	1~8	1~4上体抬起同时右臂上举,5~8还原
	十三	1~8	动作同第十二个八拍,但右臂上举
	十四	1~8	1~4右腿抬起,5~8还原
	十五	1~8	动作同第十四个八拍,换左腿练习

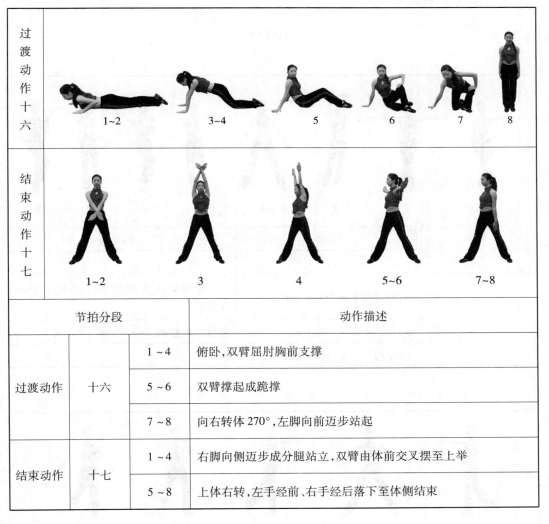

节拍分段			动作描述
过渡动作	十六	1～4	俯卧,双臂屈肘胸前支撑
		5～6	双臂撑起成跪撑
		7～8	向右转体270°,左脚向前迈步站起
结束动作	十七	1～4	右脚向侧迈步成分腿站立,双臂由体前交叉摆至上举
		5～8	上体右转,左手经前、右手经后落下至体侧结束

二、健美操大众锻炼标准　二级

　　二级为健美操大众锻炼标准的初级套路动作。二级动作的练习目的是进行中低强度的有氧练习、简单的腰腹和身体核心部位的稳固性练习。每一个组合均由 4～5 个基本步法组成,并出现了 45°～90° 的方向变化,路线以简单的前后和左右动作为主。大部分的手臂动作为对称性的,个别动作出现了依次的手臂动作。

（一）操化训练部分

组合一

节拍		下肢步伐	上肢动作
预备姿势		站立	
一	1~4	右脚开始十字步 box step	1右臂侧举，2左臂侧举，3双臂上举，4下举
	5~8	向后走4步 4 walk bwd	屈臂自然摆动，7~8＝5~6
二	1~8	动作同第一个八拍，但向前走4步	

节拍		下肢步伐	上肢动作
三	1~6	右脚开始小漫步 baby mambo	1~2右手前举，3双手叉腰，4~5左手前举，6双手胸前交叉
	7~8	右脚向后1/2漫步 half mambo bwd	双臂侧后下举

节拍		下肢步伐	上肢动作
四	1~2	右脚向右并步跳 cha cha cha	屈左臂自然摆动
	3~8	左脚向前方做前、侧、后漫步 baby mambo	3~4 前平举弹动 2 次,5~6 侧平举,7~8 后斜下举

第五至八个八拍,动作相同,但方向相反

组合二

节拍		下肢步伐	上肢动作
一	1~2	右脚向右侧滑步 slide	右臂侧上举,左臂侧平举
	3~4	1/2 后漫步 half mambo bwd	双臂屈臂后摆
	5~6	左脚向左前方做并步 step touch	击掌 3 次
	7~8	右脚向右后方做并步	双手叉腰

节拍		下肢步伐	上肢动作
二	1~2	左脚向左后做并步	击掌3次
	3~4	右脚向右前做并步	双手叉腰
	5~6	左脚向左侧滑步 slide	左臂侧上举,右臂侧平举
	7~8	1/2 漫步 half mambo bwd	双臂屈臂后摆

节拍		下肢步伐	上肢动作
三	1~4	右转90°,右脚二步吸腿2次 step double knee	双臂向前冲拳、向后下冲拳2次
	5~8	左脚V字步左转90°V step	双臂由右向左水平摆动

节拍		下肢步伐	上肢动作
四	1~4	左腿吸腿(侧点地)2次 double knee	1双臂胸前平屈,2左臂上举,3=1,4还原
	5~8	5~8=1~4动作,但方向相反	
第五至八个八拍,动作相同,但方向相反			

组合三

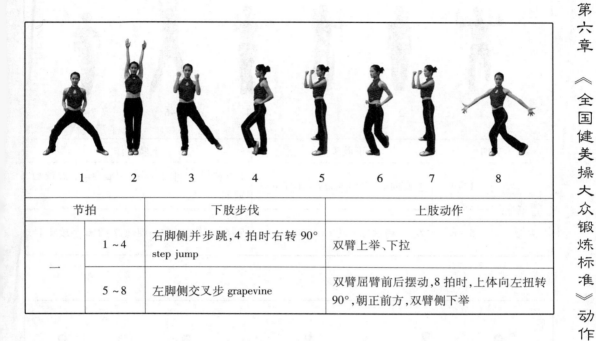

节拍		下肢步伐	上肢动作
一	1～4	右脚侧并步跳,4 拍时右转 90° step jump	双臂上举、下拉
	5～8	左脚侧交叉步 grapevine	双臂屈臂前后摆动,8 拍时,上体向左扭转 90°,朝正前方,双臂侧下举

1～4 同(一)1～4 拍动作,但方向相反

节拍		下肢步伐	上肢动作
二	1～4	向右侧并步跳,4 拍时左转 90° step touch	双臂上举、下拉
	5～8	左脚开始侧并步 2 次 2 step touch	5～6 右臂前下举,7～8 左臂前下举

| | 1 | 2 | 3 | 4 | 5~6 | 7~8 |

节拍		下肢步伐	上肢动作
三	1 ~ 4	左脚向前一字步 easy walk fwd	1 双臂肩上屈,2 双臂下举,3~4 双臂肩前屈
	5 ~ 8	左、右依次分并腿 open close	5~6 双臂上举掌心朝前,7~8 双手放膝上

| 1 | 2 | 3 | 4 | 5 | 6 | 7 | 8 |

节拍		下肢步伐	上肢动作
四	1 ~ 4	左脚向后一字步 easy walk fwd	1~2 侧下举,3~4 胸前交叉
	5 ~ 8	左右依次分并腿 2 次 2 open close	双臂经胸前交叉侧上举 1 次,侧下举 1 次
第五至八个八拍,动作相同,但方向相反			

组合四

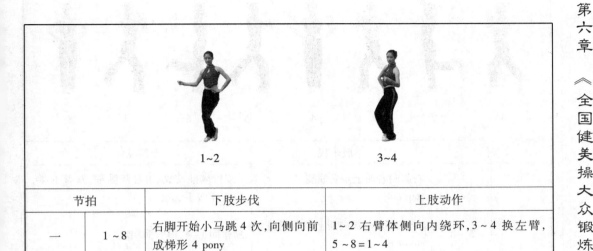

1~2　　　　　　　　　3~4

节拍		下肢步伐	上肢动作
一	1~8	右脚开始小马跳4次,向侧向前成梯形4 pony	1~2右臂体侧向内绕环,3~4换左臂,5~8=1~4

1　　　2　　　3　　　4　　　5~6　　　7　　　8

节拍		下肢步伐	上肢动作
二	1~4	右脚开始弧形跑4步,右转270° 4 jog	屈臂自然摆动
	5~8	开合跳1次 jump jack	5~6双手扶膝,7击掌,8还原

节拍		下肢步伐	上肢动作
三	1~4	右脚向右前上步后屈腿 step curl	1 双臂胸前交叉,2 右臂侧举、左臂上举, 3=1,4 双手叉腰
	5~8	右转90°,左脚向前上步后屈腿 step curl	动作同1~4,但方向相反

节拍		下肢步伐	上肢动作
四	1~4	右、左侧点地各一次 2 tap side	1 右手左前下举,2 双手叉腰,3~4 动作相 同,但方向相反
	5~8	右脚上步向前转脚跟,还原 heel twist	5 双臂胸前平屈,6 前推,7=5,8 还原

第五至八个八拍,动作相同,但方向相反

（二）力量训练部分

开始动作	1~2　3~4	过渡动作一	1　2　3~4　5~8

节拍分段			动作描述
开始动作	4 拍	1～2	右脚向右迈步，左臂前平举，右臂上举
		3～4	左脚右后交叉迈步，双臂胸前交叉
过渡动作	一	1～2	右脚向侧迈步，同时屈膝内扣，再打开成分腿半蹲，同时 1 右手左下冲拳，2 右手侧下冲拳
		3～4	身体右转 90°成弓步，双手撑地
		5～8	成俯撑

核心力量练习二	1　2　3~8	核心力量练习三	1　2~8
核心力量练习四	1　2~8	核心力量练习五	1　2~8

137

节拍分段			动作描述
核心力量练习	二	1～8	1～2 左、右依次点地，3～8 保持俯撑
	三	1～8	1～2 左、右腿依次屈膝着地，3～8 保持跪撑
	四	1～8	1～2 屈肘依次撑地，3～8 保持肘撑
	五	1～8	1～2 左、右依次伸直，3～8 保持肘撑

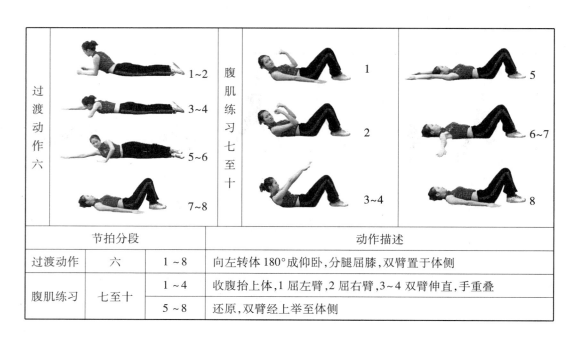

节拍分段			动作描述
过渡动作	六	1~8	向左转体180°成仰卧,分腿屈膝,双臂置于体侧
腹肌练习	七至十	1~4	收腹抬上体,1屈左臂,2屈右臂,3~4双臂伸直,手重叠
		5~8	还原,双臂经上举至体侧

节拍分段			动作描述
过渡动作	十一	1~8	依次吸左、右腿,向左转体180°成俯卧,双臂屈臂置于肩侧
背肌练习	十二	1~8	1~2抬起上体和手臂,3~4伸直右臂,转头向左看,5~8还原
	十三	1~8	动作同上,但方向相反
	十四至十五	1~8	同第十二至十三个八拍

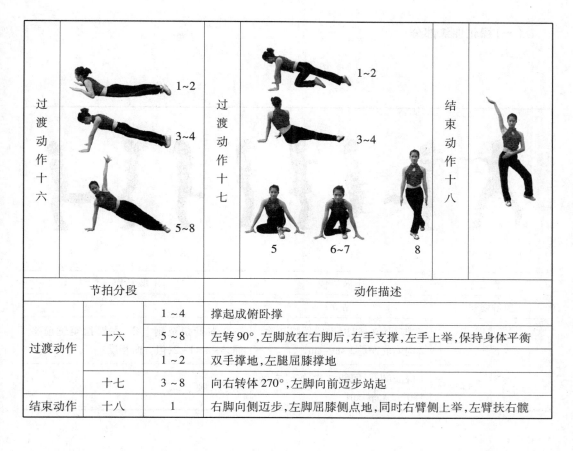

节拍分段			动作描述
过渡动作	十六	1~4	撑起成俯卧撑
		5~8	左转90°，左脚放在右脚后，右手支撑，左手上举，保持身体平衡
	十七	1~2	双手撑地，左腿屈膝撑地
		3~8	向右转体270°，左脚向前迈步站起
结束动作	十八	1	右脚向侧迈步，左脚屈膝侧点地，同时右臂侧上举，左臂扶右髋

三、健美操大众锻炼标准　三级

　　三级仍为健美操大众锻炼标准的初级套路动作，练习目的是进行中等强度的有氧练习和低难度的腰腹及上肢力量练习。每一个组合均由4~5个基本步法组成，所有的动作和变化都是有氧操练习中的常见动作和典型动作，配合以对称性为主的上肢动作，并增加了90°~180°的方向变化和简单的图形变化。

(一)操化训练部分

组合一

节拍		下肢步伐	上肢动作
预备姿势		站立	
一	1~4	右脚开始向侧迈步后屈腿2次，2时右转90° 2 step curl	1~2右臂摆至侧上举,左臂摆至胸前平屈,3~4=1~2,但方向相反
	5~8	向右迈步后屈腿2次,6时右转180° 2 step curl	双手叉腰

节拍		下肢步伐	上肢动作
二	1~2	1/2 V字步 half V step step curl	1右臂侧上举,2左臂侧上举
	3~8	6拍漫步,8时右转90°面向正前方 baby mambo bwd	双臂自然摆动

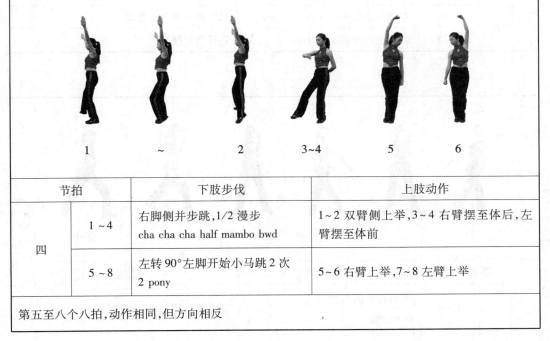

节拍		下肢步伐	上肢动作
三	1~8	右脚开始交叉步 2 次, 左转 90° 呈 L 型 2 grapevine	1 双臂前举, 2 胸前平屈, 3＝1, 4 击掌, 5~8＝1~4

节拍		下肢步伐	上肢动作
四	1~4	右脚侧并步跳, 1/2 漫步 cha cha cha half mambo bwd	1~2 双臂侧上举, 3~4 右臂摆至体后, 左臂摆至体前
	5~8	左转 90° 左脚开始小马跳 2 次 2 pony	5~6 右臂上举, 7~8 左臂上举
第五至八个八拍, 动作相同, 但方向相反			

节拍		下肢步伐	上肢动作
一	1～4	右脚向右前上步吸腿2次 step double knee	双臂自然摆动
	5～6	左脚向后交换步 ball change	双臂随下肢自然摆动
	7～8	右脚上步吸腿 step knee	双臂自然摆动

节拍		下肢步伐	上肢动作
二	1～4	左脚开始向右侧交叉步 cross step	双臂随步伐反方向臂屈伸
	5～8	右转45°，左脚做漫步 mambo	5～6 双臂肩侧屈外展，7～8 经体前交叉摆至侧下举

节拍		下肢步伐	上肢动作
三	1~4	左脚开始十字步,同时左转90° box step turn	双臂自然摆动
	5~8	左脚开始侧并步跳2次 2 cha cha cha	双臂自然摆动

节拍		下肢步伐	上肢动作
四	1~8	左脚漫步2次,右转90° 2 manbo	双臂自然摆动
第五至八个八拍,动作相同,但方向相反			

组合三

节拍		下肢步伐	上肢动作
一	1~6	右脚开始做侧点地3次 3 tap side	1~2右臂向下臂屈伸,3~4左臂向下臂屈伸,5~6=1~2
	7~8	左脚开始向前走2步 2 walk	击掌2次

| 1 | 2 | 3 | 4 | 5 | 6 | 7 | 8 |

节拍		下肢步伐	上肢动作
二	1~4	左脚开始吸腿跳 2 次 double knee	1 侧上举,2 双臂胸前平屈,3＝1,4 叉腰
	5~8	吸右腿跳,向后落地,转体 180°, 吸右腿 knee up twist knee	双手叉腰

| 1 | 2 | 3 | 4 | 5 | 6 | 7 | 8 |

节拍		下肢步伐	上肢动作
三	1~4	左脚开始向前走 3 步吸腿跳,同时左转体 180° walk fwd knee turn	1~3 叉腰,4 击掌
	5~8	右脚开始向前走 3 步吸腿 walk fwd knee	5~6 手臂同时经前向下摆,7~8 经肩侧屈外展至体前击掌

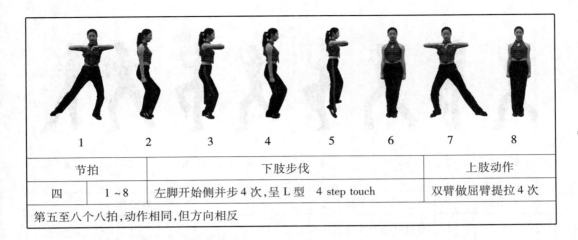

节拍		下肢步伐	上肢动作
四	1～8	左脚开始侧并步4次,呈L型　4 step touch	双臂做屈臂提拉4次

第五至八个八拍,动作相同,但方向相反

组合四

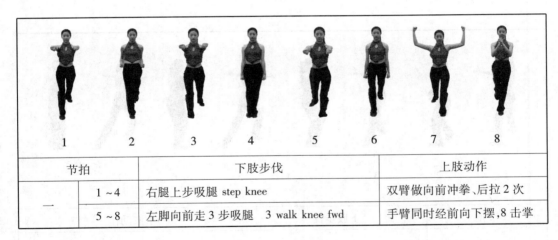

节拍		下肢步伐	上肢动作
一	1～4	右腿上步吸腿 step knee	双臂做向前冲拳、后拉2次
	5～8	左脚向前走3步吸腿　3 walk knee fwd	手臂同时经前向下摆,8击掌

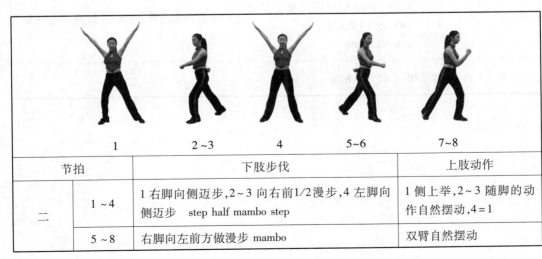

节拍		下肢步伐	上肢动作
二	1～4	1 右脚向侧迈步,2～3 向右前1/2漫步,4 左脚向侧迈步　step half mambo step	1 侧上举,2～3 随脚的动作自然摆动,4＝1
	5～8	右脚向左前方做漫步 mambo	双臂自然摆动

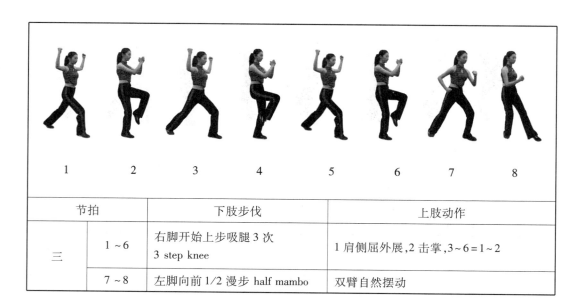

节拍		下肢步伐	上肢动作
三	1~6	右脚开始上步吸腿 3 次 3 step knee	1 肩侧屈外展,2 击掌,3~6＝1~2
	7~8	左脚向前 1/2 漫步 half mambo	双臂自然摆动

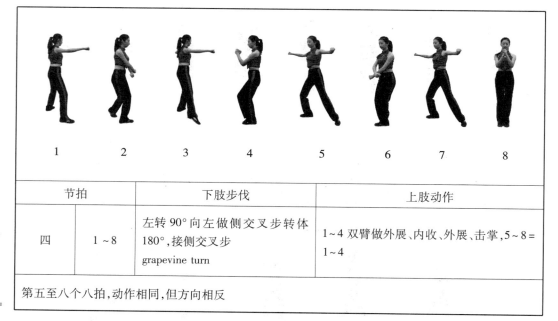

节拍		下肢步伐	上肢动作
四	1~8	左转 90° 向左做侧交叉步转体 180°,接侧交叉步 grapevine turn	1~4 双臂做外展、内收、外展、击掌,5~8＝1~4
第五至八个八拍,动作相同,但方向相反			

（二）力量训练部分

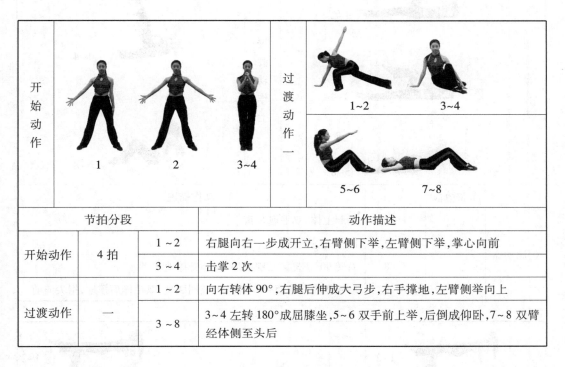

节拍分段			动作描述
开始动作	4 拍	1~2	右腿向右一步成开立，右臂侧下举，左臂侧下举，掌心向前
		3~4	击掌 2 次
过渡动作	一	1~2	向右转体 90°，右腿后伸成大弓步，右手撑地，左臂侧举向上
		3~8	3~4 左转 180°成屈膝坐，5~6 双手前上举，后倒成仰卧，7~8 双臂经体侧至头后

节拍分段			动作描述
腹肌练习	二	1~8	1~4 收腹抬起上体，5~8 还原
	三	1~8	1~2 抬起上体，3~4 双手右腿后击掌，5~6 双手左腿后击掌，7~8 还原
	四至五	1~8	动作同第二至第三个八拍

节拍分段			动作描述
过渡动作	六	1～2	抬起上体,双手抱右膝
		3～4	同1～2,抱左膝
		5～8	右转90°成侧卧右腿后屈,左小臂撑地
	七	1～8	1～4搬左侧腿,5～8左转90°成屈腿坐,双手体后撑地,指尖向前

节拍分段			动作描述
腹背练习	八	1～8	1～2抬起髋部,右腿水平伸直,3～4还原,5～8换另一腿
过渡动作	九	1～8	1～4左转90°成左腿屈侧卧,小臂撑地,搬右侧踢,5～8还原成屈腿坐
腹背练习	十	1～8	动作同八,但方向相反

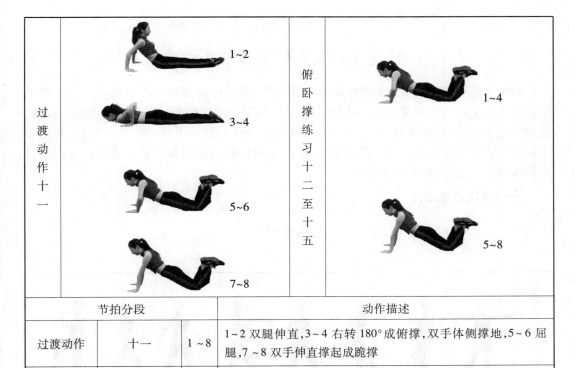

节拍分段			动作描述
过渡动作	十一	1～8	1～2 双腿伸直,3～4 右转 180°成俯撑,双手体侧撑地,5～6 屈腿,7～8 双手伸直撑起成跪撑
俯卧撑练习	十二至十五	1～8	1～4 屈臂,身体保持稳定,5～8 还原,4=3 方向相反,5～8 还原

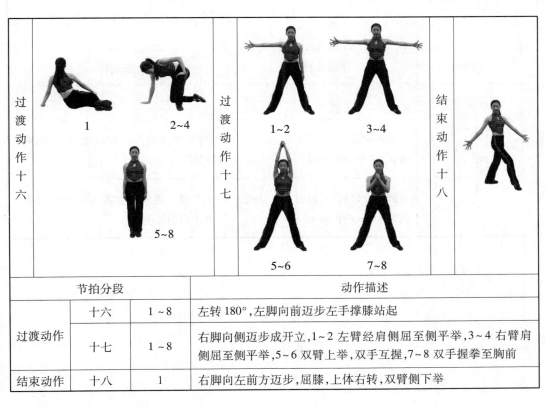

节拍分段			动作描述
过渡动作	十六	1～8	左转 180°,左脚向前迈步左手撑膝站起
	十七	1～8	右脚向侧迈步成开立,1～2 左臂经肩侧屈至侧平举,3～4 右臂肩侧屈至侧平举,5～6 双臂上举,双手互握,7～8 双手握拳至胸前
结束动作	十八	1	右脚向左前方迈步,屈膝,上体右转,双臂侧下举

四、健美操大众锻炼标准 四级

四级为健美操大众锻炼标准的中级套路动作,采用中高强度的有氧练习。在三级动作的基础上复合动作更多,一个32拍的组合由5~7个动作组成。音乐速度更快,高冲击力动作增多,使运动强度增加,但仍是高低冲击力动作相同。手臂动作变化增多,并增加了180°~360°的转体动作以及图形变化,提高了动作的流动性和成套的难度。重点设计有胸部、肱三头肌和腹部的力量练习。

(一)操化训练部分

组合一

| | 1 | 2 | 3 | 4 | 5 | 6 | 7 | 8 |

节拍		下肢步伐	上肢动作
预备姿势		站立	
一	1~4	右脚向侧迈步接1/2后漫步 step half mambo bwd	1 双臂侧举,2 屈肘右臂前摆,左臂后摆,3 自然摆动
	5~8	左脚向左做向后、向前交叉步接吸腿 cross step knee	4~5 手臂从腰间至前举,6 再摆至体侧,7~8 由肩侧屈击掌

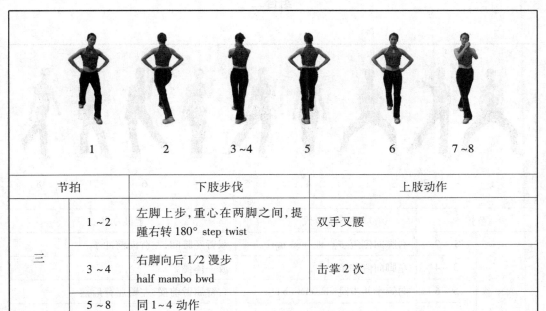

节拍		下肢步伐	上肢动作
二	1～4	左脚向左前迈步,右脚做 1/2 漫步,右转 90°,右脚踏步 step half mambo turn	1～3 手臂随身体动作前后自然摆动,4 击掌
	5～8	左腿开始做上步吸腿 2 次 2 step knee	迈步时手臂向下屈伸,吸腿时手臂向前屈伸

节拍		下肢步伐	上肢动作
三	1～2	左脚上步,重心在两脚之间,提踵右转 180° step twist	双手叉腰
	3～4	右脚向后 1/2 漫步 half mambo bwd	击掌 2 次
	5～8	同 1～4 动作	

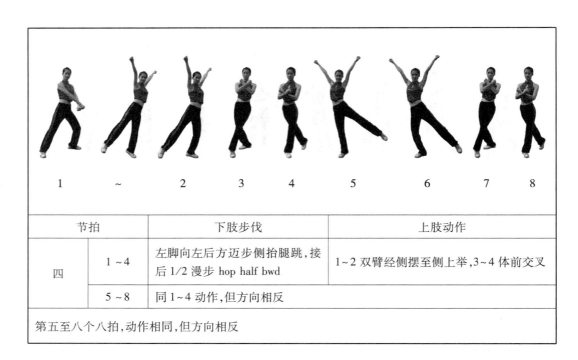

节拍		下肢步伐	上肢动作
四	1~4	左脚向左后方迈步侧抬腿跳,接后1/2漫步 hop half bwd	1~2双臂经侧摆至侧上举,3~4体前交叉
	5~8	同1~4动作,但方向相反	
第五至八个八拍,动作相同,但方向相反			

组合二

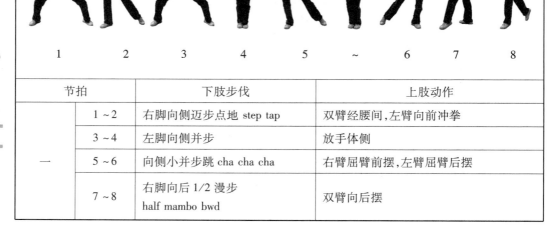

节拍		下肢步伐	上肢动作
一	1~2	右脚向侧迈步点地 step tap	双臂经腰间,左臂向前冲拳
	3~4	左脚向侧并步	放手体侧
	5~6	向侧小并步跳 cha cha cha	右臂屈臂前摆,左臂屈臂后摆
	7~8	右脚向后1/2漫步 half mambo bwd	双臂向后摆

| 1 | 2 | 3 | 4 | 5 | 6 | 7 | 8 |

节拍		下肢步伐	上肢动作
二	1~4	右脚向右前方上步吸腿 2 次 step double knee	双臂屈臂随动作自然摆动
	5~8	左脚开始向左后方做迈步吸腿 2 次,转体 450°(可转 90°) 2 step knee turn	5~6 双臂经肩侧屈至击掌,7~8＝5~6

| 1 | 2 | 3 | 4 | 5 | 6 | 7 | 8 |

节拍		下肢步伐	上肢动作
三	1~4	左脚向左后交叉步接换脚步 Grapevine ball change	手臂经前平举摆至体侧
	3~4	右脚开始向侧走 3 步同时转体 360°换脚步 3 walk ball change	手臂随动作自然摆动

153

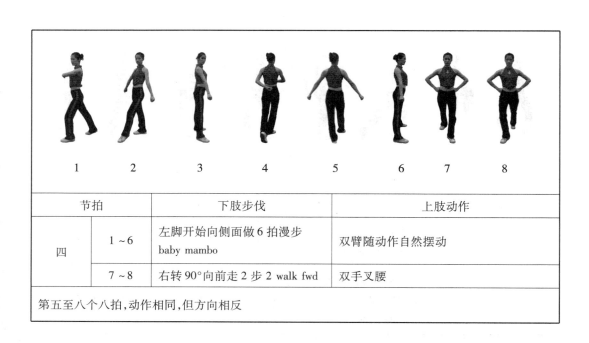

节拍		下肢步伐	上肢动作
四	1~6	左脚开始向侧面做6拍漫步 baby mambo	双臂随动作自然摆动
	7~8	右转90°向前走2步2 walk fwd	双手叉腰
第五至八个八拍,动作相同,但方向相反			

组合三

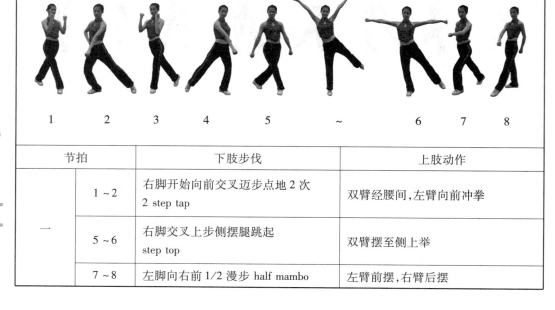

节拍		下肢步伐	上肢动作
一	1~2	右脚开始向前交叉迈步点地2次 2 step tap	双臂经腰间,左臂向前冲拳
	5~6	右脚交叉上步侧摆腿跳起 step top	双臂摆至侧上举
	7~8	左脚向右前1/2漫步 half mambo	左臂前摆,右臂后摆

| | | 1~2 | 3~4 | 5 | 6 | 7 | 8 |

节拍		下肢步伐	上肢动作
二	1 ~ 4	左脚开始小马跳 2 次,同时转体 360° 2 pony turn	1~2 右臂经侧摆至上举,3~4 经侧摆至上举
	5 ~ 8	V 字步左转 90° V step	手臂自然摆动

| | | 1 | 2 | 3 | 4 | 5 | 6 | 7 | 8 |

节拍		下肢步伐	上肢动作
三	1 ~ 4	左脚十字步,同时右转 270° 并向左侧弧形移动 box step turn	手臂做前举、后拉动作 2 次
	3 ~ 4	左脚十字步,同时右转 180° 并向左侧弧形移动 box step turn	手臂做前举、后拉动作 2 次

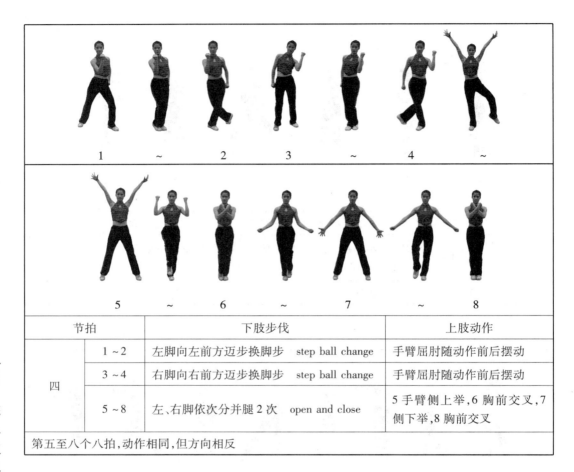

节拍		下肢步伐	上肢动作
四	1~2	左脚向左前方迈步换脚步　step ball change	手臂屈肘随动作前后摆动
	3~4	右脚向右前方迈步换脚步　step ball change	手臂屈肘随动作前后摆动
	5~8	左、右脚依次分并腿 2 次　open and close	5 手臂侧上举,6 胸前交叉,7 侧下举,8 胸前交叉
第五至八个八拍,动作相同,但方向相反			

组合四

节拍		下肢步伐	上肢动作
一	1~4	1~3 右脚开始向前点地跳 3 次,4 吸右腿 3 heel keen	屈臂自然摆动
	5~8	右脚交叉上步做十字步　box step	双手经上举向侧摆至体侧

| 1 | 2 | 3 | 4 | 5 | 6 | 7 | 8 |

节拍		下肢步伐	上肢动作
二	1~3	1 右脚向右一步,重心右移,2~3 左脚开始踏步2次 salsa step	1 右臂经肩侧屈,小臂伸展成侧平举 2 屈臂成肩侧屈,3 双臂置于体侧
	4~6	同1~3动作	
	7~8	右脚开始侧点地跳2次 tap change	双臂置于体侧

| 1 | 2 | 3 | 4 | 5 | 6 | 7 | 8 |

节拍		下肢步伐	上肢动作
三	1~4	右转90°,左脚开始向前走3步, 吸右腿 3 walk knee fwd	1~3 双臂经前举向下摆,4 击掌
	5~8	侧摆左腿跳2次,同时向右移动 2 leg lift side	5 右臂胸前平屈,左臂经前摆至侧举, 6=5,方向相反,7=5,击掌

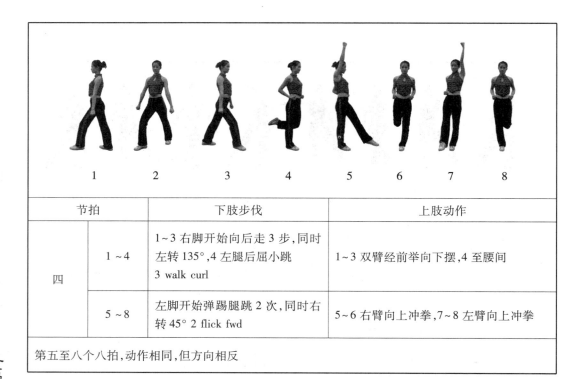

节拍		下肢步伐	上肢动作
四	1 ~ 4	1~3 右脚开始向后走 3 步,同时左转 135°,4 左腿后屈小跳 3 walk curl	1~3 双臂经前举向下摆,4 至腰间
	5 ~ 8	左脚开始弹踢腿跳 2 次,同时右转 45° 2 flick fwd	5~6 右臂向上冲拳,7~8 左臂向上冲拳

第五至八个八拍,动作相同,但方向相反

(二)力量训练部分

节拍分段			动作描述
开始动作	4 拍	1 ~ 4	1~3 右脚向侧一步成开立,双手由体前交叉向上、向侧绕至体侧,4 上体稍右转,左臂屈肘于体前,五指分开,掌心向内

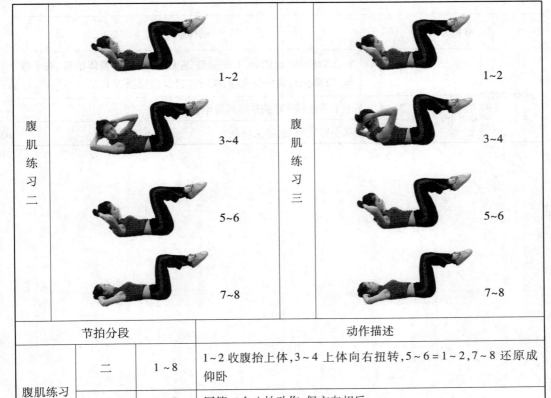

节拍分段			动作描述
过渡动作	一	1~2	右转体90°，右腿站立，吸左腿，右臂上举，左臂下举
		3~4	左腿向后成跪，左臂前举，右手叉腰
		5~8	左手撑地，右转180°成仰卧，双腿抬起至大腿与地面垂直、小腿水平，双手置于耳后

节拍分段			动作描述
腹肌练习	二	1~8	1~2 收腹抬上体，3~4 上体向右扭转，5~6＝1~2，7~8 还原成仰卧
	三	1~8	同第二个八拍动作，但方向相反
	四至五	1~8	同第二至第三个八拍动作

	过渡动作六		1~2
			3~4
			5~6
			7~8
	过渡动作七		1~2
			3~4
			5~8

	节拍分段		动作描述
过渡动作	六	1~8	1~2 右转 90° 成侧卧,右腿屈膝,左腿伸直,3~8 身体抬起,右手撑地,臀部抬起成单膝支撑,同时左臂经侧摆至头上方
	七	1~4	坐下并左转 90° 成并腿直角坐,双臂前举
		5~8	双手体后撑地,指尖向前

仰撑练习八　　　　1~2　3~4　5~6　7~8

仰撑练习九　　　　1~2　3~4　5~6　7~8

节拍分段			动作描述
仰撑练习	八	1~8	1~2 臀部抬起成仰撑,3~4 臀部落下,5~6 臀部抬起同时屈左腿,7~8 臀部落下
	九	1~8	同第八个八拍动作,但5~6时屈右腿
	十至十一	1~8	同第八个八拍至第九个八拍

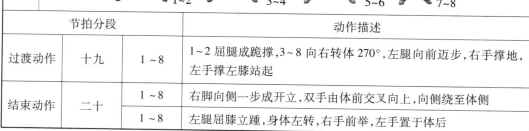

节拍分段			动作描述
过渡动作	十二	1～4	向左转体180°成俯撑,双臂屈肘于体侧
		5～8	双臂撑起成俯撑
俯卧撑练习	十三至十六	1～8	1～4屈臂,身体保持稳定,5～8推起
	十七至十八	1～8	1～4分2次向下,5～8分2次推起

节拍分段			动作描述
过渡动作	十九	1～8	1～2屈腿成跪撑,3～8向右转体270°,左腿向前迈步,右手撑地,左手撑左膝站起
结束动作	二十	1～8	右脚向侧一步成开立,双手由体前交叉向上,向侧绕至体侧
		1～8	左腿屈膝立踵,身体左转,右手前举,左手置于体后

五、健美操大众锻炼标准　五级

五级仍为健美操大众锻炼标准的中级套路动作。在四级动作的基础上复合动作更多、音乐速度更快、高冲击力动作增多,从而使整体动作的强度增加,但仍是高低冲击力动作相间。手臂动作变化增多,并增加了360°的转体及跳跃等动作,提高了成套动作的难度。重点设计有全身控制力的训练,包括腹横肌、腰背肌和上肢力量练习等。

(一)操化训练部分

组合一

1　　2　　3　　4　　5　　6　　7~8

节拍		下肢步伐	上肢动作
预备姿势		站立	
一	1~2	右脚侧并步 step touch	1 双臂肩侧屈外展扩胸,肘夹角90°,2 两臂水平内收
	3~4	左脚迈步右脚后点 step bwd	3 外展扩胸,4 向左侧下伸臂
	5~6	右脚向右走2步同时转体360° 2 walk turn	双臂自然下垂于体侧,最后半拍双臂交叉于胸前
	7~8	向右侧滑步 slide	双臂向下摆动至右臂侧上举,左臂侧下举

节拍		下肢步伐	上肢动作
二	1~4	左脚十字步,同时左转360° box step turn	1 右臂向左前下伸臂,2 左臂向右前下伸臂,3~4 双手叉腰
	5~8	左脚开始迈步后屈腿2次 2 step curl	双手叉腰

节拍		下肢步伐	上肢动作
三	1~2	左脚侧点地,左转180° tap side	1 左臂向右前下方伸臂,2 双臂收于腰间
	3~4	右脚侧点地 tap side	3 右臂向左前下伸臂,4 双臂放于体侧
	5~8	V 字步接原地恰恰步成左脚前 弓步 V step + cha cha cha	5~6 双臂侧上举,7 双臂胸前竖屈,8 双臂放于体侧

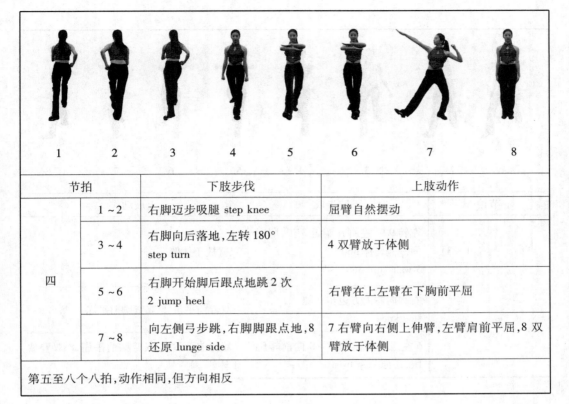

节拍		下肢步伐	上肢动作
四	1~2	右脚迈步吸腿 step knee	屈臂自然摆动
	3~4	右脚向后落地,左转180° step turn	4 双臂放于体侧
	5~6	右脚开始脚后跟点地跳2次 2 jump heel	右臂在上左臂在下胸前平屈
	7~8	向左侧弓步跳,右脚脚跟点地,8 还原 lunge side	7 右臂向右侧上伸臂,左臂肩前平屈,8 双臂放于体侧
第五至八个八拍,动作相同,但方向相反			

组合二

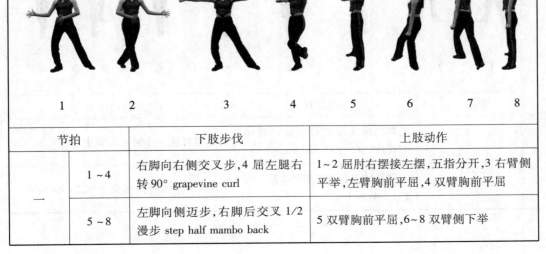

节拍		下肢步伐	上肢动作
一	1~4	右脚向右侧交叉步,4 屈左腿右转90° grapevine curl	1~2 屈肘右摆接左摆,五指分开,3 右臂侧平举,左臂胸前平屈,4 双臂胸前平屈
	5~8	左脚向侧迈步,右脚后交叉1/2 漫步 step half mambo back	5 双臂胸前平屈,6~8 双臂侧下举

	1	2	3	4	5	6	7	8

节拍		下肢步伐	上肢动作
二	1～3	左转90°,左脚开始走3步,同时向左侧转体360° 3 walk turn 360°	双臂放于体侧
	4～5	右脚向左前方迈步吸腿 step knee	4 双臂前平举,5 双臂胸前平屈
	6～8	6 左脚向后落地,7～8 向前转脚跟,还原 step twist	6 双臂前平举,7 双臂胸前平屈,8 双臂放于体侧

	1	2	3	4	5	6	7	8

节拍		下肢步伐	上肢动作
三	1～4	右脚向前3步走接吸腿同时向右转体360° walk fwd knee	1～3 双臂放于体侧,4 双臂上举
	5～8	左脚开始向后迈步吸腿2次 2 step knee bwd	5 双臂放于体侧,6 胸前击掌,7～8＝5～6

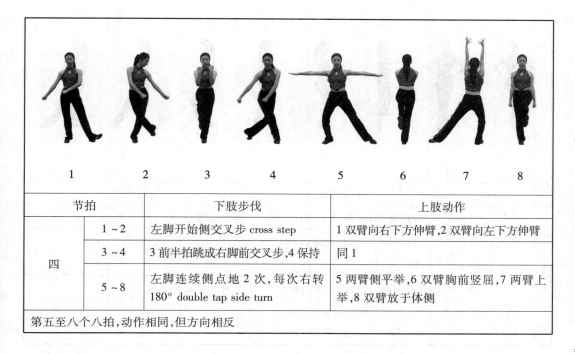

节拍		下肢步伐	上肢动作
四	1～2	左脚开始侧交叉步 cross step	1 双臂向右下方伸臂，2 双臂向左下方伸臂
	3～4	3 前半拍跳成右脚前交叉步，4 保持	同 1
	5～8	左脚连续侧点地 2 次，每次右转 180° double tap side turn	5 两臂侧平举，6 双臂胸前竖屈，7 两臂上举，8 双臂放于体侧
第五至八个八拍，动作相同，但方向相反			

组合三

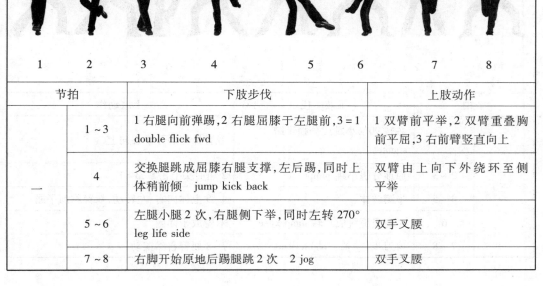

节拍		下肢步伐	上肢动作
一	1～3	1 右腿向前弹踢，2 右腿屈膝于左腿前，3 = 1 double flick fwd	1 双臂前平举，2 双臂重叠胸前平屈，3 右前臂竖直向上
	4	交换腿跳成屈膝右腿支撑，左后踢，同时上体稍前倾　jump kick back	双臂由上向下外绕环至侧平举
	5～6	左腿小腿 2 次，右腿侧下举，同时左转 270° leg life side	双手叉腰
	7～8	右脚开始原地后踢腿跳 2 次　2 jog	双手叉腰

节拍		下肢步伐	上肢动作
二	1～2	右脚向前 1/2 漫步 half mambo	双手叉腰
	3～4	右转 90°,右脚向右侧并步跳 cha cha cha	双手叉腰
	5～6	右转 180°,左脚小马跳 pony	双臂向下屈伸 2 次
	7～8	左、右脚尖依次点地交换腿跳 tap change	双臂放于体侧

节拍		下肢步伐	上肢动作
三	1	右转 90°,小跳成分腿半蹲 squate	双臂体侧展开掌心向上
	2～3	原地分腿小跳 jump	2 屈肘头上击掌,3＝1
	4～5	半蹲转体	4～5 上体向右、左转动,双臂胸前平屈
	6	左腿吸腿跳成右转 jump knee	双臂放于体侧
	7～8	剪刀步(一拍一动)scissors	7～8 屈臂自然摆动

节拍		下肢步伐	上肢动作
四	1～2	剪刀步接右转180°	2 双臂放于体侧
	3～4	左脚向前小马跳 pony fwd	双臂向前臂屈伸弹动2次
	5～8	原地垫步小跳4次，同时右转540°	5～7左臂侧上举，右臂侧下举，8 双臂放于体侧
第五至八个八拍，动作相同，但方向相反			

组合四

节拍		下肢步伐	上肢动作
一	1～2	右腿向侧并步跳 cha cha cha	双臂侧平举
	3～4	左脚向右后1/2漫步　Half mambo bwd	双臂置于体侧
	5～8	左脚开始迈步吸腿2次，同时左转180° step double knee	双手叉腰

节拍		下肢步伐	上肢动作
二	1~2	右腿左前1/2漫步 half mambo	1~2 右臂向左前下伸臂
	3~4	左脚小跳,右摆腿空中右转270°	双手叉腰
	5~6	左、右依次吸腿跳 2 knee up	双手叉腰
	7~8	左、右依次侧点地跳 2 tap side 2 jog	双手叉腰

节拍		下肢步伐	上肢动作
三	1~4	左转90°,右脚向前1/2漫步,反身转体180°并步跳 half mambo turn cha cha cha	双手叉腰
	5~6	左腿上步跳起,右腿侧摆,右脚前交叉落地	5 两臂侧上举,6 双手扶膝
	7~8	左腿向侧迈步,成分腿半蹲接左腿吸腿 squat knee	7 双手扶膝,8 胸前击掌

节拍		下肢步伐	上肢动作
四	1~4	左腿开始向后、向侧弹踢腿跳，同时左转540° flick bwd and side	1 双臂向右下方伸臂，2 双臂向左下方伸臂
	5~8	左腿开始侧弓步2次 lunge side	5 左臂侧上举，右臂侧下举，6 胸前平屈，7=5 方向相反，8 双臂置于体侧
第五至八个八拍，动作相同，但方向相反			

（二）力量训练部分

节拍分段			动作描述
开始动作	4拍	1~4	右脚向右迈步，左臂匀速上举，五指分开掌心向前，右臂置于体侧
过渡动作	一	1~2	身体左转90°，右膝跪地，右臂前伸至前平举，五指分开
		3~4	双手扶地
		5~8	伸左腿，向右转体360°成俯撑

综合力量练习二至三		综合力量练习四	

节拍分段		动作描述	
综合力量练习	二	1~4	屈臂,右、左脚依次分开,两拍一动
		5~8	推起,右、左脚依次并拢,两拍一动
	三	1~8	同第二个八拍
	四	1~8	1~6 身体右转90°,左臂支撑,右臂向上侧举,五指分开,7~8 还原成俯撑
	五	1~8	同第四个八拍动作,但方向相反

过渡动作六		腹肌练习七至十	

节拍分段		动作描述	
过渡动作	六	1~4	向右转体180°成直角坐
		5~8	屈膝,向右臀转180°成屈膝坐
腹肌练习	七至十共32拍	1~4	屈膝双脚离地,躯干后仰,双手扶地
		5~12	保持身体姿态,双手前平举,保持无支撑状态控制8拍
		13~20	保持身体姿态,伸直腰,保持无支撑状态控制8拍
		21~28	保持身体姿态,分腿,保持无支撑状态控制8拍
		29~32	匀速缓慢放下双腿,双手在臀部后扶地

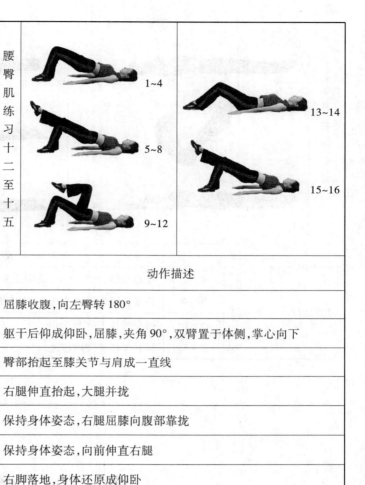

| 过渡动作十一 | | | 腰臀肌练习十二至十五 | | |

节拍分段			动作描述
过渡动作	十一	1 ~ 4	屈膝收腹,向左臀转180°
		5 ~ 8	躯干后仰成仰卧,屈膝,夹角90°,双臂置于体侧,掌心向下
腰臀肌练习	十二至十五共32拍	1 ~ 4	臀部抬起至膝关节与肩成一直线
		5 ~ 8	右腿伸直抬起,大腿并拢
		9 ~ 12	保持身体姿态,右腿屈膝向腹部靠拢
		13 ~ 14	保持身体姿态,向前伸直右腿
		15 ~ 16	右脚落地,身体还原成仰卧
		17 ~ 32	同1~6拍动作,但方向相反

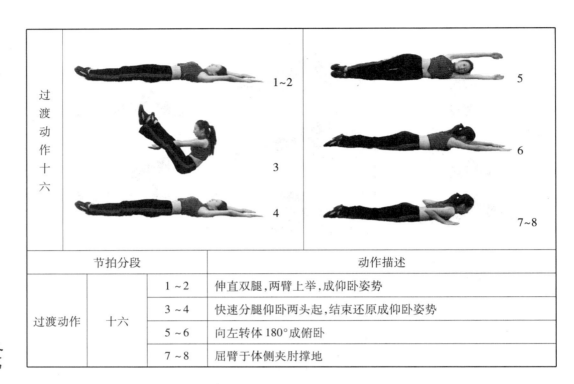

节拍分段			动作描述
过渡动作	十六	1 ~ 2	伸直双腿,两臂上举,成仰卧姿势
		3 ~ 4	快速分腿仰卧两头起,结束还原成仰卧姿势
		5 ~ 6	向左转体180°成俯卧
		7 ~ 8	屈臂于体侧夹肘撑地

结束动作十七

1~2   3~4   5~8

节拍分段			动作描述
结束动作	十七	1 ~ 4	双手撑起,左腿前迈成左弓步
		5 ~ 8	右脚向左脚后交叉,屈膝下蹲,上体向左侧屈,右臂侧上举,左臂肩侧屈,成拉弓状,眼看右上方

下篇 体能训练篇

第一章
体能训练概述

学习目标

如何养成良好的生活方式
认识与健康有关的体能
了解体育锻炼与体能的关系
了解体能训练的理论基础

第一节　健康体能概述

一、体能的类别

体能也称体适能(Physical Fitness),主要是通过体育锻炼获得。保持良好的体能可以使我们的身体更健康、精力更旺盛、生活更美好、寿命更长、生命更有价值。

体能分为与健康有关的体能和与运动技能有关的体能。如果你是想增进自己的健康,就应该重点发展与健康有关的体能,如心肺耐力、柔韧性、肌肉力量、肌肉耐力、身体成分等;而与动作技能有关的体能有速度、力量、灵敏性、协调性、平衡和反应等。

二、与健康有关的体能

(一)心肺耐力

心肺耐力指一个人持续身体活动的能力。心肺和血管的功能对于氧和营养物质的分配、清除体内垃圾具有重要的作用,尤其是在进行有一定强度的活动时,良好的心肺功能则显得更加重要。心肺功能越强,走、跑、学习和工作就会轻松,进行各种活动保持的时间就会越长。

(二)柔韧性

柔韧性是指身体各个关节的活动幅度以及跨过关节的肌肉、肌腱、韧带、皮肤和其他组织的弹性和伸展能力,可以通过经常性的身体练习而得到提高。柔韧性是绝大多数的锻炼项目所必需的体能成分之一,对于提高身体活动水平、预防肌肉紧张以及保持良好的体态等方面具有重要作用。

(三)肌肉力量

肌肉力量是一块肌肉或肌肉群一次竭尽全力从事抵抗阻力的活动能力,所有的身体活动均需要使用肌肉力量。肌肉强壮有助于预防关节的扭伤、肌肉的疼痛和身体的疲劳。如果腹肌力量较差,往往会导致驼背现象。须注意的是,不应在强调某一肌肉群发展的同时而忽视另一肌肉群的发展;否则,会影响身体的结构和形态。

(四)肌肉耐力

肌肉耐力指一块肌肉或肌肉群在一段时间内重复进行肌肉收缩的能力,与肌肉力量密切相关。一个肌肉强壮和耐力好的人更易抵御疲劳的发生,因为这样的人只需很少的力气就可以重复收缩肌肉。

(五)身体成分

身体成分包括肌肉、骨骼、脂肪和其他等。体能与体内脂肪比例之间的关系最为密切,脂肪过多者是不健康的,其在活动时比其他人需要消耗更多的能量,心肺功能的负担也更重,因此,心脏病和高血压发生的可能性更大。另外,肥胖也会使人的心理健康水平下降,故寿命就会缩短。要维持适宜的体内脂肪,就必须保持能量吸收和能量消耗之间的平衡,而体育锻炼是控制脂肪增加的重要手段。

三、与动作技能有关的体能

(一)速度

速度指快速移动的能力,即在最短的时间内移动一定的距离。在许多竞技运动项目中,速度对于人取得优异成绩至关重要。

(二)力量

力量指短时间内克服阻力的能力。举重、投铅球、掷标枪等项目均能显示一个人的力量大小。

(三)灵敏性

灵敏性指在活动过程中,既快速又准确地变化身体移动方向的能力。灵敏性在很大程度上依赖于神经肌肉的协调性和反应时间,所以可以通过提高这两方面的能力来改善人的灵敏性。

(四)神经肌肉协调性

神经肌肉协调性主要反映一个人的视觉、听觉和平衡觉与熟练的动作技能相结合的能力。在球类运动中,这种体能成分显得尤为主要。

(五)平衡

平衡指当运动或静止时保持身体稳定性的能力。滑冰、滑雪、体操、舞蹈等项目对于提高平衡能力是很好的运动,闭目单足站立练习也有相当好的效果。

（六）反应时

反应时指对某些外部刺激做出生理反应的时间。反应快速是许多项目优秀运动员的特征,特别是在短跑的起跑阶段,反应时的作用很大。

与健康有关的体能和与动作有关的体能成分有重叠之处,例如,心肺耐力、肌肉力量、肌肉耐力、柔韧性和身体成分无论是对健康还是对技能性要求较高的运动都是十分重要的。但是,从事不同活动的人对体能的每一成分发展程度的要求是不一样的,要达到较高的、与动作技能有关的体能水平,就必须使上述的每一成分都得到充分的发展。

当设计一种提高体能的锻炼方案时,首先应确立自己的目标,然后选择那些最终有助于达到目标的体能成分进行针对性练习。例如,一个 55 岁的人要达到良好体能的目标可能在某些方面与一个想在某项运动项目比赛中获胜的 20 岁的运动员相同,但他们在发展体能的成分方面完全不同。55 岁的人更关心像心肺耐力、柔韧性、肌肉耐力和身体成分等与健康有关的体能成分,这四个方面的改善会使其精力充沛地从事日常的活动。相反,20 岁的运动员不但要重视上述四个方面的发展,而且更要提高力量、速度、平衡和灵敏等体能;否则,就不会在比赛中取得好成绩。

第二节　体能训练的理论基础

参加体能锻炼的主体是人,人体内进行的物质代谢是生命活动的基本特性。物质代谢是合成代谢和分解代谢两个相互关联的过程。人体摄取的糖、脂肪、蛋白质等营养物质经合成代谢构筑人体的组成成分和更新衰老的组织,经分解代谢释放出其中蕴藏的化学能,这些化学能经过转化成为人体活动所需的能源。因此,我们把在物质代谢过程中所伴随着的能量释放、转移和利用的现象称为能量代谢。

人体不能直接利用太阳的光能,也不能利用外部供给的电能、机械能等能量,人体唯一能够利用的是摄入人体内的糖、脂肪、蛋白质等营养物质中所蕴藏的化学能。

一、体能训练的物质代谢——糖

（一）体能训练与糖代谢

糖是人体组织细胞的重要组成成分,是参加体能训练者所需能量的重要来源。一般情况下,人体每天所需能量的 70% 以上是由食物中的糖提供的,且糖在氧化时所需要的氧较脂肪和蛋白质少,因此,成为肌肉和大脑组织细胞活动所需能源的首选,是人体最经济的供能物质。通常情况下,糖在体内除提供能量外,还可以转变为蛋白质和脂肪。

训练时,机体首先动用肌糖原,肌糖原储备最多,为 350～400 g,随着运动时间的延长,肌糖原耗尽且血糖下降,此时,肝糖原才会被分解进入血液。

（二）体能训练与糖的补充

研究表明,血糖水平的变化与体能训练前后服糖的时间关系密切,训练前 2 h 服糖效果较好,因为这种服糖方式,使其在训练开始前就完成肌、肝糖原的合成过程,在训练开

始后,肌、肝糖原被动员进入血液供给需要,保持较高的血糖水平。在训练前 1 h,不要大量地补糖,因为此时补糖所引起的血糖升高,可导致胰岛素的大量分泌,而后者有很强的降血糖作用,反而使血糖浓度下降,从而降低运动能力,产生不良的训练效果。在训练过程中,最好饮用低浓度的含糖饮料,一方面是由于低浓度的饮料可促进渗透吸收作用,另一方面胃在短时间内只能排空少量的液体,而高浓度的糖水,会延长胃排空时间,对训练不利,也对糖吸收不利。

二、体能训练的物质代谢——蛋白质

(一)体能训练与蛋白质代谢

蛋白质主要由氨基酸构成,氨基酸主要作用于建造、修补和重新合成细胞成分以实现自我更新,也用于合成酶、激素等生物活性物质,也可作为机体的能源物质。体能训练所联系的最为密切的肌肉组织主要成分是由蛋白质组成。蛋白质的代谢过程不像糖和脂肪那样能在体内储存,一般情况下成人每日摄取蛋白质的量与他每天所消耗的量几乎是相等的。

体能训练会消耗部分蛋白质,也必将破坏了许多组织细胞,从而加强了蛋白质的修补和再生过程。因此,体能训练需要有针对性地增加一些蛋白质的补充,如谷氨酰胺以及由多种氨基酸共同组成的蛋白粉等,以保证训练效果和练习者的肌肉质量。

(二)体能训练与蛋白质的补充

训练者在补充蛋白质的过程中,一定要考虑其补充蛋白质的成分。大量实验研究表明:比例为 2:1:1 的亮氨酸、异亮氨酸和缬氨酸三种氨基酸的混合物,在促进肌肉力量的增长方面是最基本和关键的物质,尤其是可以满足高强度负荷后,机体对蛋白质的需求,因此,常被作为大强度运动后较为理想的营养补剂。而其中的亮氨酸不仅是肌蛋白的结构分子,而且能升高体内三大关键促合成激素的释放,同时还能抑制分解效应。其次,它还可诱发生长激素、胰岛素的分泌,创造良好的激素环境。因此,它的使用可最大限度地减少蛋白质在体内的分解和破坏,其结果可以大幅度地增长练习者的肌肉力量。由于亮氨酸促蛋白合成的作用,造就了它不是训练前服用的营养补剂,其最佳的服用时间是训练后的恢复期。

蛋白质的代谢过程受几种激素的调节,甲状腺素和肾上腺素能促进蛋白质的分解,表现为甲亢时,甲状腺分泌增加,人体蛋白质分解增加,人体逐渐消瘦,而生长激素分泌增加时,表现为人体蛋白质合成增加,肌肉健壮。

三、体能训练中的能量代谢

体能训练时,能量消耗明显增加,增加的幅度取决于训练时的强度和持续时间以及练习者的水平。体能训练的直接能源来源于三磷酸腺苷(ATP),它也是人体其他任何细胞活动(如腺细胞的分泌、神经细胞的兴奋过程中的离子转运等)的直接能源。ATP 储存在细胞中,其中以肌细胞为最多。体能训练主要靠肌肉活动来完成,在训练过程中储存在肌纤维中的 ATP 在 ATP 酶的催化下迅速分解为二磷酸腺苷(ADP)和无机磷(PI),同时释放出能量，牵动肌丝滑动，使肌纤维缩短，完成做功。但肌肉中的 ATP 的储量较少，必须边分解边合成，才能不断满足肌肉活动的需要，使肌肉活动得以持久。事实上 ATP 一被分解就立刻被再合成。再合成所需的能量，根据运动的具体情况，来源有三：一是磷酸肌酸分解释放能量；二是糖原酵解生能；三是糖和脂肪（还要部分蛋白质）氧化生能。因此，可以说 ATP 主要作用不在于它在肌肉中的储存量，而在于它的合成过程是否顺畅。

（一）体能训练与脂肪代谢

脂肪大部分存在于皮下结缔组织、内脏器官周围、肠系膜等处，身体内储存脂肪不是恒定不变的，而是不断地进行更新。一般脂肪约占体重的 10% ~ 20%，肥胖的人可达到 40% ~ 50%。脂肪除能由食物中获得外，还可以在体内由糖和蛋白质转变而成；脂肪除作为含量最多的物质外，还可以起到保护器官、减少摩擦和防止体温散失等作用。

人体内的脂类分真脂和类脂两大类，食物中常见的动物脂肪是真脂。真脂是甘油及脂肪酸组成的甘油酯，其主要生理功能是供给机体热能，供给机体必需的不饱和脂肪酸。类脂是组织和细胞的组成成分，有提高机体抗缺氧能力。

在体能训练中，关于脂肪代谢的研究总的趋势认为，只有长时间运动时才能动员脂肪供能，随着运动时间延长，脂肪供能比例增加；运动训练可提高机体氧化利用脂肪供能的能力；长期运动可改善血脂，降低血浆中的 LDL，增加血浆中的 HDL；长期运动可减少体脂的积累，改善身体成分。

（二）ATP-CP 系统

磷酸肌酸（简称 CP）是储存在肌细胞中与 ATP 紧密相关的另一种高能磷化物，分解时能释放出能量。当肌肉收缩且强度很大时，随着 ATP 的迅速分解，CP 随之迅速分解释放能量。肌肉在安静状态下，高能磷化物以 CP 的形式积累，故肌细胞中 CP 的含量为 ATP 的 3 ~ 5 倍。尽管如此，其含量也是有限的，随着运动时间的延长，必须有其他能源完成供应 ATP 再合成才能使肌肉活动持续下去。

CP 供能使 ATP 再合成的重要意义不在其含量，而在其快速可动用性，又不需氧，且不产生乳酸。CP 和 ATP 不能直接用作营养补充，因为其分子过大，不能被人体吸收，而前面提过的肌酸能被人体直接吸收，肌酸吸收进入肌细胞后能合成 CP，进而为合成 ATP 所用。

（三）糖无氧酵解供能

当我们的运动强度较大时，运动者机体所需的能量已远远超出磷酸原系统所能供给的，同时运动者的供氧量也远远满足不了需要。这时运动所需 ATP 再合成的能量就主要靠糖无氧酵解来提供了，因此，它是机体处于缺氧状态下的主要能量来源。糖无氧酵解以肌糖原为原料，在把葡萄糖分解成乳酸的过程中生成 ATP。

无氧酵解所产生的乳酸在氧供应充足时，一部分在线粒体中被氧化生能，一部分合成为肝糖原等。乳酸是一种强酸，在体内积聚过多会破坏内环境的酸碱平衡，使肌肉能量下降，造成肌肉暂时性疲劳。无氧酵解供能的特点是不需要氧但产生乳酸，因此，高强度体能训练仍能产生能量，以供机体需要。

（四）糖和脂肪的有氧氧化供能

在有氧运动中氧的供应能满足机体对氧的需求时,运动所需的ATP主要由糖、脂肪的有氧氧化来供能。有氧氧化能提供大量的能量,从而能维持肌肉较长的工作时间,例如,由葡萄糖有氧氧化所产生的ATP为无氧糖酵解供能的19倍。虽然磷酸原系统和乳酸能系统在运动过程中都供应一定的能量,但ATP和CP的最终再合成以及糖酵解产物乳酸的消除却都通过有氧氧化来实现,体能水平较高的训练有素者的有氧能力可更快速、有效地消除无氧代谢过程中积累的乳酸。因此,有氧耐力是高强度体能训练的基础。总而言之,肌肉活动的直接能量来源是ATP,而肌肉活动所需能量的最终来源是糖和脂肪的有氧氧化。

糖和脂肪是耐力运动的主要供能物质。人体内虽然储存了大量的脂肪,但糖的储备却很少,并且容易耗尽,糖储备的耗尽会导致骨骼肌疲劳。普通大学生糖和脂肪的平均储备如表1-2-1所示。

表1-2-1　大学生机体糖和脂肪的储备

	男性	女性
体重（kg）	72.5	50
体脂百分比	15	25
储备脂肪供能（kJ）	351 611.55	402 888.24
储备糖供能（kJ）	7 115.95	5 023.02

锻炼者每天消耗的能量约为12 557.56 kJ。由上述的数字可以看出储备的脂肪几乎可以满足一个月的能量需求,但脂肪的氧化供能依赖于糖的氧化供能,因此脂肪不能作为唯一的供能物质,糖必须参与供能。对于糖饮食的个体来说,一天的活动就可以把储备的糖耗尽,如果饮食中没有足够的糖,耐力运动会耗尽储备的糖并导致疲劳,所以,在饮食中应包括足够的糖。

四、体能训练对能量代谢的影响

在氧供应充足条件下,糖类（葡萄糖或肌糖原）和脂肪被氧化成二氧化碳和水,并释放出大量能量,这一过程称为有氧供能。有氧供能释放出大量能量,供ADP再合成ATP。除糖类和脂肪可氧化供能外,蛋白质也可氧化供能,但比例较小。运动初期糖是主要的供能物质,随着时间的延长,脂肪供能比例增加,蛋白质也将参与供能。有氧供能是耐力运动的基础。

无氧供能和有氧供能是人体在不同运动强度下,根据需氧量的不同,所表现出的两种供能方式,两者紧密相连,不可分割,只是比例有所不同而已。如持续10 s以内的最大强度运动几乎完全依靠无氧供能;持续几十分钟甚至几小时的运动,有氧供能占主导地位;而在800 m跑中,有氧供能和无氧供能的比例相差不大。不同时间和不同运动项目有氧和无氧供能的比例,见表 1-2-2。

表 1-2-2　不同时间和不同运动项目有氧供能与无氧供能的比例

%有氧供能	%无氧供能			%有氧供能	%无氧供能	
0	100	1~3 s	举重 体操 200 m跑 摔跤	0	100	100 m跑 橄榄球
10	90	10 s		10	90	篮球 棒球 排球
20	80	30 s	100 m游泳	20	80	400 m跑
30	70	60 s	网球	30	70	足球
40	60	2 min		40	60	
50	50		800 m跑 拳击	50	50	200 m游泳 滑冰(1 500 m)
60	40	4 min	划船(2 000 m) 400 m游泳	60	40	1 500 m跑
70	30			70	30	800 m游泳
80	20	10 min	3 500 m跑 5 000 m跑	80	20	
90	10	30 min	滑冰(10 000 m)	90	10	越野跑 越野滑雪
100	0	120 min	10 000 m跑 马拉松	100	0	慢跑

注:表 1-2-2 选自 Powers, S. K. Total Fitness, 1999。

通过系统的体能训练,可以提高人体的供能能力,也就是说,在完成同样的运动负荷时,有训练基础者消耗的能量较少。同时,系统的训练也提高了呼吸、循环等系统的技能水平(表 1-2-3)。

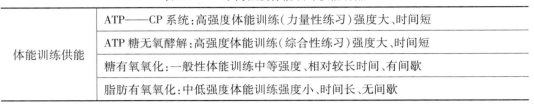

表 1-2-3　不同强度体能训练供能特点

体能训练供能	ATP——CP 系统:高强度体能训练(力量性练习)强度大、时间短
	ATP 糖无氧酵解:高强度体能训练(综合性练习)强度大、时间短
	糖有氧氧化:一般性体能训练中等强度、相对较长时间、有间歇
	脂肪有氧氧化:中低强度体能训练强度小、时间长、无间歇

五、体能训练对个性心理的影响

(一)经常参加运动影响着下一代体育态度与行为的形成

家庭是社会的基本单位,既是社会的经济单位,又是社会中各种道德的集中点。家庭是对儿童的性格形成起重要作用的最初环境。父母经常参加体育运动,他们的体育态度、行为习惯等影响着儿童的体育态度与行为的形成,这使儿童对体育运动兴趣的培养、体育行为习惯的养成起到非常重要的作用。这种影响可能是终生的,这样也给儿童带来终生体育的观念,这种双亲体育性格的影响是巨大的。

另外,在学校传授体育运动知识的过程也是性格形成发展的重要阶段。在性格形成时,一切行为方式,只有在积极的动机的推动下和不断的实际执行时,才能巩固地形成,从而成为性格特征。

(二)运动使人性格开朗、大方、乐观向上

性格是个人对现实的稳定态度和习惯化了的行为方式。参加锻炼者在体育运动的过程中,音乐、场地、动作、技能等因素的种种影响,通过认识、情绪和意志活动在锻炼者的身体中保存下来,构成一定的稳定态度;并以一定的形式表现在锻炼者的行为中,构成了锻炼者所持有的运动参与方式。经常参加体育锻炼的人群一般比较勇敢、大方,具有开朗、热情、坚定、意志坚强和情感丰富等优良的性格特征。

个性,是一个人在其生理素质和个性心理特征的基础上,在一定的社会历史条件下,通过社会生活的实践锻炼与陶冶,逐步形成的观念、态度、习惯。参加体育运动不仅有身体的参与,而且还有智力、情感的投入,其自我认识、自我意识、自我发现的过程恰恰是个性形成和发展的过程。北京体育大学的马鸿韬博士研究证明,经过 3 个月有氧健身操的锻炼,女性对审美、社交的追求分值提高了,吸引力和身体评价的分值也都有所提高。健康、长寿、充满活力是女性乃至全人类共同的愿望。女性的身心健康意味着社会文明程度进入一个较高的境界,是促进社会发展良好运转的"工具",也是与人交流的重要条件。

思考题

1. 与健康有关的体能有哪些?
2. 体能训练过程中与哪些物质代谢有关?
3. 简述体能训练对能量代谢有哪些影响?

第二章

健康体适能训练

学习目标

了解、掌握有氧耐力的训练方法

了解、掌握柔韧素质的训练方法

了解、掌握肌肉力量的训练方法

第一节　体育锻炼对身体的影响

人体是由神经系统、循环系统、呼吸系统、运动系统、消化系统、排泄系统、生殖系统、内分泌系统和感觉器官等组成。体育活动是人体各器官系统协调配合所完成的,同时,体育锻炼又可以对各器官系统的活动产生良好影响。

一、体育锻炼对运动系统的影响

人体的各种运动都是骨骼肌收缩产生力量作用于骨骼,骨骼绕着关节运动所完成的。运动系统包括骨、关节、肌肉三部分,体育锻炼可以对运动系统产生良好影响。

（一）运动系统的一般结构与机能

1.骨的结构与功能

骨构成人体的支架,具有新陈代谢及生长发育的特点,并有破坏、改造、受伤愈合、修复再生的能力。人体骨骼的形态结构完善而复杂,功能坚固而灵活。正常成年人共有206块骨,其中头颅骨29块、躯干骨51块、上肢骨64块、下肢骨62块。人体骨骼按其形态可分为长骨、短骨、扁骨和不规则骨。长骨由骨干和骨端构成,长骨主要分布于四肢;短骨一般呈立方形,主要分布于手腕和脚腕;扁骨呈板状,面积较大,薄而坚固,主要分布于颅盖;不规则骨的形态各异,分布于躯干和头颅等处。

骨的功能具体表现为:

（1）支持负重。骨与骨连接成骨骼,构成人体的支架,具有支持人体局部和全身重量的作用。

185

（2）运动杠杆。骨在肌肉收缩时被牵拉，绕关节转动，使人体产生各种运动，起着杠杆的作用。

（3）造血功能。骨髓内的网状细胞是比较幼稚的细胞，它经过分化可以变成血细胞。

（4）保护功能。骨围成的腔隙保护人体的重要器官，例如颅骨保护脑，胸廓保护心、肺等重要器官。

2. 关节的结构与机能

骨与骨之间以结缔组织相连，构成骨连结，通称为关节。按照关节的结构和活动情况，可将人体全身的关节分为不动关节、动关节和半关节，人们一般所说的关节常指动关节。构成关节的主要结构为关节面、关节囊和关节腔。

（1）关节面。关节面是指形成关节的两个相邻部位，其表面覆盖一层关节软骨，多数关节面的软骨为透明软骨，可减少相邻两关节之间的摩擦，并有缓冲震动和减轻冲击的作用。

（2）关节囊。关节囊为附着在相邻关节面周缘及附近骨表面的结缔组织囊，内含血管和神经等。关节囊的外层称为纤维层，对关节起加固作用；关节囊的内层为滑膜层，可分泌少量透明的滑液，在关节面之间起润滑作用，以减少摩擦。

（3）关节腔。关节腔是由关节囊和相邻骨关节面软骨共同围成的封闭腔隙，关节腔内的压力较大气压低（此现象称为负压），负压对加固关节起着非常重要的作用。

除关节的主要结构外，还有关节的辅助结构，这些辅助结构包括滑膜囊、滑膜襞、关节内软骨、关节韧带等，它们主要对关节起加固、保护和减少摩擦等方面的作用。

3. 骨骼肌的结构和生理特性。人体的骨骼肌共有 600 多块，骨骼肌重量约占体重的 40%，其中四肢肌肉重量约占整个肌肉重量的 80%。每块肌肉一般都可分为肌腹和肌腱两部分，肌腹一般位于肌肉的中部，主要由肌纤维（即肌细胞）和血管、神经等组成，肌纤维具有收缩功能。人体的肌纤维又可分红肌和白肌两种，红肌的收缩速度较慢，耐力较好，可维持长时间的收缩；白肌的收缩速度快，力量大，但容易产生疲劳。肌腱是由致密结缔组织、神经纤维和毛细血管等构成，肌腱的韧性很大，能随强大的牵拉力将力传递给骨，肌肉借肌腱附着于骨。

肌肉的生理特性包括兴奋性、传导性和收缩性。肌肉对内外环境刺激产生反应的能力称肌肉的兴奋性。肌肉在其收缩前，先产生兴奋。在一定生理范围内，肌肉的兴奋性越高，肌肉收缩时产生的力量就越大。肌纤维某一点产生兴奋后可将兴奋传播至整个肌纤维，这种特性称为肌肉的传导性。肌肉接受刺激产生兴奋后，可使肌纤维收缩，这一特性称为肌肉的收缩性，肌肉的收缩过程非常复杂，简单地说，肌肉的收缩是肌蛋白质相互作用的结果。

（二）体育锻炼对运动系统的良好影响

1. 体育锻炼对骨的良好影响

人体长期从事体育锻炼，通过改善骨的血液循环，加强骨的新陈代谢，使骨径增粗，肌质增厚，骨质的排列规则、整齐，并随着骨形态结构的良好变化，骨的抗折、抗弯、抗压缩等方面的能力有较大提高。

人体从事体育锻炼的项目不同，对人体各部分骨的影响也不同。经常从事以下肢活动为主的项目,如跑、跳等,对下肢骨的影响较大;而从事以上肢活动为主的项目,如举重、投掷等,则对上肢骨的影响较大。体育锻炼的效果并不是永久的,当体育锻炼停止后,对骨的影响作用也会逐渐消失,因此,体育锻炼应经常化。同时,体育锻炼的项目要多样化,以免造成骨的畸形发展。

2. 体育锻炼对关节的良好影响

科学、系统的体育锻炼,既可以提高关节的稳定性,又可以增加关节的灵活性和运动幅度。体育锻炼可以增加关节面软骨和骨密度的厚度,并可使关节周围的肌肉发达、力量增强、关节囊和韧带增厚,因而可使关节的稳固性加强。在增加关节稳固性的同时,由于关节囊、韧带和关节周围肌肉的弹性和伸展性提高,关节的运动幅度和灵活性也大大增加。

3. 体育锻炼对肌肉的良好影响

体育锻炼对肌肉的良好影响表现在多个方面:

(1)肌肉体积增加。运动员,特别是举重等力量性项目运动员的肌肉块明显大于一般正常人,这说明体育锻炼和运动训练可以使肌肉体积增大。体育锻炼对肌肉体积的影响非常明显,一般只要进行力量训练就可以使肌肉体积增加,而且练什么肌肉,什么肌肉的体积就增大。

(2)肌肉力量增加。体育锻炼可以增加肌肉力量已被大量实验所证实,而且体育锻炼增加肌肉力量的效果也是非常明显的,数周的力量练习就会引起肌肉力量的明显增加。

(3)肌肉弹性增加。有良好体育锻炼习惯的人,在运动时经常从事一些牵拉性练习可使肌肉的弹性增加,这样可以避免人体在日常活动和体育锻炼过程中由于肌肉的剧烈收缩而造成各种运动损伤。

二、体育锻炼对心血管系统的影响

(一)心血管系统的一般结构与功能

1. 心脏的结构与功能

心脏是由心肌构成的中空器官。心脏借心中隔将心脏分为左右峡谷侧,左右两侧又各分为心房、心室两部分,这样心脏实际可分为左心房、左心室、右心房、右心室四部分。心脏的左右两侧不直接相通,而心房、心室之间借房室瓣相通,右侧是三尖瓣,左侧是两尖瓣。左侧心室与主动脉相连,右侧心室与肺动脉相连。心室和动脉之间有半月瓣,左心室和主动脉之间是主动脉瓣,右心室和肺动脉之间是肺动脉瓣。瓣膜功能是保证血液在循环过程中朝着一个方向流动。

心脏的主要功能是通过心肌的收缩和舒张活动,推动血液参加血液循环,以满足机体各组织细胞对氧气、营养物质的需要和代谢产物的排除。根据血液在体内的流动过程可将血液循环分体循环和肺循环。体循环的血液途径为:左心房接受来自肺静脉含氧丰富的血液,再从左心室泵入主动脉,运至全身的各组织细胞,进行气体交换和物质交换后,经静脉流入右心房。肺循环的血液方向为:右心房接受来自身体各组织的含氧量较

少的静脉血,然后再由右心室泵入肺动脉至肺组织,在肺组织,二氧化碳释放,而肺组织的氧气进入血液,完成气体交换,血液再由肺静脉流入左心室。

心脏每收缩和舒张一次,称为一个心动周期。在每一个心动周期的舒张期,血液由静脉流入心脏,在收缩期,心肌的主动收缩将血液由心脏射入动脉。

心脏每分钟跳动的次数称为心率。心率与心动周期的长短有关,心动周期的时间越短,心率越快,反之,心率越慢。正常人安静状态时心率为 $60 \sim 100$ 次/min。心率有较大的个体差异,不同年龄、不同性别、不同生理状态下,心率有所不同。初生儿的心率较快,每分钟可达 130 次以上,以后随年龄的增加逐渐下降,青春期时接近成年人水平;在成年人中,女性心率略高于男性;情绪激动和体温升高时,心率加快;体育活动时,心率明显增加。

心脏每次收缩时,由左心室射入主动脉的血量,称为每搏输出量,正常人安静时的每搏输出量为 70 ml。心脏每分钟由左心室射入主动脉的血液量为每分输出量,一般情况下的心输出量常指每分输出量,每分输出量等于每搏输出量与心率的乘积,成人安静时心输出量为 $3 \sim 5$ L 左右。在一定生理范围内,心脏收缩力越大,回心血量增多,心率越快,心输出量也就越大,但心率过快,反而会因回心血量减少造成心输出量下降,这在体育锻炼过程中具有重要意义。

2. 血管的结构与功能

人体内的血管可分为动脉、静脉和毛细血管,不同类型血管的功能不同。大动脉的管壁厚而坚硬,管壁内含有丰富的弹性纤维,因而富有弹性,称为弹性血管,它可以缓冲血压波动,并保证在心脏舒张期继续推动血液循环。小动脉管壁富有平滑肌,平滑肌的收缩可以通过改变血管的口径从而改变血流阻力,又称阻力血管。毛细血管口径小,数量大,通气性好,是血液与组织液的交换部位,被称为交换血管。静脉血管的口径大,易扩张,体内多数血液存在于静脉系统中,因此静脉被称为容量血管。

血液在血管内流动时对血管壁的侧压力是血压。各类血管均有不同的血压,但一般所谓的血压,多指动脉血压。动脉血压分为收缩压和舒张压,心脏收缩时动脉血压的最高值为收缩压,相当于 $13.33 \sim 16.00$ kPa($100 \sim 120$ mmHg),心脏舒张时动脉血压的最低值为舒张压,相当于 $8.00 \sim 10.67$ kPa($60 \sim 80$ mmHg),收缩压与舒张压之比为脉搏压或脉压。

(二)体育锻炼对心血管系统的良好影响

1. 窦性心动徐缓

体育锻炼,特别是长时间小强度体育活动可使人体安静时心率减慢,这种现象称为窦性心动徐缓。窦性心动徐缓现象被认为是机体对体育锻炼的适应性瓜赈率的下降可使心脏有更长的休息期,以减少心肌疲劳。

2. 每搏输出量增加

经常参加体育锻炼的人或运动员无论安静和运动状态下,每搏输出量均比一般正常人高。特别是在运动状态下,每搏输出量的增加就更为明显,这种变化使人体在体育锻炼时有较大的心输出量,以满足机体代谢的需要。体育锻炼增加每搏输出量的原因是:

(1)心脏收缩力量增加。经常参加体育锻炼可使心肌细胞内蛋白质合成增加,心肌纤维增粗,使得心肌收缩力量增加,这样可使心脏在每次收缩时将更多的血液射入血管,导致心脏的每搏输出量增加。

(2)心室容积增加。体育锻炼后由于心脏收缩力量增加,心肌每次收缩后几乎将心室内的血液全部排空,造成心室内压下降,静脉血量增加,心肌纤维被拉长,长时间的体育锻炼可使心室容积增大,每次心室肌收缩前心室内均有较多的血液,因此,心脏每次收缩射出的血液也较多。

3. 血管弹性增加

体育锻炼可以增加血管壁的弹性,这对老年人来说是十分有益的。老年人随着年龄的增加,血管壁弹性逐渐下降,因而可诱发老年性高血压等疾病。老年人通过体育锻炼,可增加血管壁的弹性,以预防或缓解老年性高血压症状。

三、体育锻炼对血液成分的影响

(一)血液的组成

血液是存在于心血管系统内的流动组织,它包括细胞和液体两部分。细胞部分是指血液的有形成分,总称为血细胞;液体部分称为血浆。人体内的血液总量约占体重的7%～8%,在正常情况下,每公斤体重的血量,男性多于女性,幼儿多于成年人。

1. 血浆

血浆是血液的液体成分,占全血液的50%～60%,血浆中除含水分外,还有各种血浆蛋白、无机盐、葡萄糖、激素等物质。血浆具有维持渗透压、保持正常血液酸碱度、防御和体液调节等多种功能。

2. 血细胞

血细胞分为红细胞、白细胞和血小板。

(1)红细胞。又称红血球,是血细胞中数量最多的一种。正常成年男子的红细胞数量为450万～550万/cm^3,平均为500万;成年女子为380万～460万/cm^3,平均为420万。红细胞的主要功能为运输氧气和二氧化碳,缓冲血液酸碱度的变化。红细胞中含有一种重要的蛋白质为血红蛋白,其主要功能是由血红蛋白完成的。正常成年男子每100 ml血液中含血红蛋白12～15 g,女子为11～14 g。血红蛋白与红细胞数量有密切关系。红细胞或血红蛋白数量低于正常值称为贫血。

(2)白细胞。白细胞无色,体积比红细胞大。正常人安静时血液中的白细胞数量为每立方厘米5 000～9 000个,其生理变动范围较大,进食后、炎症、月经期等都可引起白细胞数量的变化。白细胞又分为有颗粒的中性粒细胞、嗜酸性粒细胞、嗜碱性粒细胞和无颗粒的淋巴细胞、单核细胞。白细胞的主要功能为防御病菌、免疫和清除坏死组织等。

(3)血小板。血小板无核,又称血栓细胞。正常人的血小板含量为10万～30万/cm^3,血小板数量也随不同的机能状态有较大的变化。血小板的主要功能包括促进止血和加速凝血两个方面,同时还有营养和支持作用。

(二)体育锻炼对血液成分的良好影响

1. 体育锻炼对红细胞数量的影响

体育锻炼对红细胞数量可产生良好的作用,主要表现在可使红细胞偏低的人红细胞含量增加。有研究者证实,运动员和经常参加体育锻炼的人安静时红细胞数量比不参加体育锻炼的人略高。但人体内的红细胞数量并不是越多越好,红细胞数量过多,会增加血液的黏滞性,加重心脏负担,对机体也是不利的。因此,体育锻炼可使红细胞数量偏少的人有所回升,但不会使红细胞数量过多。体育锻炼对血红蛋白的影响基本同红细胞的变化。

2. 体育锻炼对白细胞数量和免疫机能的影响

体育锻炼是否能提高机体的抗疾病能力主要与白细胞数量及免疫蛋白含量有关。研究证实,合理的体育锻炼可以提高白细胞的数量和功能,特别是可以提高白细胞分类中具有重要作用的淋巴细胞的数量,这对于提高机体的疾病能力是至关重要的。另外,体育锻炼还可以提高体内的自然杀伤细胞数量和免疫球蛋白水平,亦可有效地提高机体抗病、防病的能力。

四、体育锻炼对呼吸系统的影响

(一)呼吸系统的一般结构与功能

1. 呼吸系统的组成

人体的呼吸系统主要包括呼吸道和肺泡。呼吸道按其解剖结构可分为上呼吸道和下呼吸道。上呼吸道由鼻、咽、喉组成,下呼吸道包括气管和各级支气管。呼吸道是气体进入肺组织的通路。呼吸道能分泌黏液、浆液,具有润湿和净化空气的作用。呼吸道不具备气体交换功能。

肺泡是肺组织的基本构成单位,是气体交换的场所。肺泡膜表面有毛细血管网,肺泡膜对气体有很大的通气性,因此,血液在流经肺组织时可与肺泡内的气体进行气体交换。人体肺泡的总面积很大,大约有 $100\ m^2$,足以满足体内气体交换的需要。在一般情况下,仅有部分肺泡开放进行气体交换。

2. 肺的通气功能

肺的重要功能之一是通过呼吸运动实现肺通气功能。肺的呼吸运动主要是由呼吸肌的收缩完成的。人体在一般情况下,吸气肌收缩使胸廓扩大,肺随之扩张,肺内压下降,外界气体进入肺泡,形成吸气。然后,随着吸气肌的舒张,肺和胸廓的弹性作用使肺容积减小,肺内压升高,肺内气体被排出体外,形成呼气。评定人体肺通气功能水平对经常参加体育锻炼的人来说十分重要,常见的评定人体肺通气功能的指标主要有:

(1)肺活量。人体最大吸气后作最大呼气所能呼出的气体量,称为肺活量。正常成人的肺活量值,男性为 3 500 ~ 4 000 ml,女性为 2 500 ~ 3 500 ml。儿童、少年的肺活量值较成年人低,以后随年龄的增加,肺活量值不断增加。

(2)时间肺活量。最大吸气之后,以最快速度进行最大呼气,记录一定时间内呼出的气体量,称为时间肺活量,以每秒钟的呼出气量占肺活量的百分数表示。正常人第一秒

占83%,第二秒占96%,第三秒占99%。应用时间肺活量指标可以进一步测定机体的肺通气量功能。

（3）肺通气量。单位时间内吸入（或呼气）的气体总量为肺通气量,一般以每分钟计算,故又称每分通气量。每分通气量等于呼吸深度与呼吸频率的乘积。正常成年人为8~10 L/min。肺通气量随人体机能状态的变化有较大的变化,体育锻炼时,肺通气量明显增加。

3. 气体交换功能

气体必须经过两次气体交换才能使外界的氧气进入组织细胞,并使体内产生的二氧化碳排出体外,这两次气体交换分别是在肺和组织细胞内进行的,故称为肺换气和组织换气。

（1）肺换气。在肺泡中,当静脉血流经肺泡毛细血管时,由于肺泡内的氧分压高于毛细血管内血液的氧分压,二氧化碳分压低于血液内的二氧化碳分压,所以,肺泡内的氧气进入血液,而血液内的二氧化碳进入肺泡,经肺换气后,静脉血变成了含氧丰富的动脉血。

（2）组织换气。在组织细胞中,由于氧分压较低,二氧化碳分压较高,所以,当血液流经组织毛细血管时,血液内的氧气进入组织细胞,而组织细胞中的二氧化碳进入血液,组织换气后,含氧丰富的动脉血变成了含二氧化碳较多的静脉血。

（二）体育锻炼对呼吸系统的良好影响

1. 肺活量增加

肺活量是衡量少年儿童生长发育和健康水平的重要指标。经常参加体育锻炼,特别是做一些伸展扩胸运动,可使呼吸肌力量增强,胸廓扩大,有利于肺组织的生长发育和肺的扩张,使肺活量增加。另外,体育锻炼时,经常性的深呼吸运动,也可促进肺活量的增长。大量实验证实,经常参加体育锻炼的人,肺活量值高于一般人。

2. 肺通气量增加

体育锻炼由于加强了呼吸力量,可使呼吸深度增加,以有效地增加肺的通气效率,因为在体育锻炼时如果过快地增加呼吸频率,会使气体往返于呼吸道,使真正进入肺内的气体量反而减少。适当地增加呼吸频率,可使运动时的肺通气量大大增加。研究表明,一般人在运动时肺通气量能增加到60 L/min 左右,有体育锻炼习惯的人运动时肺通气量可达100 L/min 以上。

3. 氧利用能力增加

体育锻炼不仅可以提高肺的通气能力,更重要的是可以提高机体利用氧的能力。一般人在进行体育活动时只能利用其氧最大摄入量的60%左右,而经过体育锻炼后可以使这种能力大大提高,体育活动时,即使氧气的需要量增加,也能满足机体的需要,而不会使机体过分缺氧。

第二节 柔韧素质训练

一、柔韧素质的概念和影响因素

（一）柔韧素质的概念

柔韧素质是指胯关节的肌肉、肌腱、韧带等软组织的伸展能力及弹性，即关节活动幅度和范围的大小。根据柔韧素质的表现和身体状况，可分为动柔韧素质和静柔韧素质；根据完成柔韧练习时的动作方式，可分为主动柔韧素质和被动柔韧素质。柔韧素质是人体健康要素的重要组成部分，柔韧素质健身练习是非常适合于广大健身运动爱好者参与的一类运动形式。

（二）柔韧素质的影响因素

影响人体柔韧素质的因素包括：关节类型和结构、关节周围的肌肉厚度和强度、年龄、性别、体温和肌肉温度、肌肉力量、健康状况，以及疲劳、情绪和心理唤醒水平等因素。经过系统的训练可以提高和保持柔韧素质，对于加大动作幅度和预防动作伤害具有重要作用。

二、柔韧健身练习的分类

关节活动幅度的改变主要是通过提高胯关节韧带、肌腱、肌肉的伸展性和弹性的手段获得的，而伸展性和弹性的提高主要是施加拉力作用的结果。因此，柔韧素质健身运动的基本方法是对身体及各个环节的拉伸，或称为伸展练习。拉伸方法又分为动力拉伸、静力拉伸和"神经-肌肉本体促进"拉伸(proprioceptive neuromuscular facilitation)等基本类型。

这些基本方法类型在使用过程中，均有主动练习和被动练习两种不同的方式。主动练习是指人体依靠自己的力量将肌肉、肌腱、韧带等软组织拉长；柔韧素质健身，在大多数情况下是多种练习方法的类型和方式的结合运用。

（一）动力拉伸

动力拉伸是指通过多次重复某一拉伸动作练习，使肌肉、肌腱、韧带等软组织逐渐地被拉长。近年来人们发现，由于动力拉伸会激发人体神经-肌肉的牵张反射机制，下意识地造成拉伸肌肉的肌紧张或拉伤肌肉而影响练习效果和练习者安全，所以，运动专家目前更多地建议人们采用静力拉伸练习和"神经-肌肉本体促进"拉伸等方法。

（二）静力拉伸

静力拉伸是指通过缓慢地动力拉伸，将肌肉、肌腱、韧带等软组织拉长。当拉长到一定程度时保持静止不动，使这些软组织收到拉长的持续刺激，其持续时间 6 ~ 60 s 不等，这段时间足够让腱梭对肌肉紧张度的增加作出反应。当腱梭所产生的刺激力量压过肌

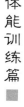

梭所产生的刺激时,它使肌肉在原先对肌肉长度的变化作出反射抵抗力反应后产生反射性的松弛状态,这样,拉伸肌肉并使其保持在此伸展姿势一段时间内是不会导致肌肉损伤的。

(三)"神经-肌肉本体促进"拉伸(PNF)

"神经-肌肉本体促进"拉伸(PNF)是一种由练习者与同伴互相配合,通过一系列的主动和被动的动力、静力拉伸步骤,能够避免被拉伸肌肉牵张反射现象的发生和获得更大拉伸效果的训练方法类型,最常见的就是大腿后部肌群的"神经-肌肉本体促进"拉伸练习。

这里我们以拉伸背部肌群为例,它可以分为三个相连的具体操作步骤:

1. 练习者分腿坐立,双腿的膝关节伸直,踝关节呈90°。同伴帮助推压背部至有轻微疼痛感,保持10 s。而后放松片刻。

2. 练习者静力收缩背部集群,上提背部对抗同伴的下推力,保持6 s。而后放松片刻。

3. 练习者放松背部肌群,用力收缩腹部肌群尽力使躯干前部贴在地板上,帮助同伴继续下推背部,保持6 s。而后放松片刻,重复练习。

三、柔韧健身练习的基本要求

(一)负荷强度

柔韧素质训练一方面反映在用力大小上,另一方面也反映在负重多少上。被动练习多是借助教练员或同伴的帮助,用力逐渐加大,其程度以运动员的自我感觉为依据。如采用负重柔韧练习,负重量一般不能超过拉长肌肉力量所能达到的50%。负重量的确定也与练习的性质有关,在完成静力拉伸的慢动作时,负重量可相对大些;在完成动力性动作时,负重量则应小些。

增加强度应当逐步进行,练习时不可用力过大过猛。训练强度过大,会造成练习者精神和肌肉紧张,必然会影响伸展能力,导致肌肉、肌腱和韧带等软组织损伤。长时间中强度拉力练习产生的柔韧效果优于短时间大强度的练习效果。

(二)负荷量

在柔韧性发展阶段和保持柔韧性阶段中,不同关节为达到最大活动范围,其练习的重复次数是不相同的,柔韧训练中应根据不同关节活动范围的需要来确定发展柔韧性阶段和保持柔韧性阶段练习的重复次数。柔韧练习的重复次数还取决于练习者的年龄和性别。少年练习者在一次课中练习的重复次数比成年练习者少,女练习者练习的重复次数比男练习者少。每个练习达到最大拉伸状态持续时间可保持大约10 s,动作时间也可稍长。采用静力拉伸练习,当关节升到最大限度时,停留在相对固定位置的时间可控制在30 s左右。

(三)间歇时间

柔韧训练间歇时间的基本原则是:保证练习者在完全恢复的情况下完成下一组练习。恢复与否可根据练习者的自我感觉来确定,当其感觉已恢复并准备好做下组练习时

便可开始。此外,练习间歇时间还与练习的部位有关,做躯干弯曲动作后就应比做踝关节伸展动作后的休息时间要长。在间歇休息时间可安排一些肌肉放松练习,或进行一些按摩等。这样做能为下次练习加大关节活动幅度创造有利条件,使训练达到更好的效果。

(四)动作要求

柔韧练习在进行动力拉伸时,一是要求逐渐加大动作幅度,使肌肉、肌腱、韧带等尽量被拉长;二是充分利用肌肉退让工作,使肌肉被渐渐地拉长。柔韧练习在动作的速度上,一是用缓慢的速度拉伸肌肉,二是用较快的速度拉伸肌肉。由于在训练时多用缓慢的速度拉伸肌肉,而比赛中又多是以急剧的方式拉伸肌肉,故在保持柔韧素质阶段可用一些速度较快的练习,以适应比赛需要。

四、柔韧健身练习的注意事项

(一)控制柔韧素质发展水平

柔韧性练习要求拉伸练习部位需要超过这个部位的正常长度或动作范围,因为人体必须有一定的柔韧素质储备。控制柔韧素质在适当程度上是有必要的,没有必要最大限度地发展柔韧素质。过分发展柔韧素质会对人的其他素质产生影响,如造成关节与韧带变形,影响关节结构的牢固性和练习者的体态,对力量和爆发力的发挥不利等。

(二)注意主要及相关部位柔韧素质练习

有些技术动作对柔韧素质的要求不仅体现在某一关节或部位上,而且还涉及两个或更多关节和身体部位,如"满弓"动作就与肩、脊柱、髋等关节的柔韧素质有关。因此,在柔韧练习的安排上,要求不仅对主要关节施以训练,还应对各有关关节部位加以练习,做到有主有从,主从结合。

(三)柔韧素质练习要经常持久

专门训练可使柔韧素质快速提高并效果明显,但当练习停止之后,所获柔韧素质便会很快消退。柔韧素质这一提高快消失也快的特点,决定了柔韧素质练习要经常坚持并持之以恒。根据项目特点和需要,在健身各个阶段都应有一定数量相应的柔韧素质练习。

(四)柔韧训练与力量训练相结合

柔韧素质练习安排不当,就会影响力量素质的发展。欲使练习者在保持一定柔韧性的时候力量也能得到发展,首先应注意柔韧素质练习后的肌肉韧带放松,把肌肉韧带练得柔而不软、韧而不僵;其次,选择有效的手段和方法,把柔韧练习与力量性练习结合起来,或合理地安排柔韧性练习与力量性练习的顺序和比例,将两者的相互干扰降低至最低限度。

(五)注意外界温度和练习时间

外环境温度过低或过高,都会影响柔韧练习的效果。当然,外界温度不可能永远保持在理想状态下不变,这就需要用适当的准备活动加以调节,以渐进的方式进行练习,从而防止损伤。虽然柔韧素质随时可练,但就人体本身而言,早晨机体的柔韧素质明显较低,而下午机体能表现出良好的柔韧素质。根据人体这一特征安排柔韧训练时间,可起到事半功倍的效果。

(六)儿童柔韧素质训练问题

儿童的肌肉弹性好,关节韧带的伸展幅度大,所以柔韧性好。年龄越小,柔韧性越好,女孩比男孩的柔韧性更好,柔韧性随着年龄的增长而下降。脊柱伸展的灵活性在 7~10 岁时提高显著,11~13 岁时提高速度降低。肩关节的灵活性提高至 12~13 岁,髋关节的灵活性提高幅度最大时期是 7~10 岁,此后提高的速度放慢。

少年儿童与成年人相比,关节面角度较大、软骨厚、关节内外韧带较松弛。这些解剖特点决定了少儿时期是柔韧性练习的好时机,在 7 岁前就应该抓紧柔韧素质训练,并在 12 岁前使柔韧素质得到较好的发展。应当特别注意的是,任何项目对少儿运动的柔韧训练都要考虑本专项需要并适可而止,以免干扰其他素质的发展和影响运动员体形的正常发育。

(七)女子柔韧素质训练问题

因为女子具有关节囊、韧带较薄,弹性、韧性较好,椎间盘厚等生理解剖特点,所以关节活动范围大,柔韧性好。女子在从事某些活动时,动作幅度大,稳定性好,这就决定了女子在柔韧素质上优于男子。但是由于女子骨骼比男子细而短,骨密质的厚度较男子薄,坚固性差,抗压抗弯能力弱,又由于柔韧素质可能会对其他素质产生影响,故在练习时也要谨慎并适可而止。

五、柔韧素质练习的功能

柔韧素质练习的功能,主要体现在它对我们日常生活和工作基本动作能力和身体功能的改善上,可以概括为以下几个方面。

(1)保障人体基本动作行为功能。
(2)保持良好的体态和基本姿势。
(3)为执行各种身体动作打下良好基础。
(4)进一步提高日常生活和工作质量。
(5)防止各种软组织拉伤和劳损、预防肌肉紧张和腰痛。
(6)构成其他健身运动热身和整理活动的必要部分。

六、身体不同部位柔韧素质练习的方法

依据不同的身体部位,我们现在系统介绍如下实用的柔韧健身练习方法。

(一)脚部和踝部

1.上拉脚趾

(1)目的:拉伸脚掌和脚趾下部。

(2)方法:坐下,将一条腿的小腿放到另一条腿的大腿上,用一只手抓住脚趾和脚掌。

双脚轮流练习(图2-2-1)。

图 2-2-1

（3）要求:呼气,并向上(脚背方向)引拉脚趾。

2. 脚趾下部拉伸

（1）目的:拉伸脚掌和脚趾下部。

（2）方法:两脚前后开立,前面腿微屈膝,脚趾下部支撑在地面,双手放在其大腿上。双脚轮流练习(图2-2-2)。

图 2-2-2

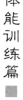

（3）要求:吸气,逐渐把体重移到前面腿的脚掌上,并缓慢下压。动作幅度尽量大,每个动作结束保持10 s左右。

3. 脚趾下部和小腿后部拉伸

（1）目的:拉伸脚趾下部、脚掌和小腿后部。

（2）方法:面对墙双脚相距约50 cm前后开立,前脚距墙约50 cm。双手扶墙,身体向墙倾斜。后脚针对墙,脚跟贴在地面。呼气,提起后脚的脚跟,将体重移到后脚的脚掌上,并下压。双腿轮流练习(图2-2-3)。

图 2-2-3

（3）要求：动作幅度尽量大，每个动作结束保持 10 s 左右。

4. 跪撑后坐

（1）目的：拉伸脚趾下部、脚掌和大腿前部。

（2）方法：跪在地面上，双手撑地，双脚并拢以脚掌支撑。呼气，向下方移动臀部（图 2-2-4）。

图 2-2-4

（3）要求：动作幅度尽量大，动作结束保持 10 s 左右。

（二）小腿

1. 俯撑拉伸

（1）目的：拉伸小腿后部和跟腱。

（2）方法：从俯卧撑预备姿势开始，双手逐渐向双脚靠近，升高髋部与地面形成三角形，缓慢下压脚跟到地面。双脚轮流练习（图 2-2-5）。

图 2-2-5

（3）要求：双臂和背部伸直，并成一线。动作幅度尽量大，动作结束保持 10 s 左右。

2. 坐拉脚掌

（1）目的：拉伸小腿后部和跟腱。

（2）方法：双腿分开坐在地面上，一条腿屈膝，脚跟接触伸展腿的腹股沟。呼气，上体前倾，一只手抓住伸展腿的脚掌向躯干方向牵拉。换腿重复练习（图 2-2-6）。

（3）要求：伸展腿膝部始终伸直。动作幅度尽量大，动作保持 10 s 左右。

3. 体前屈足背屈

（1）目的：拉伸小腿后部。

（2）方法：两脚相距约 30 cm 前后开立，前脚背屈，脚跟支撑地面。呼气，体前屈，力图双手触摸前脚，胸部贴在腿上。换腿重复练习（图 2-2-7）。

图 2-2-6　　　　　图 2-2-7

（3）要求：双腿膝关节保持伸直，动作幅度尽量大，动作结束保持 10 s 左右。

4. 分腿坐拉小腿

（1）目的：拉伸小腿后部和外侧。

（2）方法：分腿、直膝坐在地面，身体直背前倾，双手抓住双脚脚掌。呼气，向髋部方向拉脚趾，同时内翻踝关节（图 2-2-8）。

图 2-2-8

（3）要求：动作幅度尽量大,动作结束保持 10 s 左右。

（三）大腿后部

1. 坐压腿

（1）目的：拉伸大腿后部。

（2）方法：双腿分开坐在地面上,一条腿屈膝,脚跟接触伸展腿的内侧。呼气,上提前倾贴近伸展腿的大腿上部。换腿重复练习（图 2-2-9）。

（3）要求：伸展腿,膝部和背部保持伸直。动作幅度尽量大,动作结束保持 10 s 左右。

2. 仰卧拉引

（1）目的：拉伸大腿后部。

（2）方法：仰卧屈膝,脚跟靠近臀部。吸气,一条腿向上伸膝;呼气,缓慢将在空中伸展的腿直膝向头部拉引。换腿重复练习（图 2-2-10）。

图 2-2-9

图 2-2-10

（3）要求：被拉引的腿始终保持膝关节伸展。动作幅度尽量大,动作结束保持 10 s 左右。

3. 压腿

（1）目的：拉伸大腿后部。

（2）方法：在一个台子前站立,一条腿伸膝放台子上,另一条腿支撑地面。呼气,双腿膝关节伸直,髋关节正对台子。上体前倾贴近台子上大腿上部。换腿重复练习

（图 2-2-11）。

图 2-2-11

（3）要求：伸展腿,膝部和背部保持伸直,肘关节上提。动作幅度尽量大,动作结束保持 10 s 左右。

4. 仰卧拉伸

（1）目的：拉伸大腿后部。

（2）方法：仰卧,直膝抬起一条腿,固定骨盆成水平姿势。同伴帮助固定地面腿保持直膝,并且帮助继续提腿。换腿重复练习（图 2-2-12）。

（3）要求：在同伴帮助继续提腿时呼气。动作幅度尽量大,动作结束保持 10 s 左右。

5. 站立拉伸

（1）目的：拉伸大腿后部。

（2）方法：背贴墙站立,吸气,直膝抬起一条腿。同伴用双手抓住踝关节上部,帮助腿上举。换腿重复练习（图 2-2-13）。

图 2-2-12　　　　　　　　　图 2-2-13

(3)要求:帮助上抬腿时呼气。动作幅度尽量大,动作结束保持 10 s 左右。

(四)大腿内侧

1. 青蛙伏地

(1)目的:拉伸大腿内侧。

(2)方法:分腿跪地,脚趾指向身体两侧,身体向前以肘关节支撑地面。呼气,继续向身体两侧分腿,同时向前伸双臂,胸和上臂完全贴在地面(图 2-2-14)。

(3)要求:分腿的幅度尽量大,保持 10 s 左右。

2. 体侧屈压腿

(1)目的:拉伸大腿内侧。

(2)方法:侧对一个与髋同高的台子站立,两脚与台子平行。将一只脚放在台子上。双手在台上交叉,呼气,向台子方向体侧屈。换腿重复进行(图 2-2-15)。

图 2-2-14　　　　　　　图 2-2-15

(3)要求:动作幅度尽量大,动作结束保持 10 s 左右。

3. 直膝分腿坐压腿

(1)目的:拉伸大腿内侧。

(2)方法:双腿尽量分开坐在地面,呼气,转体,上提前倾贴在一条腿上部。交换腿拉伸,重复练习(图 2-2-16)。

(3)要求:充分伸展双腿和腰部。动作幅度尽量大,动作结束保持 10 s 左右。

图 2-2-16

第三节 有氧耐力训练

一、有氧耐力训练的方法

有氧耐力是指长时间进行有氧供能的工作能力。有氧耐力的练习效果是通过肺循环将体外的氧气引入体内,通过肺静脉回血至心脏,然后通过体循环由左心室将含氧最高的动脉血输出肌肉组织,肌肉利用氧进行收缩,产生运动。整个有氧运动的过程中,身体的运动效果有赖于氧气的循环和利用。简单地说,有氧运动是一种中低强度、长时间的运动,整个运动过程主要依靠脂肪分解供能。有氧训练的运动形式很多,如步行、慢跑、爬山、划船、骑单车等户外运动和各种有音乐伴奏的肌体有氧健身形式。事实上,任何协同大肌群参与的运动都会引起心率的提高、呼吸的加快、体温的上升等正常生理反应。一般来说,其负荷强度为人体最大负荷强度的75% ~ 85%,心率一般在140 ~ 170 次/min,时间一般在20 min 以上。决定机体有氧耐力的生理因素主要是运动中氧气的供应因素和作为能量物质的糖原含量。常用的有氧耐力的训练方法主要有持续负荷法、间断负荷法和高原训练法。

2 500 年前的希腊埃拉多斯山崖上刻着:"如果你想强壮,跑步吧! 如果你想健美,跑步吧! 如果你想聪明,跑步吧!"可见那时的人们就认识到跑步锻炼能使人身体健壮、形体健美、脑子聪明。

从生理学的角度讲,健身跑适合各种年龄和不同身体状况的人锻炼。健身跑可以调节人体的生理机能和各器官的协调功能,使心血管活动加强,促进全身血液循环,及时供给组织细胞能量和氧气,及时排出汗液和二氧化碳。健身跑还可以使大脑获得充足的氧气供应,增加大脑对兴奋和抑制过程的调节能力。坚持健身跑不仅能使思维敏捷、手脚灵活,而且可以延年益寿、强身健体;从心理健康方面讲,健身跑还可以缓解抑郁症。

(一)健身跑的运动目的

(1)锻炼心肺功能,提高有氧能力,增强体质;

(2)调节神经系统功能,尤其是植物性神经系统功能;

(3)促进新陈代谢,改善消化系统功能;

(4)促进脂肪代谢,控制体重,减肥健美;

(5)防治高血压、高血脂、动脉硬化等心血管疾病及其他与运动不足有关的疾病。

(二)健身跑的练习形式

健身跑的练习形式有很多,如走跑交替法、匀速跑、间歇跑、变速跑,定时跑、越野跑、法特莱克跑和跑台健身跑等。进行健身跑时,最重要的是循序渐进、持之以恒。最好采用走跑交替和匀速跑的形式。

1. 走跑交替法

走跑交替法适合于体弱和缺乏锻炼的人。方法是先走 100 ~ 200 m,然后慢跑 300 ~

500 m,重复数次。初次参加锻炼的人一般是走 1 min 跑 1 min,交替进行,视个人的具体体质情况而定。经过一段时间的锻炼,就可以缩短走的时间,直到慢跑 5 ~ 8 min。以后每隔 1 ~ 2 周逐渐增加跑步时间和距离,每周跑 3 ~ 5 次。

2. 匀速跑

匀速跑是在跑的过程中均匀地分配体力。对中年人来说,它是比较合适的锻炼方式,跑的过程比较省力,心率也比较容易控制。匀速跑的方法灵活多样(如定时间或定距离的匀速跑),可自行掌握。

3. 间歇跑

间歇跑是慢跑和行走交替进行的一种过渡性练习。一般从跑 30 s 行走 30 ~ 60 s 开始,逐渐增加跑步时间以提高心脏负荷。反复进行 10 ~ 20 次,控制总时间在 12 ~ 30 min。以后每两周根据体力提高情况再逐渐增加负荷,可每日或隔日进行一次。

4. 变速跑

变速跑就是指在跑的过程中,跑的速度是变化的,有快跑也有慢跑,是快跑和慢跑交替进行的锻炼方法。这种健身跑锻炼方法具有如下作用:

(1)丰富内容,提高兴趣

采用变换速度的跑法,能够丰富跑的内容,有快有慢,提高锻炼兴趣。许多健身跑爱好者都喜欢采用变速跑的方式进行锻炼。当然,速度的变化是根据个人的实际情况而定的,如青少年爱好者慢跑的速度,可能就是老年人快跑的速度。

(2)增强体质

变速的方法对提高人体功能大有裨益。当人慢跑时,吸入的氧气就可以满足肌肉运动的需要,所以慢跑所需要的能量主要是依靠有氧代谢来提供的。当人快跑时,吸入的氧气就不能满足肌肉运动的需要了,所以快跑所需要的能力的一大部分只能是依靠无氧呼吸代谢来提供。因而,变速跑技能不但提高人的有氧代谢能力,又能发展人的无氧代谢能力。

(3)便于在比赛中运用战术

提高跑进中的变速能力有利于在比赛中运用战术,以取得好成绩。在比赛中为了摆脱对手、超越对手或进行终点冲刺,都需要突然加快跑速,以取得胜利。

开始锻炼时就用较快的速度去跑较长的距离是不行的,不但不能提高身体机能,还会损害身体健康。可以采用变速跑的方法,首先使慢跑的距离长一些,快跑的距离短一些,之后逐步加大快跑距离来提高身体的适应能力。当然这需要比较长时间的锻炼过程。另外,在进行健身跑锻炼过程中采用变速跑的方法,其锻炼效果要比慢跑好得多。比如,在田径场进行健身跑,前三圈是慢跑(1 200 m),第四圈开始 100 m 用快跑,再进行 100 m 慢跑,这样反复进行三圈(1 200 m),然后再慢跑一圈半(600 m),跑的总距离为 3 000 m。这样跑的锻炼效果要比慢跑 3 000 m 好得多。在锻炼中要注意从自己的身体实际出发,如果加上快跑后身体反应不好,就不要急于进行较快的跑步。

5. 定时跑

所谓定时跑,就是在规定时间内所进行的跑。许多健身跑爱好者喜欢用定时跑的方法进行锻炼,只规定时间,不规定距离和速度,便于根据自己的身体情况安排跑步练习。

例如,一个健身跑爱好者计划本周每次锻炼慢跑20 min,身体情况好就跑快一些,身体情况不好就跑慢一些。这种定时的跑法比较灵活,但也要注意有计划地增加跑的时间和强度。在进行健身跑的过程中,也可以把规定距离的跑和规定时间的跑结合起来进行锻炼。把规定距离的跑,作为提高身体机能的手段;把规定时间的跑,作为调整锻炼的方法。这种健身跑锻炼的安排方法是很有乐趣的。例如,你计划最近两周跑的距离是3 000 m,每周练四次。第一次锻炼定为按规定的3 000 m距离跑,跑时用表计下跑完3 000 m的时间,假定是20 min;第二次锻炼,跑完20 min;第三次,跑3 000 m;第四次,还是跑20 min。也就是说,第一和第三次锻炼是跑完规定的距离;第二和第四次是跑完规定的时间。如果第一次跑完3 000 m用20 min,感到有些累,第二次跑20 min时,速度就可以慢一些,以达到调整的目的。

6. 越野跑

跑步健身不受限于场地,可以在公路、田野、山地、沙滩、湖畔和草原上进行较长距离的跑,这些锻炼方式都可以被称为越野跑。越野跑的锻炼形式不受设备、季节和人为条件的限制,是广大健身跑爱好者经常采用的有氧健身方法。健身性的越野跑与比赛性的越野跑不同,它不以在比赛中创造优异成绩,而以增强体质为目的,因此,容易吸引更多各个层次的健身爱好者积极参与。

7. 法特莱克跑

法特莱克跑是外国中长跑运动员创造出来的一种综合性训练方法,即在一次训练课中包含多种内容的训练方法。例如,在进行训练时,开始慢跑10 min,然后在草原上进行50 m快速冲刺跑,结合50 m放松慢跑,反复的次数比较多,感到有些累时为止,随后做一些放松性练习调整一下,再到斜坡上全力进行160～180 m的坡道跑,跑的次数以感觉到很累为止,最后做放松慢跑。一次训练课为1.5～2 h。这种训练方法包括的训练内容多,容易引起训练兴趣,但训练强度和运动量都很大。对于健身跑爱好者来说,平时进行这么大负荷的训练是不适合的,但可以采用类似的方法进行锻炼,把运动量和强度减少到适合自己的程度。例如,开始时先慢跑10 min,跑到公园里进行几次短距离的变速跑,再进行几次斜坡跑,然后慢跑回来。一次锻炼的时间为30～40 min。这样安排也会取得较好的锻炼效果。

8. 跑台健身跑

随着科技的发展和生活水平的提高,人们越来越重视生活的质量,比如健康的身体、丰富的精神生活等,随之,越来越多的健身设备也用来锻炼身体,采用跑台(跑步机)进行健身跑就是一个典型的例子。这在一些发达国家已经逐渐普及开来,对于健身跑爱好者来说,利用跑台进行锻炼可以更加有效地控制健身跑的锻炼过程,但是跑台相对价格较高。在跑台上,锻炼者可以不受外界天气、场地和交通的影响。跑台锻炼一般在室内进行,可以按需要定量调节跑道的运动时间、距离、速度和坡度,能够随时进行心率、血压等生理指标的反馈,甚至还可以直接与电脑连接采集数据和进行相关的科学研究。

在跑台上进行健身跑锻炼时,要注意室内的通风,开始时的速度不要过快。锻炼需结束时,逐渐减速到步行速度,过一段时间,做些整理活动后再停下来。条件许可的话,采用跑台进行各种方式的健身跑锻炼是非常安全和有效的健身手段。

(三)跑步运动健身计划

1. 制订跑步健身计划的意义

（1）更加有效地控制健身跑的锻炼过程

按照计划进行锻炼，才能使你的健身跑有所遵循，避免盲目性，克服惰性，增强科学性，从而收到预期的效果。当然，开始制订的计划可能把运动量安排的过大或者不足，还应该在执行过程中不断地修改和校正，使它更加切合自己身体的实际。

（2）有利于进行自我监督

有计划地进行健身跑锻炼，才能更好地进行自我监督。所谓自我监督，就是在健身跑过程中，采取一些可行的方法，经常检查自己的身体反应，以便确定运动量是否合适，锻炼方法是否得当。如果没有计划，简单地凭借兴趣锻炼，就无法准确地进行自我监督了。

（3）及时发现和解决问题

有计划地锻炼，才能及时发现存在的问题，排除不利因素，不断增强体质。同时，还能在锻炼过程中不断探索适合自己的练习规律，更加有效地提高健康水平。

2. 有氧健身跑锻炼计划的阶段划分

第一阶段：要达到的锻炼目标是用中速走 3 000 ~ 5 000 m。

这个阶段分两步安排。第一步先用匀速走的方法完成慢走 3 000 m。应根据自己的身体状况来确定开始走的距离，一般可先走 2 000 m，如有病且未参加过体育锻炼，开始走的距离可以短些。连续走几天，身体感觉良好，再多走 500 m，直到完成慢走 3 000 m。

所谓慢走，比散步要快些，每分钟走 60 步左右。中速走要求每分钟走 75 步左右。所谓身体感觉良好是指：如果早晨锻炼，对当天的学习和工作没有影响，身体没有异常感觉；如果晚上锻炼，当晚睡眠好，次日无异常感觉。

第二步完成中速走 3 000 ~ 5 000 m 的目标。这一步可以采取匀速走和变速走两种方法。采取匀速走的方法，可以先中速走 2 000 m，连续走几天，身体感觉良好，再增加 400 ~ 500 m，直到完成各年龄组规定的目标。采取变速走的方法，开始时慢走的距离长，中速走的距离短，如慢跑 400 m + 中速走 100 m，进行 5 ~ 6 次。逐渐减少慢走距离，加强中速走距离，然后进行 1 000 m 以上的反复走，最后达到各年龄组规定的目标。

第二阶段：要完成慢跑 2 000 ~ 3 000 m 的锻炼目标。

第一阶段中速走 3 000 ~ 5 000 m 完成后，要巩固几周，感觉仍然良好，再转入第二阶段，这个阶段采取的方法是匀速跑或走跑交替。采用匀速跑的方法进行锻炼时，开始慢跑 1 000 ~ 1 500 m，然后增加 400 ~ 500 m，逐渐将匀速跑的距离增加到计划规定的目标。采取走跑交替的方法进行锻炼时，根据个人情况来确定。

慢跑的速度：8 ~ 12 岁的儿童用 8 ~ 9 min 跑 1 000 m；青少年用 7 ~ 8 分钟；30 ~ 49 岁用 8 ~ 9 min；50 ~ 59 岁用 10 ~ 11 min；60 岁以上用 11 ~ 12 min。

在采用走跑交替的方法时，走段用慢走或中速走应根据个人身体情况确定。跑后要立即测定脉搏，各年龄组每分钟的脉搏数要控制在规定范围内，每分钟脉搏数高了，说明运动量大了应调整，脉搏数低了会影响锻炼效果。

第三阶段：提高跑的速度，完成跑 3 000 ~ 5 000 m 的锻炼目标。

第二阶段的目标达到了，就会感到体力明显增强，工作起来精力比较充沛，有些慢性病也会有所好转，但不要认为，自己跑的能力提高了，就可以多跑或快跑了。一定要多巩固几周，再开始第三阶段的锻炼。这个阶段要把跑速加快一些，跑完 1 000 m 的时间，8 ~ 12 岁儿童用 7 ~ 8 min；13 ~ 17 岁用 6 ~ 7 min；18 ~ 29 岁用 5 ~ 6 min；30 ~ 39 岁用 6 ~ 7 min；40 ~ 49 岁用 7 ~ 8 min；50 ~ 59 岁用 9 ~ 10 min，60 岁以上用 10 ~ 11 min。这个速度比慢跑稍快一些，用"中速"这个词来代表。

这个阶段采取的锻炼方法是：匀速跑、变速跑。采用匀速跑的方法进行锻炼时，开始可用中速跑 1 000 ~ 2 000 m，要根据个人情况来确定。然后每次增加 400 ~ 500 m，到完成计划规定的目标数。增加跑的距离，不能操之过急，应该在身体感觉良好的基础上进行。在增加距离时，也可先把增加的距离段跑慢一些，逐渐提高到计划规定的速度。采取变速跑的方法时，先慢跑的距离长，中速跑的距离短，逐渐减少慢跑距离增加中速跑距离。如 18 ~ 29 岁组，先慢跑 400 米 + 中速跑 200 m，连续跑 5 次，逐渐增加到 8 次。再慢跑 300 m + 中速跑 300 m，5 ~ 8 次；慢跑 200 m + 中速跑 400 m，5 ~ 8 次；慢跑 100 m + 中速跑 800 m，3 ~ 5 次。然后进行反复跑 1 000 m、3 000 m、5 000 m，也可采用变速跑方法，如慢跑 200 m + 中速跑 1 000 m，3 ~ 5 次。

这个阶段的脉搏数应控制在规定范围内，尤其在增加距离时，更要在跑后立即测定，以便对锻炼内容与方法进行调整，使之更适合自己的身体情况。

第四阶段：再加长跑距，加快跑速。

这个阶段跑 1 000 m 的时间，8 ~ 12 岁用 6 ~ 7 min；13 ~ 17 岁用 5 ~ 6 min；18 ~ 29 岁用 4 ~ 5 min；30 ~ 39 岁用 5 ~ 6 min；40 ~ 49 岁用 6 ~ 7 min；50 ~ 59 岁用 8 ~ 9 min；60 岁以上用 9 ~ 10 min。为了和慢跑、中速跑相区别，就称这种速度为"快速"，实际上这个速度也是比较慢的。

这个阶段的锻炼目标：8 ~ 12 岁和 60 岁以上组为快速跑 3 000 m；13 ~ 17 岁快速跑 5 000 ~ 8 000 m；18 ~ 29 岁和 30 ~ 39 岁快速跑 8 000 ~ 10 000 m；40 ~ 49 岁和 50 ~ 59 岁快速跑 3 000 ~ 5 000 m。

第四阶段的锻炼方法和第三阶段相同。采用匀速跑的锻炼方法时，首先应根据个人的锻炼水平来确定开始跑的距离，如 8 ~ 12 岁组，计划表中是从 1 500 m 开始，锻炼水平高的也可以从 2 000 m 开始。然后每次增加 400 ~ 500 m，增加多少合适也应根据个人情况而定。最后达到计划规定的目标数。采用变速跑的锻炼方法时，也应从个人实际情况出发。如 18 ~ 29 岁组，可先慢跑 800 m + 快跑 200 m，2 ~ 3 次；慢跑 400 m + 快跑 400 米，3 ~ 4 次；慢跑 200 m + 快跑 600 米，3 ~ 4 次；中速 200 m + 快速 600 米，3 ~ 4 次；中速 100 m + 快速 800 m，2 ~ 3 次。然后进行反复跑 1 000 m×3，1 500 m×2，3 000 m×1。

有氧耐力训练的锻炼形式和内容有很多，除了跑步还有游泳、爬山、健身操、快走、骑自行车等。只要我们掌握好锻炼的持续时间、频率和强度，都可以起到非常好的效果。

二、有氧耐力训练的要求

愿意从事健身跑锻炼的人，不一定都从第一阶段开始锻炼，应根据个人的身体状况来确定。中青年和少年儿童身体较胖，平时很少运动，或有些疾病者；老年人从未参加体育锻炼者,应从第一阶段开始锻炼。少年儿童身体健康,每天上学要走 3 ~ 4 km,平时经常进行追逐和跳跃性玩耍者;中青年身体健康,在学校间断参加其他项目的体育锻炼,或上下班走 3 ~ 4 km,或骑自行车上下班在 20 min 以上者;老年人身体健康,早晚散步达 5 km 以上者,可从第二阶段开始锻炼。少年儿童上学有时跑步,在校运动会参加长跑比赛者;中青年人为了参加中长跑比赛,间断地进行一些跑的训练者,可以从第三阶段开始健身跑锻炼。

健身跑四阶段锻炼法的所需时间和跑后即刻脉搏数,是根据身体健康者进行锻炼规定的。如果身体较弱或者有慢性疾病,虽然已到计划规定的时间,但身体感觉并不良好,就应延长该段的锻炼时间,直到身体确实良好,再巩固一段时间,方可转入下一阶段。每两阶段的每一步骤所需时间,都应以感觉良好为标准来确定。跑后即刻脉搏数虽然控制在计划规定的范围内,但身体感到不适,晨脉(早晨醒后在起床前测定的脉搏)比平时每分钟高 6 ~ 8 次,应当减小运动量,将跑后脉搏数比计划降低 5 ~ 10 次/min,经过一个阶段,确实感觉良好,再逐渐加大运动量,达到计划的要求。

有的地方附近没有田径场,或虽然有田径场,锻炼者不愿在田径场一圈一圈地跑,愿意在公路上跑,可以选用路灯和电线杆作为标记,也能掌握跑的距离和速度。有的人喜欢早晨到公园里去跑,公园里空气新鲜又没有车辆,可以把拐弯处、树木、建筑物作为标记。有的人在公园里选择长度不同的多条路线,经常变化跑的路线,既能提高锻炼效果,又能增加锻炼兴趣。有的地方比较偏僻,既没有田径场和公园,也没有正规的公路,只能在土路上跑,也可选择树木、建筑物、山坡等地形的突出部分作为标记。那么,这些标记间的距离如何测定呢? 可采用两种方法:一种是慢跑两步一米来测定,当然这种测法肯定和实际的差距较大,但就按慢跑两步为一米测定的距离进行锻炼也是可行的;另一种是先测定出自行车车轴辘转动一圈的距离,然后骑自行车测出某段距离的圈数,就可以大体算出该段的距离。

患有心脏病、高血压和某些严重疾病者,应当到医院进行全面检查,征得医生的同意,可以从走步开始锻炼,且锻炼的每一步都应以不加重病情为原则。有些重病人,不适合进行跑的锻炼,不要贸然从事,以免意外事故的发生。

三、有氧耐力训练应遵循的原则

科学适量的走与跑是增加健康、增强体质的有效方法,为了收到最佳的锻炼效果,应遵循以下几项基本原则。

(一)从实际出发

所谓实际,就是指锻炼者本身的身体状况。锻炼者应当对自己有个正确的估计,使锻炼负荷适合自己的健康情况,做到从实际出发。每周锻炼几次,每次采用多少距离,速度多快,强度多大,都要量力而行。切不可争强好胜,去做自己力所不能及的运动强度或运动量;否则,不仅不能增进健康,反而会损害身体。

(二)循序渐进

锻炼效果不可能一蹴而就,而是一个逐渐积累、循序渐进的过程。锻炼时一定的生

理负荷对机体产生刺激,当身体对这一负荷适应后,其对身体的刺激将会变小,这时应适当加大运动量,让身体产生新的适应。负荷的增进,要由小到大逐步进行,切忌增加过猛,操之过急。一般地说,不要同时既延长锻炼的时间,又增加锻炼的量,而应当循序渐进,比如慢跑时先增加跑步的距离,适应一段时间,然后再提高速度。如果负荷突然增加太大,也会使身体受到损害。

(三)不断巩固

有氧耐力训练经过一个阶段,身体基本上适应了这个阶段的负荷量,不要急于增加运动量,应当巩固一段时间,当身体完全适应,感觉良好,再增加运动负荷。健身锻炼的过程,就是提高-巩固-再提高-再巩固的过程。

(四)坚持不懈

有氧耐力锻炼的目的,是使人体各系统的机能都得到增强,但这个目的并非一朝一夕所能达到的,必须经过多年坚持不懈的锻炼。偶尔锻炼几次,"三天打鱼两天晒网"是无济于事的。只要持之以恒,坚持多年,必会收到显著的效果。

第四节 抗阻力训练(肌肉力量、耐力练习)

一、抗阻力训练的作用和影响因素

抗阻力训练也可以称为力量素质训练,力量素质是指人体肌肉系统工作时克服或对抗阻力的能力,包括肌肉力量和肌肉耐力两方面。

良好的力量素质可以提高我们的工作效率,帮助形成良好的身体形态和姿势,同时还可以帮助我们减少身体运动伤害的发生,减轻腰痛病的症状,调节人们正常的生命质量。肌肉力量健身练习处于身体活动金字塔的三级水平,也是受到广大健身运动爱好者普遍欢迎的运动形式。力量素质的表现形式也有所区别,主要包括最大力量、快速力量和力量耐力等。

增加肌肉的力量和耐力对人的一生都有益处。研究表明,随着年龄的增加,人们基础代谢率下降,能量消耗减少,体重和体脂会慢慢增加。由于肌肉总量呈下降趋势,人的基础代谢率每 10 年下降 3%。不爱运动的成年人每年约减少 0.25 kg 的肌肉,增加 0.25 kg的脂肪。60 岁的人比 20 岁的人基础代谢率约下降12%。休息状态下,60 岁的人比 20 岁的人每天约少消耗 1172.04 kJ(280 kCal)的热量,每 12 ~ 13 天少消耗约 0.5 kg 脂肪的热量,每月近 1.5 kg,每年约 15 kg。基础代谢率下降虽少,但脂肪和体重的增加却很明显。

比较两位体重相同、肌肉相差 0.5 kg 的正常人,肌肉含量高的人基础代谢率也明显的高。一些专家研究指出,增加 0.5 kg 肌肉,每天约多消耗 125.58 ~ 167.43 kJ(30 ~ 40 kCal)的热量,换句话说,增加 0.5 kg 肌肉,每年消耗掉的额外热量约为 1.5 ~ 2 kg 脂肪的热量。

通过节食和服用减肥药能迅速减轻体重，这并不利于健康，并且皮肤会变得松弛。力量练习不仅能达到减轻体重的目的，还可以使皮肤保持弹性，但这种锻炼效果并非一日之功，应根据自己的年龄和当前的身体状况，需 12 个月或更长时间有计划的有氧练习、肌肉力量和耐力练习以及合理的饮食，才会明显地减少体脂，所以，有规律的锻炼和合理的饮食比节食更有利于健康。

当前的研究表明，有计划的力量练习可以改善骨骼的状况，对女子来说更是如此，因为女子骨骼无机盐较少，骨密度较薄，并且女子丢失钙的速度较男子快，而力量练习可以防止钙的丢失以及推迟骨质疏松的发生。

健身运动爱好者的力量训练，正是挖掘人体多方面的综合潜力，取得上述诸多因素最佳的协同整体效益、提高肌肉健康水平和生命质量的实践过程。

决定人体力量素质水平的因素很多，包括身体形态和遗传因素（肌肉的体积和快、慢肌纤维的比例）、神经生理学因素（神经冲动的强度和同步化水平、肌纤维募集的数量、肌肉协调和肌肉间协调等）、动作技能因素（运动链的机械效率），以及心理学因素（动机和心理唤醒水平等）。

二、抗阻力训练的准备

（一）健康保障

由于肌肉力量练习对身体机能提出了较高要求，只有在你健康状况良好时训练才能取得理想的效果。所以，如果你长期没有运动或体重超标，就需要请医生为你进行一次全面的体检。

（二）确立目标

确立目标对于成功地进行力量训练非常重要，在大多数情况下，确立目标具有高度的个性化特点。肌肉力量练习确立目标的标准是：目标要具有挑战性、可达性、现实性和专门性。

（三）持之以恒

在开始进行力量训练时，最好坚持认定一个训练计划，并保持一段时间，切忌受其他信息的影响而轻易地改弦更张。其实，根本就不存在适合任何人的所谓"训练计划"。

（四）坚持记录

在每天的训练课后坚持记录，写清练习的名称、组数、每组的重复次数和重量。这样做可以使你清楚地看到自己的进步和弱点，减少不必要的猜测。

三、抗阻力训练过程的注意事项

（一）充分准备

进行充分的准备活动（可持小器械做相应练习）和柔韧、伸展练习。

（二）量力而行

力量练习开始时要根据自己的实际情况循序渐进地进行，切不可盲目模仿优秀运动

员,或者和训练水平比自己高很多的人"较劲"。这常常会挫败你的积极性,甚至会造成伤害事故。

(三)避开旧伤

如果在力量练习过程中感到疼痛,就不要"钻牛角尖"硬顶。可以改变一下练习手段,既发展了该身体部位的力量,还不疼痛,同时又加快了血液循环,促进损伤的痊愈。

(四)不因体重增加烦恼

由于肌肉的比重大于脂肪,所以在进行力量训练初期,可能会伴随体重的增加。

(五)不过多改变饮食习惯

在进行力量训练初期,为了执行健身计划而过多改变饮食习惯是不可取的,因为骤然改变习惯了的生活方式,常常会导致无法完成计划和训练效果顾此失彼的状况。

(六)注意追踪记录肌肉张力的变化

新的力量训练计划的第一个积极效果就是它所造成的肌肉持续张力的增加。

四、抗阻力训练的频率

(一)每周练习的次数

一般情况下,每周进行三次力量练习,每次持续 45 ~ 75 min。每次练习后休息一天,或安排其他性质的练习,以保证肌细胞的恢复和重建,使肌肉更强壮。因此,一周的力量练习可以安排在星期一、星期三、星期五,或星期二、星期四、星期六。

(二)每次练习的组数

取得力量训练最佳效果的练习方式是每个练习重复 3 ~ 5 组,在第 5 组练习之后增强力量的效果就显著下降。

(三)每组的重复次数

在开始练习时可采用较轻重量,每组重复 10 次左右(腹部练习除外)。

五、抗阻力训练开始阶段使用的重量

(一)重复 10 次的重量

采用连续重复 10 次的重量,最后一次恰好能够完成。可以在前面几次练习中通过不断尝试来决定适宜的重量。

(二)增加重量的时机

一旦你可以在一个重量下连续练习超过 10 次重复,这时你就可以增加重量。

(三)五种练习方式

不同强度、次数、组数和间歇的肌肉力量练习组合,分别产生不同的效果:

1. 大强度(85% 以上)、低次数(1 ~ 5 次)、中高组数(4 组以上)和长间歇(2 min 左右)的练习组合是发展肌肉绝对力量;

2. 大、中强度(70%～90%)、中次数(6～12次)、中高组数(4～6组)和中间歇(30～60 s)的练习组合是增大肌肉围度和肌肉力量;

3. 中强度(70%左右)、中高次数(12次左右)、中高组数(4组以上)和短间歇(30 s)的练习组合是用于突出肌肉线条;

4. 低强度(50%以下)、高或很高次数(20次以上)、中高组数(4组以上)和短间歇(30 s)的练习组合是主要用于减肥减脂;

5. 低强度或不负重量,很高次数(25次以上),中低组数(3组左右)和短、中、长间歇的练习组合是增强心肺血管功能。

六、参与抗阻力训练的主要肌群

在健身训练课中要注意发展这些肌群的力量,一般先进行大肌肉群力量练习,再进行小肌肉群力量练习。这是因为如果小肌肉群先疲劳的话,就无法充分完成大肌肉群的练习,取得理想效果。例如,如果你先进行屈肘练习时臂部肌群疲劳的话,就无法顺利完成随后的卧推练习,因为卧推力量的限制因素是臂部肌群,而不是胸部肌群。对人体最主要的7个肌群进行力量练习的顺序如下。

(一)腹部肌群

从这里开始进行部分的准备活动。

(二)大腿前部肌群

由于双腿能够自动地带动腰部肌群参与运动,所以在开始大腿前部肌群的练习之前,需要进行充分的准备活动,它也是人体最大的肌肉群。

(三)胸部肌群

可以采用大量的上肢动作练习和对抗自身体重的推举、扩胸练习发展胸部肌群力量。

(四)背部肌群

在开始背部肌群的练习之前,需要进行充分的准备活动。

(五)肩部肌群

可以采用大量的上肢动作练习和对抗自身体重的拉引、支撑练习发展肩部肌群力量。

(六)肱二头肌群

可以采用大量的上肢动作练习和拉引、屈肘练习发展胸部肌群力量。

(七)肱三头肌群

最后进行肱二头肌群和肱三头肌群的练习,它们是人体最小的肌肉群。

七、抗阻力训练的一般要求

（一）准备活动

力量练习可以采用慢跑、伸展体操和轻重量练习进行准备活动，使血液流向需要工作的肌肉群。如果天气寒冷，或者存在以前练习造成的肌肉酸痛，就需要更加充分的准备活动。头和脚是身体的"温度调节"部位，在寒冷天气里要注意这些部位的保暖。

（二）伸展练习

在力量练习前进行伸展练习能够增加关节和肌肉的活动幅度和防止受伤，而在力量练习后进行伸展练习则能够缓解肌肉紧张、减少酸痛和帮助恢复。力量练习前后进行伸展练习的一般要求如下：

1. 持续伸展直至感觉轻微紧张，保持 10～20 s，然后放松，再进一步伸展 10～20 s；
2. 保持肌肉放松；
3. 避免快速牵拉振动性练习；
4. 以不产生疼痛为准，如果出现疼痛就减少动作幅度，以防止肌肉过分紧张。

（三）负重力量练习时的身体姿势

一般情况下，双脚间距大于肩宽，并取身体前后的平衡姿势。保持头部和颈部正直，以防止转动头部、颈部和躯干造成的脊椎伤害。

（四）呼吸方式

在整个练习过程中不要憋气，憋气会阻止血液流向脑部，甚至造成休克。用鼻和口同时呼吸，以防缺氧。在负重力量练习中，上举开始时呼吸，在最大程度用力的部分短暂屏息，练习完成时呼气。

（五）力量训练的安全措施

1. 尽量避免单独训练，最好结伴训练，以便互相保护；
2. 尽量采用必要的保护器具和安全器材；
3. 注意采用正确的练习动作和身体姿势；
4. 负重力量练习时尽量避免采用身体猛烈振动和扭转的练习。

八、身体不同部位抗阻力训练的方法

以下介绍身体不同部位肌肉力量练习的方法，大家可以根据自己的实际情况需要选择和运用。

（一）胸部肌肉练习方法

1. 卧推

初始姿势：平躺于卧推架条凳上，双脚着地，双手直臂持杠铃于胸上方（图 2-4-1）。

动作过程：双臂慢慢屈曲，双肘外展，将杠铃放到胸大肌上部，随即收缩胸肌，将杠铃推起至双臂伸直。重复进行（图 2-4-2）。

图 2-4-1   图 2-4-2

动作作用：此动作主要锻炼胸大肌、三角肌前束、三头肌等。

动作要点：在做动作过程中，始终保持挺胸的姿势，意念集中在胸大肌上，体会肌肉的收缩和放松过程，杠铃下放时速度要慢，不可猛下，以防砸伤胸部。

2. 哑铃仰卧飞鸟

初始姿势：平躺在长凳上，双手直臂持哑铃于胸上方（图 2-4-3）。

动作过程：双臂向身体两侧徐徐张开至最低点，保持 1 ~ 2 s，收缩胸肌，将哑铃沿原路返回胸上方。重复进行（图 2-4-4）。

图 2-4-3   图 2-4-4

动作作用：主要刺激胸大肌、三角肌前缘、二头肌等。

动作要点：做动作时，动作速度起落都要均匀缓慢，不可猛起猛落，动作过程中保持挺胸姿势，不要含胸。

3. 俯卧撑

初始姿势：双手直臂撑在俯卧撑架上（或地上），身体保持平宜，双脚前脚掌着地（图 2-4-5）。

动作过程：双臂同时屈肘，使上体下降至最低处，略保持片刻，收缩胸大肌、三头肌等，将上体撑起至原位。重复进行（图 2-4-6）。

图 2-4-5 图 2-4-6

动作作用:主要锻炼胸大肌、肱三头肌、三角肌前束、前锯肌、腹直肌等肌肉。

动作要点:做动作时,意念要放在胸大肌上,动作不要太快,保持挺胸姿势。

(二)肩部肌肉练习方法

1. 杠铃颈前推举

初始姿势:双脚并立,与肩同宽,双手持杠铃,翻上至颈前(图2-4-7)。

动作过程:双肩三角肌带动上臂上举至双臂伸直,杠铃至头上最高处,慢慢返回原位。重复进行(图2-4-8)。

图 2-4-7 图 2-4-8

动作作用:颈前推举主要锻炼三角肌前、中束,以及胸大肌上缘和肱三头肌等。

动作要点:动作过程中,意念重点放在三角肌上,两肘的起始位置要尽量低。另外,上推杠铃时,不要借腿的蹬力。

2. 立式飞鸟

初始姿势：两脚开立与肩同宽，双手各持一哑铃，微屈置于身体两侧（图 2-4-9）。

动作过程：微屈臂将哑铃分别从体侧上举至侧平举，再沿原路返回原位。重复进行（图 2-4-10）。

图 2-4-9   图 2-4-10

动作作用：主要刺激三角肌的中束和前束。侧举时，手心朝下则对三角肌中束刺激更多些，若手心向上，则对前束刺激更强些。

动作要点：做动作时，双臂微屈，不要太弯，注意力集中在三角肌的收缩、放松过程，动作频率不要太快，尤其是不可借悠、摆的动作上举，然后猛地放下。动作应均匀、平缓。

3. 双人徒手飞鸟（做动作者为甲，辅助者为乙）

初始姿势：两人面对面站立，间距约半步，甲的动作同上，乙的双手握在甲的双腕处（图 2-4-11）。

动作过程：甲的动作基本同上，乙的双臂用力阻止甲的运动，给甲造成一定的阻力。重复进行（图 2-4-12）。

图 2-4-11   图 2-4-12

动作作用:基本同上,不同之处主要是在动作起始时要更用力些,对三角肌的刺激也更大些。

动作要点:乙的动作要配合甲,不要使甲的动作停止、过慢或过快。甲在动作的整个过程中都要用三角肌的力量来控制动作的速度,要均匀、平缓。

(三)背部肌肉练习方法

1.单杠引体向上

初始姿势:双手握住高单杠,与肩同宽,身体自然下垂,两脚可交叉叠在一起(图2-3-13)。

动作过程:双背及双臂用力,将身体向上拉引,至胸部下缘接触横杠,略保持片刻,然后慢慢返回原位。重复进行(图2-4-14)。

图 2-4-13　　　　　　　　　　图 2-4-14

动作作用:主要刺激背阔肌、斜方肌中下部、大圆肌、小圆肌、肱二头肌及小臂屈肌群。

动作要点:做上拉引时,意念要尽量让肚脐靠近横杠(实际很难),动作的起、落都要均匀,不要猛起、猛落。上至顶点时应停片刻,让肌肉完全收缩。

2.杠铃俯身划船

初始姿势:双脚开立,与肩同宽(可踩在 10~20 cm 高的垫木上),双腿微屈,上体前屈 90°左右,腰部挺直,双手直臂将杠铃刚刚拉离地面(图2-4-15)。

动作过程:上体保持基本不动,双手将杠铃杆拉向肚脐,在最高处保持 1~2 s 再原路返回。重复进行(图2-4-16)。

动作作用:主要锻炼背阔肌、斜方肌、大小圆肌、冈下肌以及腰背部深层肌肉等,是一个综合训练动作。

动作要点:腰部一定要挺直,不可呈弧形弓起,动作过程中不可借悠劲猛拉猛放;否则,很容易伤及腰部肌肉和韧带。

图 2-4-15　　　　　　　　　　图 2-4-16

3. 双人划船

初始姿势:两人面对面站立,相距 1.5 m 左右,两人双手各握住毛巾(或大绳)的一端(图 2-4-17)。

动作过程:甲方用力向后拉毛巾,乙方加以一定的阻力慢慢放毛巾,至甲方双手触胸,乙方再向回拉毛巾,甲方给以一定的阻力放毛巾,如此反复进行(图 2-4-18)。

图 2-4-17　　　　　　　　　　图 2-4-18

动作作用:两人均能锻炼背部肌群,像背阔肌,斜方肌,大、小、圆肌等,对小臂屈肌群及肱二头肌也有一定的刺激作用。

动作要点:两人配合要协调,一拉一放使动作均匀有节奏,不要使动作停顿或忽快忽慢。

(四)臂部肌肉练习方法

1. 杠铃弯举

初始姿势:两脚开立,与肩同宽,双腿微屈,上体稍前倾,双手直臂握杠铃于大腿前(图 2-4-19)。

动作过程:大臂保持不动,用力向前屈双小臂,将杠铃举至颈前,略停片刻,沿原路返回原位。重复进行(图 2-4-20)。

图 2-4-19　　　　　　　　　图 2-4-20

动作作用:主要锻炼肱肌、肱二头肌及小臂屈肌等。

动作要点:双手握杠不要过紧,意念放在二头肌上,动作过程中主体要保持略前倾,不要摆动或后仰,杠铃的起落要均匀,不可猛起猛落。

2. 哑铃弯举

初始姿势:双脚开立,与肩同宽,双膝微屈,上体稍前倾,双手各持一哑铃,两手心相对直臂置于身体两侧(图 2-4-21)。

动作过程:双臂同时用力,屈双小臂向前,上举哑铃,上举同时两手外旋,使手心朝前朝上,屈臂至极点略保持一下,再原路返回原位。重复进行(图 2-4-22)。

图 2-4-21　　　　　　　　　图 2-4-22

动作作用:主要刺激肱二头肌、肱肌、小臂屈肌群等,尤其对二头肌的中、下部刺激效果较大。

动作要点:动作过程中,上体保持不动,只是屈、伸小臂,身体保持微前倾,不可随哑铃起落而晃动身体。

3. 杠铃臂屈伸

初始姿势：仰卧在长凳上，双手握杠铃直臂将杠铃置于胸上方，两臂略向头的方向倾斜（图 2-4-23）。

动作过程：大臂不动，双小臂后屈，双手将杠铃从胸上方慢慢向头顶方向放下，直至杠铃接近头顶，再用力将杠铃原路举回原位。重复进行（图 2-4-24）。

图 2-4-23　　　　　　　　　　　图 2-4-24

动作作用：这个动件可以有效地刺激肱三头肌。

动作要点：做动作时，两大臂应尽量不动，两肘尽量向里夹，不要外翻，两臂不要随杠铃的起落而前后摆动。动作速度要均匀，尤其是屈臂下行时，一是要慢，二是要将杠铃杠置于头顶前方，防止砸伤头部。

4. 屈体哑铃臂屈伸

初始姿势：两脚开立，与肩同宽，上体前屈约90°，双手各持一哑铃，两大臂与上体平行夹在身体两侧，两小臂自然下垂（图 2-4-25）。

动作过程：两大臂保持不动，双臂三头肌用力收缩，使两小臂向后伸直，保持片刻，沿原路返回原位。重复进行（图 2-4-26）。

图 2-4-25　　　　　　　　　图 2-4-26

动作作用：主要锻炼肱三头肌，对三角肌后束也有一定的刺激作用。

动作要点：两大臂在做动作时，始终保持与上体平行，不可随哑铃起落而上下摆动，

动作速度均匀、缓慢,不要借助上体起伏及大臂悠摆的力量。

(五)腰部肌肉练习方法

1. 直腿硬拉

初始姿势:双脚开立,与肩同宽或稍窄,直腿体前屈,两手握住地面上的杠铃杆,握距稍宽于肩(图2-4-27)。

动作过程:双手紧握杠铃,腰背用力将其直臂拉起,至上体完全挺直,然后再沿原路慢慢返回。重复进行(图2-4-28)。

图2-4-27   图2-4-28

动作作用:此动作能使全身的大部分肌肉、肌腱、骨骼及关节等都受到较大的刺激,特别是突出锻炼腰、背部肌肉及大腿股二头肌、臀大肌等。

动作要点:直腿硬拉要求不弯腿,腰部要挺直,不要弓腰。由于通常硬拉重量较大,所以切忌猛向上拉起,以防伤腰。

2. 山羊挺身

初始姿势:俯卧在山羊挺身架或跳箱上,上体自然下垂,双脚固定在架上或由他人压住,双手抱头(图2-4-29)。

动作过程:收缩腰背肌肉,使上体向上弓起,至顶点略停片刻,再缓慢沿原路返回。重复进行(图2-4-30)。

动作作用:主要锻炼背长肌和背短肌,对臀大肌及大腿后群肌肉亦有较好的刺激作用。

动作要点:动作速度要均匀不可猛起猛落,向上弓身时要尽量收紧腰背部肌肉,有力量时双手抱头,无力量时可双手背后放在腰上。

图 2-4-29

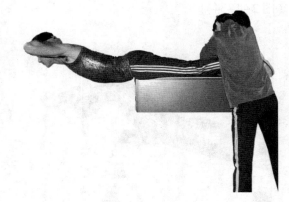
图 2-4-30

(六)腹部肌肉练习方法

1. 单杠悬吊举腿

初始姿势:双手握住高单杠,身体自然下垂(图2-4-31)。

动作过程:收缩腹部和大腿前侧肌肉,使双腿尽量上抬(可伸直或屈曲),然后慢慢返回原位。重复进行(图2-4-32)。

图 2-4-31　　　　图 2-4-32

动作作用:主要锻炼腹直肌、前锯肌和大腿前侧肌肉。

动作要点:动作速度要均匀,不可猛起猛放,尤其在双腿放下时要控制速度。另外,不要借身体的摆动向上悠腿。

2. 仰卧起坐

初始姿势:端坐在仰卧起坐架上(或坐在垫子上,双脚固定),双手放在头后(图2-4-33)。

动作过程:上体向后躺下,至上体与大腿成150°左右,随即返回原位。重复进行

（图2-4-34）。

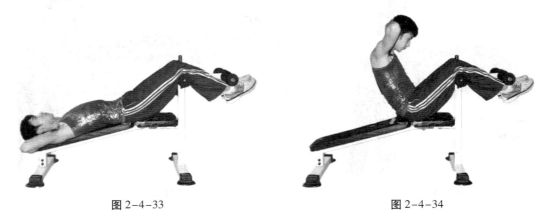

图2-4-33　　　　　　　　　　图2-4-34

动作作用：可锻炼腹直肌、前锯肌，大腿前部肌肉等。

动作要点：上体后躺时不要太低，更不要让上体躺在平板或垫子上，否则会感到腰痛。

（七）臀腿部肌肉练习方法

1. 负重深蹲

初始姿势：将杠铃置于颈后肩上，双手握住杠铃杆，身体直立，双脚与肩同宽或略宽于肩（2-3-35）。

动作过程：屈腿下蹲至最低位置，随即起立至全身挺直。重复进行（图2-4-36）。

图2-4-35　　　　　　　　　　图2-4-36

动作作用：这个动作对股四头肌、臀大肌、腰背部肌肉等有非常强的刺激作用。

动作要点：颈后肩上扛起杠铃时要注意左右平衡，同时不要压在颈后颈突上，身体要保持挺胸、塌腰、翘臀的姿势，下蹲时不要过猛，以免伤及膝关节，起立时不可先起臀部再超上体，而要以头向上顶带动全身上起。

2. 单腿蹲起

初始姿势:(以左腿为例)左腿单足站立,右腿前伸,手可扶在某固定物上(图2-3-37)。

动作过程:站立腿慢慢屈下蹲至最低点,右腿保持前伸不着地,随即左腿用力伸直,还原到初始的动作,反复进行(图2-4-38)。

图 2-4-37 　　　　　　　　　　　　　图 2-4-38

动作作用:此动作能较充分地刺激大腿股四头肌前外侧以及臀大肌等。

动作要点:动作要均匀,不要突然下蹲,以防损坏膝关节。上肢只起平衡作用,尽量不要借上肢的力量拉起身体。

3. 卧式腿弯起

初始姿势:(做动作者为甲,辅助者为乙)甲俯卧在长条凳上,双手抱紧长条凳,乙面向甲脚的方向站在甲的一侧,双手分别按在甲的左右脚跟处(图2-4-39)。

动作过程:甲用力屈小腿,乙双手向相反的方向施加一定的阻力,但不使甲的动作停顿,待甲屈腿至极点,乙用力将甲推回初始位置。重复进行(图2-4-40)。

图 2-4-39 　　　　　　　　　　　　　图 2-4-40

动作作用:主要锻炼大腿后群的半膜肌、半腱肌、股二头肌和小腿腓肠肌等。

动作要点:甲、乙配合要协调,使动作速度均匀、流畅,不要猛起猛回,也不要使动作产生停滞。

4. 负重提踵

初始姿势:身体直立,双手握住颈后肩上的杠铃,保持挺胸,双脚前脚掌踏在垫木边缘上(垫木高约10 cm),脚跟尽量落地(图2-4-41)。

动作过程:保持身体直立,重心略前移,用力提双脚跟至顶点,保持1~2 s,再慢慢回到原位。重复进行(图2-4-42)。

图2-4-41　　　　　　　　　　　图2-4-42

动作作用:主要锻炼小腿比目鱼肌和腓肠肌等。

动作要点:做动作时要保持身体直立,稳定重心,起、落动作要缓慢,不宜太快。

5. 单足提踵

初始姿势:(以左腿为例)手扶在某固定物上,右脚前脚掌踏在一垫木上(垫木高约10 cm),足跟落地,左小腿盘在右小腿后(图2-4-43)。

动作过程:右脚用力上提脚跟至顶点,略停片刻,再回到原位。反复进行(图2-3-44)。

图2-4-43　　　　　　　图2-4-44

动作作用：重点练习小腿后群的比目鱼肌和腓肠肌等。

动作要点：动作过程中保持身体直立，双手不要助力，动作速度均匀，不要猛起猛落。

思考题

1. 体能训练对心血管系统的影响是什么？
2. 说说有氧耐力训练的要求。
3. 简述有氧耐力训练的强度控制。
4. 肌肉训练的强度与锻炼效果之间的关系如何？
5. 简述柔韧训练的分类。

第三章
特殊行业的体能训练

学习目标

明确本专业体能要求
掌握本专业体能训练方法
学习掌握游泳技术方法

第一节 空乘人员体能训练

一、前庭耐力训练

前庭耐力是指空乘人员在飞行中对连续颠簸、摇晃等运动的耐受能力。前庭耐力与人的平衡功能的稳定性有着直接的关系,前庭耐力差的人在飞行中容易出现头晕、头痛、恶心、呕吐、面色苍白等晕机症状而影响工作任务的完成。晕机主要是前庭分析器受到过强的刺激,超过了它的耐受限度而引起的。

(一)前庭器官的构造

人体空间定向机能系统(即能感知人体在空间的体位变化和维持人体平衡的系统)是由多种分析器协同作用的结果,它包括视觉分析器、前庭分析器、本体感受器、听觉分析器和触觉分析器等,其中前庭分析器起着重要的作用(图3-1-1)。

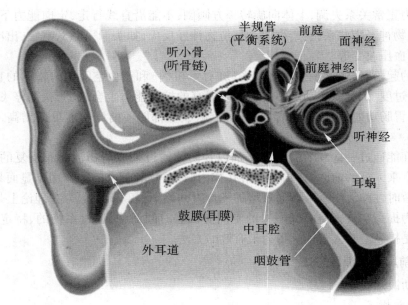

图 3-1-1

前庭分析器的外围部分位于内耳,由三半规管、前庭(椭圆囊和球状囊)和耳蜗共同组成。由于内耳管道曲折复杂,状如迷宫,所以叫迷路。

三半规管由三个半月形的弯曲小膜管组成,位于耳内迷路的后上方。各小管的位置互相垂直,分别叫前(上垂直)半规管、后(垂直)半规管、外(水平)半规管,管内充满液体称为内淋巴液。三个半规管都开口于椭圆囊内:每个半规管有一个膨大体称壶腹,壶腹内有一个小的隆起叫壶腹脊;壶腹脊是一个感觉装置,主要感受旋转变速运动的刺激(图3-1-2)。

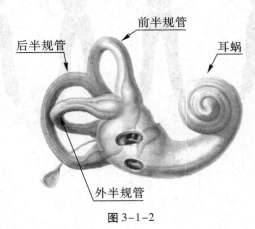

图 3-1-2

前庭发生的神经冲动与支配眼肌的神经相联系,可以反射性地引起眼肌有规律地收缩,产生眼震;与支配颈部、四肢和躯干部位的运动神经相联系,可以反射性地引起四肢躯干肌张力正常关系失调,上体向旋转一方倾倒,不能沿直线行走,定向能力下降或遭到破坏;与植物神经相联系,会产生一系列植物神经反应,如头晕、恶心、呕吐、出冷汗、面色苍白、脉搏血压改变等。

飞机的起落、加速度是引起空晕病(亦称晕机病)和产生空间定向错觉的直接原因。体弱、疲劳过度、大脑皮层功能不良对前庭器官的控制能力也会减弱,长期停飞造成的适应性减退、胃肠功能不良、心血管功能障碍、缺氧等都能使前庭功能反应增高,容易产生晕机症状。

晕机症能通过一些有效的措施来加以预防。通过采取药物治疗和反复的飞行训练可以提高空乘人员的前庭耐力。但药物(如内服镇静剂)带来的副作用是显而易见的,并且效果是暂时性的。空乘人员通过增加飞行时间逐渐提高前庭耐力在理论上是可行的,但不宜作为提高空乘人员前庭耐力的专门方法。时间证明,通过系统的、特定的地面体育训练才是提高空乘人员前庭耐力最有效的方法。

(二)前庭耐力训练方法

1. 主动锻炼法

(1)转头操

"对称地面平衡操"是一种简便易行,不受时间、场地、条件限制的锻炼方法。依次可做左、右摇头(图3-1-3),左、右摆头(图3-1-4),前俯后仰(图3-1-5),向左、右旋转360°等动作(图3-1-6)。头动频率可掌握每秒1~2次,每种动作50 s。每做25 s休息5 s,5 min做一遍。早晚各做一次,每次做两遍。坚持3~6天就会有成效。练习过程中的头动频率和练习时间因人而异,循序渐进。

图3-1-3　　　　　　　　　　　　　　图3-1-4

图 3-1-5 图 3-1-6

（2）地转

练习者可成体操队形，一臂间隔，或在田径场内，一排一排单独进行训练。练习者右手抱左臂的肩关节处，两腿并齐站立，屈体，左臂垂直食指指向地面，做原地360°连续旋转，按照教练的口令或要求进行练习。要结合课程的进展逐步提高质量，左右臂结合练习（图3-1-7）。

（3）仰转

仰转与地转动作要求基本相似，将头部上仰进行左、右选择练习，以秒、分钟进行练习，一般不超过1.5 min（图3-1-8）。

（4）立转

做立转练习时两臂平行展开，双腿平行站，两眼平视前方，做向左、向右旋转练习。逐步增加难度，提高质量（图3-1-9）。

图 3-1-7 图 3-1-8 图 3-1-9

（5）对转

两人相对站立，相互握对方的双手，身体略后仰。做向左或向右原地旋转（图3-1-10）。

图 3-1-10

（6）前滚翻

蹲撑开始,低头含胸,双脚斜后方蹬地同时双手撑地,身体团起,膝关节靠近胸部,身体呈球形,头、肩、背、腰、臀、脚一次着地向前滚动。

（7）后滚翻

蹲撑开始,低头含胸,双脚斜前方蹬地,身体团起,膝关节靠近胸部,身体呈球形,头、肩、背、腰、臀、脚一次着地向后滚动。当肩部着地同时双手撑地,身体还原成蹲姿。

2. 被动锻炼法

用各种加速旋转的器械使人体接受被动的旋转训练,如做固定滚轮的旋转训练时被动捆住,由另一个人带动旋转。考虑到视觉对晕机的影响,在做训练时应睁眼与闭眼相结合,交替进行。被动锻炼的旋转速度、练习时间可以随意控制,便于掌握运动量,效果明显。

（三）前庭耐力训练应遵循的原则

1. 全面发展,突出重点

人体各器官的循环系统是在中枢神经调节下的有机统一体,有机的各个组成部分是互相练习、互相影响的。只有加强身体素质的全面训练,在身体协调平衡发展的基础上才能更好地增强前庭耐力锻炼的效果。

2. 贵在坚持

前庭耐力锻炼积累 50 h 即可见到成效,但下降和消退也比较快,一般停止锻炼 5~7天就会出现消退现象。经过系统锻炼最多可以保持 4 个月,所以要持之以恒,养成良好的锻炼习惯。

3. 循序渐进

前庭分析器对旋转和摆荡刺激有一个逐步适应与提高的过程。前庭耐力锻炼必须遵循由小到大、由易到难的原则,练习的次数、时间,强度应逐渐增加,不能操之过急。每次锻炼要有头晕和全身发热的感觉,但不要达到恶心的程度。一般应根据每人能耐受刺激量的一半作为开始刺激量,防止刺激量过大而造成前庭器官永久性损伤。

4. 练习方法要灵活

经常变换练习方法可提高前庭耐力锻炼的效果。旋转练习时应睁眼与闭眼交替进行,快速与慢速交替进行。锻炼应根据每个空乘人员的身体素质情况因人而异、有所侧重,科学灵活地掌握训练方法。

二、有氧耐力训练

(详见第二章第三节)

三、普拉提

(一)什么是普拉提

普拉提是一种舒缓全身肌肉及提高人体躯干控制能力的课程。它是由德国的约瑟夫·普拉提于1926年创立并推广的一种运动健身体系,一种静力性的健身运动。西方人一向注重身体肌肉和生理功能的训练,如腰、腹、背、胸、臀等部位的训练,而东方人着重呼吸和心灵集中的训练,如瑜伽和太极。普拉提吸取了东西方文化,兼容了生理与心理的相关研究成果。

随着现代社会的发展,普拉提不断进行了一些人性化的改善,融入了瑜伽、太极拳、芭蕾形体的一些理念以及教练个性化的内容。普拉提的训练方式是遵循运用自身体重、多次数、小重量以及冥想的运动原则,训练时的呼吸方式为鼻吸口呼,是针对肌肉形态、关节等外在的一种训练。它的训练目的是通过改变人体肌肉功能而改善人体脊柱、腰椎等的功能。

(二)普拉提的特点

真正接触过普拉提运动的人会发现,短短 5 min,身体就会有发热、冒汗的现象。普拉提的每个动作都缓慢、清楚,讲究控制、拉伸、呼吸,通过对身体核心部位的锻炼,使身体变得柔软有韧性。它使身体左右一起运动,能渐渐矫正一般人惯用左边或右边的坏习惯,让身体更为协调平衡。

普拉提最大的特点是简单易学,不仅动作平缓,而且可以有目的地针对手臂、胸部和肩部锻炼,同时又能增强身体的柔韧性。另外,这项运动不受活动地点的限制,无论专业健身房还是起居室都可以练习。

1. 普拉提是糅合东方和西方运动概念而成的

西方人一向着重于身体肌肉能力的训练,例如腰、腹、背、胸等;而东方人就着重于呼吸和心灵集中的训练,冥想、瑜伽和太极就是个好例子。普拉提把东方的柔韧和西方的刚毅二者之长合二为一,它的动作缓慢和清楚,而每个姿势都必须和呼吸相协调,所以适合任何年龄,特别是缺少运动、长时间需要接触电脑和朝九晚五上班的人士。伸展、拉长也是普拉提中最重要的训练之一,其特殊之处就是肌肉不会经运动后导致粗壮,通过对身体核心部位(由腰部和腹部肌肉组成,包括腹横肌、腹内斜肌、腹外斜肌、腹直肌、竖脊肌)的锻炼,使脊柱变得柔软而有韧性。所以,普拉提运动不但改善了身体线条,还对矫正颈部和脊髓有非常好的效果。

2.普拉提具有安全性

普拉提的运动速度相对平和,是静力状态的运动,几乎不会产生对关节和肌肉的伤害。同时,动静结合的动作安排使身体既有紧张也有放松,既有步伐的转换又有打坐的调吸,这就使锻炼的人更容易控制身体,减少因姿势错误造成的负面作用。普拉提借助非常简单的器具给你的身体带来全面的锻炼。只要有一片安静的空间,有一块柔软的地毯,你就可以进行练习,达到身体与意念的完美结合。

3.普拉提强调静止中的控制过程

这使得训练者在增强肌肉力量的同时却不加大肌肉体积。普拉提的轻器械练习就是遵循着小重量多次数的原则,令肌肉充满弹性而又不会使肌肉变得太突出。它的运动强度不是特别大,但它讲究控制、拉伸和呼吸,对腰、腹、臀等女性重点部位的塑造有非常好的效果,更适合女子在现实生活中对形体美的要求。

(三)普拉提练习的要求

普拉提练习单靠准确的动作是无法达到最好练习效果的,还需配合良好的呼吸和心境,因此在练习时要注意动作姿势与呼吸的配合,并调整自己的心境。

1.正确的姿势

正确的姿势是保持腹部和背部集中适当的力量,让肌肉能够支持脊椎。有力的腹部肌肉形成支持脊椎的"力量区域"。当你正确地挺起腹部和背部并加强其他肌肉的用力时,整个身体就达到了自然和理想的状态,而这样的姿态也会帮助肌肉做适当的运动。

身体姿势与控制的要求:

(1)动作运动的速度缓慢,延长肌肉控制的时间,较大程度消耗身体各部位的能量,达到减脂、塑形的目的。

(2)把握好身体的姿态,使其能够长时间体会到训练带给身体的刺激。

(3)腹部和躯干的固定是普拉提训练的核心。

2.良好的呼吸

良好的呼吸方式应该是以头脑、身体、精神来进行的,这样可以使练习者的肉体和心灵压力一扫而空。呼吸的时机必须正确,与我们通常的呼吸不同,普拉提运动在呼吸时要求运用横向呼吸法。这种呼吸法能促进正确的动作模式,同时让你肺部吸纳最大量的氧气。吸气时,胸腔骨的下部(肋骨部位)横向扩张,呼气时则下陷。这样呼吸能协助你运动时保持腹部一直收缩内曲。

呼吸的方法:

(1)用鼻子吸气,用嘴呼气,讲究呼气的深度,尽可能地运用腹式呼吸的方法。

(2)呼吸的速度不易太快,与动作的速度基本一致,不要憋气进行训练。

(3)运动时注意呼气,静止时注意吸气。这样可以缓解因肌肉用力而给身体内部带来的压力。

(4)通过控制呼吸,把注意力集中在呼吸上,从而减少人对肌肉酸痛的敏感度。

3.轴心盒子

维持轴心盒子很重要,这样你才可以安全地运动,并保持身体的匀称。幻想四条直线,将两边肩膀和两边骨盆相连,这个"盒子"是身体调准和对称的提示。做每一个动作时,问问自己:"我的盒子方正吗?"很多人都会习惯性地依赖一边身体,你甚至可以留意到自己倾向或旋向一边。做各种日常活动时,也会经常有身体一边较另一边容易操纵的感觉。普拉提会令你意识到这些不平衡,并纠正调准他们。

4. 脊骨和盆骨自然中轴位置

脊骨和盆骨的自然中轴位置是相辅相成。当盆骨处于自然中轴,下背脊骨就会自然落入它的中轴位置了。要找到你的盆骨部自然中轴位置,将手心底部置于盆骨上,手指尖于耻骨上,形成一个三角形。这个三角形形成水平时,盆骨部和下背就是处于自然中轴。尽量在做每一个动作中都保持这个自然的中轴位置。

盆骨有三个常见的失调:一是盆骨提起倾进身体的方向。当膝盖收进胸前,或抬起躯干,或过分收紧臀部肌肉时,就容易犯上这个错误;二是把盆骨倾离躯干向下,增加下背脊骨的弯曲和离地面的空间,这表示你的轴心力量不足,因而动用到下背肌来稳定姿势;三是盆骨左右倾侧。当身体一边的负重增加,但那边轴心肌肉力量不够维持盆骨平衡时,就会出现这种盆骨位置失调。

5. 平和的心境

普拉提运动要求心灵和精神的和谐。心灵减压,其实在普拉提练习中可以自然地完成。

(四)普拉提简易动作练习

普拉提练习最好是在教练的指导下完成,这样才能达到良好的效果,不过在家里也可以做它的简易操:

1. 举翅百拍

这是约瑟普拉提原创垫式课程的第一个动作。只需泵动双臂数十下,你就会开始觉得面红耳热、额角冒汗,是一个名副其实的"热身"运动!重点在于呼吸,要完全并均匀地吸气和呼气。如果你看到自己的肚皮又上又落,便知道自己忘记了"横向呼吸"。

(1)背躺在地板上,双手置身体两侧。双膝并拢,屈曲进胸前。大腿与脊骨呈90°,脚趾稍高过膝盖。

(2)凝聚身体轴心力量。向上提起头、颈,直至肩抬离地面,双臂抬起与地面成水平,保持腹部收缩内曲。

(3)开始像泵气筒的操作一样上下摆动双臂。每次压下手臂的动作都要配合呼吸:吸5下,呼5下,为一组。持续动作直至50下;熟练之后,慢慢增至100下。

(4)完成时按顺序将肩、颈、头及双臂放回垫上(图3-1-11)。

图 3-1-11

难度升级：

双脚朝天花板高举蹬直，保持大腿与脊骨90°。动作相同。

2. 单脚画圈

想知道自己的臀部有多软弱无力，做这个动作就一目了然了。不动用深层腹横肌和臀部肌肉的话，脚在空中画圈时，你就会像一条虫似地在地面上扭来扭去。测试自己一下，放一个火柴盒在支撑腿的膝盖上，如果盒子不跌落的话，就表示你已掌握到动作的窍门了。

（1）仰卧，双手置身体两侧。两腿与盆骨同宽，屈膝，脚掌平放于垫上。

（2）抬起右脚，朝天伸展。大腿与脊骨保持90°，但同时要保持自然盆骨姿势。左脚要稳定地钉在垫上。

（3）将右腿稍微向外转出。吸气并开始把右脚向内带动身体的另一边。

（4）右脚在空中向下画圈至身体的中线。

（5）呼气时把脚继续旋至开始的位置。每个方向连续划大圆5次。交换脚重复上述的动作（图3-1-12）。

难度调整：如果腿伸不直，可以微微屈膝，重点是盆骨不要倾斜，要保持水平。

图3-1-12

3. 单脚屈伸

此运动的训练重心是盆部，包括训练有稳定功能的盆部肌群，从髋关节和膝关节的摆动幅度，以及髋关节四周肌肉的柔韧度。双脚要和躯干排列成行，脚不要超出盆部的阔度。如果你做得像跳扭腰舞，就表示你的深层腹横肌偷懒了。

（1）仰卧，双手置于身体两侧。双膝并拢，屈膝进胸前。大腿与脊骨呈90°。

（2）凝聚身体轴心。向上提起头、颈，直至肩抬离地面。右脚朝天，以10°～20°倾向伸展。右手置于左膝内侧，左手放在脚踝旁。

（3）吸气，将左膝往胸前再拉近一些，交替手脚姿势。持续交替双脚，吸气做一组，再呼气做一组。目标是屈膝的一脚拉近胸前的同时，另一脚伸展离身。

（4）完成时将肩、颈、头和手放回垫上。交替手脚5～10组（图3-1-13）。

图 3-1-13

4. 攀腿朝天

腘绳肌的伸展度是训练重点。配以仰升上体来交替双腿,挑战轴心肌肉的力量。深层腹横肌腰带般围着你的肢体,"攀腿朝天"可练出比 6 块大腹肌更全面的结实腰肢。大腿肌肉更富韧性,可减少你做其他运动时受伤的机会。

(1)仰卧,伸直举高双腿,提起头和颈。

(2)捉住右脚脚踝,以反弹两次的节奏,将右脚拉近胸前,稍稍放松又拉近一点,同时吸气。

(3)呼气,迅速以剪刀的形态交替双腿。呼气并将左脚以同样的节拍拉近胸部两次,为 1 组,做 5 ~ 10 组(图 3-1-14)。

难度调整:如有膝盖伤患,手改拉大腿。膝盖可微屈。

图 3-1-14

5. 辗转反侧

如果你说:"这个很容易做嘛!"那么你就错了。初学者都把手臂带近膝盖,结果只是扭动肩膀。应该从腰腹处扭动,把腋下带近另一面的膝盖,你的腰侧就会开始尖叫!"辗转反侧"可以收紧腹部侧肌,挑战手脚协调和轴心的稳定,多难做也不能放弃。

(1)仰卧,仰升上体,双手置脑后,屈膝团身。

(2)吸气,右脚以 45°伸出,随之上身扭向左方。应从肩以下的位置提起躯干,右手肘瞄准左膝盖。呼气并望向左手肘后方,以增加伸展。固定这个姿势,完全地呼气。

(3)吸气再呼气,转换位置。向另一个方向做同样动作,为 1 组,做 5 ~ 10 组(图 3-1-15)。

图 3-1-15

6. 卷身摇篮

这个动作需要轴心力量、平衡力和腘绳肌韧性，有伸展背部和按摩脊骨的作用。难度在于翻滚回 V 字平衡时，身体绝不能摇晃震动。没有几个人第一次就成功，但是当有一天你做到了，满足感之大实在难以形容。

（1）坐于垫上，双膝打开至肩宽，屈膝团身。握住脚踝，踮后身体，在尾龙骨尖的后方找到平衡点。

（2）伸直双脚于空中摆出 V 型。双脚脚掌相距同肩宽，手臂要直。保持挺胸和脊骨伸长。

（3）吸气，屈背，把尾龙骨卷前，下巴抵进胸前，开始向后滚翻。

（4）向后滚翻至肩触地的角度，呼气的同时，向前滚动回起始姿势的平衡点，持续重复 2～4 次。完成时，还原，为 1 组，做 5～8 组（图 3-1-16）。

难度调整：由握住脚踝改为握住小腿，但仍然要蹬直双腿。

图 3-1-16

7. 仰卧压腿

反手把上身推起并固定，肩关节须稳定、胸部敞开、脊骨延伸、腰腹有力，身体好像长了一寸！加上提腿动作，能拉展很多人非常绷紧的腘绳肌，收紧臀部。经过练习，能让你拥有紧致、修长的双腿。

（1）坐直腰板，双腿伸直，手掌置于身后。双脚稍向外转出，加紧内侧。

（2）从垫上抬起臀部，持续夹紧双腿，手臂伸直，夹紧臀部，从肩到脚成直线。

（3）吸气，将一腿尽量踢高，同时保持身体像一块平板状态，不要破坏身体的直线状态。

（4）上屈蹬后脚跟，缓缓降下腿时呼气，并持续推出脚跟。保持躯干的高度，不要沉下骨盆。当脚跟着地，吸气并再次将腿提出，做 3 次，换另一腿做同样动作，为 1 组，做

2～4组(图3-1-17)。

图 3-1-17

第二节 空乘人员的游泳技术训练方法

一、游泳运动概述

(一)游泳运动的意义

游泳是动物凭借肢体动作与水的相互作用力,在水中活动的一种技能活动。自然界中的许多生物天生就具有游泳的本领。人类虽然不是天生的游泳者,但人类在千百年的生存过程中不可避免地要与水打交道。为了生存,人类不仅学会了游泳,而且随着人类社会的发展,游泳逐渐成为一种重要的竞技、健身和娱乐项目,同时在生产建设、国防等领域中也具有重要作用。

(二)游泳运动的功能

游泳是最受欢迎的健身运动项目之一。适当地进行游泳锻炼,不仅能给人带来心理上的愉悦,塑造流畅和优美的体形,还能够增强心血管系统的功能,增强体质,提高协调性。许多运动项目都容易给机体造成损伤,但游泳的损伤率较低,可以作为终生进行锻炼的健身运动项目。

1.增强心血管系统的功能

心血管系统包括人们所熟知的心脏、肺和负责将吸入的氧运送到肌细胞的血管。由于游泳时要克服水的阻力,机体需要动用较多的能量使心率加快、心输出量增大。长期

坚持游泳锻炼,心脏体积呈运动性增大,心肌收缩有力,安静心率减慢,每搏输出量增加,血管壁增厚、弹性增大,能够有效提高心血管系统的工作效率。

此外,由于游泳时人体处于平卧姿势,肢体的血液向心脏的回流比在陆地上机体处于直立状态下容易,而且水的阻力使肌肉难以像在陆地上那样进行爆发式用力,水对皮肤的压力又形成一种按摩作用。这些特点决定了游泳非常适合中老年人进行锻炼,既能增强体质,又不容易因运动过于激烈而发生意外。

2. 增强呼吸系统的功能

水的一个主要特点是难以压缩性。因为水的密度比空气大 800 余倍,人在水中受到的压力要远远大于在空气中所承受的,这就是初学游泳者在水中感到呼吸困难的原因。由于胸腔和腹腔在水中受到的压力增大,这就迫使呼吸肌必须用更大的力量进行呼吸,所以经常游泳,可以增强呼吸肌的力量,提高呼吸系统的功能。最典型的一个指标是肺活量值,游泳运动员的肺活量可以达到 4 000 ~ 6 000 ml,甚至 7 000 ml,而一般人只有 3 000 ~ 4 000 ml。

3. 增强运动系统的功能

游泳是一项全身参与的运动项目,比其他项目要动员更多的肌肉群参与代谢供能。

虽然游泳不能塑造粗壮的、隆起的肌肉,但能增强肌肉力量,特别是躯干、肩带和上肢的肌肉力量。因为在水中游泳需要克服较大的阻力,游泳又是周期性的运动,长期锻炼能够使肌肉的力量、速度、耐力和关节的灵活性都得到提高。

游泳还有一个很大的好处,即柔韧性的改善。由于游泳时身体活动的范围较大,长期坚持游泳锻炼的人,身体会变得更加灵活和柔软;而且,正确的游泳技术要求肌肉在收缩用力前先伸长,这种运动方式有利于不断提高身体的柔韧性和肌肉力量。

4. 使身体成分比例更加合理

如果你经常观看游泳比赛,一定会对游泳运动员那圆润、修长、健美的身材羡慕不已。因为肌肉工作方式的影响,游泳运动员一般有修长的身材、宽宽的肩膀、灵活的腰肢和匀称的体形。也许有人会说,我想通过游泳减肥,为什么没有效果呢? 其实,要想通过运动减肥,必须达到一定的强度,坚持足够的时间,并且持之以恒。如果只是三天打鱼、两天晒网地到游泳池悠闲地游一会儿,当然不会有什么作用。同样的,如果用这种方式跑步、骑自行车或进行其他锻炼,结果也是一样的。

5. 改善体温调节机制

由于水的温度一般低于气温,水的导热能力又比空气强数十倍,因此人在水中的热量散失速度远远快于在空气中。经常游泳能改善体温调节机制,从而提高人体适应外界温度变化的能力。特别是冬泳,作用尤其明显。

2001 年 2 月 7 日,中国 44 岁的冬泳爱好者王刚义以 51 min 42. 17 s 的成绩,成功横渡了距离近 1 500 m 的中国南极长城站长城湾。当时的气温为 1 ℃,海水表层温度只有 1. 4 ℃,在游之前他的体温为 37 ℃,血压为 21. 33/14. 67 kPa(160/110 mmHg),心率为 120 次/min。游之后,体温为 36. 5 ℃,血压为 16. 00/10. 67 kPa(120/80 mmHg),心率为 84 次/min,身体各项功能良好,充分说明了他出色的体温调节能力。

6. 预防、治疗疾病

由于冷水的刺激,长期进行游泳锻炼能增强机体抵御寒冷、适应环境的能力,可以预防感冒等疾病,使身体日益强壮。由于游泳时身体平卧,加上浮力的作用,可以使脊柱充分伸展,对一些脊柱疾病病人有一定的康复作用;游泳还可以作为运动处方,治疗一些慢性疾病,如慢性肠胃病或慢性支气管哮喘等。对于一些不适合直立锻炼的人群,如果采取跑步等方式,由于重力作用,腿脚部负担过重,容易导致受伤,这时游泳是很好的替代锻炼方式。

7. 磨炼意志并促进心理和智力发展

学习游泳需要克服一定的困难,如初学游泳的人一般会有怕水心理,对水环境的陌生感会使他们心生恐惧。学习游泳的过程,就是克服恐惧,克服冷、累等困难的过程,对人的意志品质是很好的锻炼。现代人追求回归自然,越来越多的人喜欢到自然水域中游泳,到江河湖海中享受回归大自然的乐趣。还有许多人常年坚持冬泳,这些都磨炼了人的意志,鼓舞了人的精神。2000年8月,中国青年张健历时五十余个小时横渡了渤海湾海峡,表现出了难以置信的勇气和坚强的意志品质。

游泳对智力发育也有好处。水的流动特性对游泳技术提出了许多特殊而微的要求。掌握游泳技术的过程就是神经系统和运动系统之间充分协调的过程,需要培养"水感"。这些对神经系统有良好的刺激作用,坚持游泳锻炼的人一定能从中受益。

(三)游泳运动的分类

国际业余游泳联合会管理着四个项目的开展,它们是游泳、跳水、水球和花样游泳,但实际上,这些项目都有各自的训练、比赛和理论体系。本书中研究的是单纯的游泳项目,不包括跳水、水球和花样游泳。

游泳基本上可以分为两大类,一类是竞技游泳,一类是大众游泳。

1. 竞技游泳

竞技游泳是指按照一定的规则和要求,以竞速为目的的游泳。竞技游泳有4种基本姿势,即蝶泳、仰泳、蛙泳和自由泳。由这4种姿势通过距离、组合方式的改变形成了不同的比赛项目。在现代奥运会的游泳比赛中,共有32个正式比赛项目(表3-2-1)。

表3-2-1　奥运会游泳比赛项目表　　　　　　　　　　　　　　　单位:m

泳式	男子	女子
蝶泳	100、200	100、200
仰泳	100、200	100、200
蛙泳	100、200	100、200
自由泳	50、100、200、400、1 500	50、100、200、400、800
个人混合泳	200、400	200、400
混合泳接力	4×100	4×100
自由泳接力	4×100、4×200	4×100、4×200

奥运会比赛是在 50 m 长的游泳池中进行的。国际业余游泳联合会管理的比赛有许多种,如世界游泳锦标赛、世界游泳短池锦标赛、世界杯短池游泳(在 25 m 长的短池中进行)系列赛等。短池比赛的项目要多一些,如 50 m 的蝶泳、仰泳和蛙泳,100 m 个人混合泳等。

基层的游泳比赛和划分年龄组的游泳比赛,可以在上述项目的基础上,根据比赛的目的和参加者的具体情况设置不同的比赛项目。

随着游泳运动的普及,目前又出现了许多特殊的竞技游泳比赛项目,如成人分龄赛、公开水域游泳比赛、残疾人游泳比赛、冬泳比赛等。

2. 大众游泳

大众游泳与竞技游泳不同,是以健身和娱乐为主要目的的游泳活动。其形式简便、多样,不以速度为唯一目的,目前已经受到了广泛的欢迎。特别是在《全民健身计划纲要》颁布以来,为了更好地调动大众参加游泳健身活动的积极性,促进游泳运动的普及和提高,国家体育总局游泳运动管理中心于 1998 年制定并颁布了《全民健身游泳锻炼标准》,受到了广大民众的欢迎,人们争相参加达标和比赛活动。2001 年又颁布了《全国业余游泳锻炼标准》(原《全民健身游泳锻炼标准》同时废止,原发证书、证章有效),不仅对不同年龄的达标标准进行了细分,还根据中老年人的健身需要,制定了 30 min 有氧游泳锻炼标准,提供了有氧游泳锻炼的适宜心率,为大众更科学地进行游泳健身锻炼提供了客观而科学的参考意见。

健身游泳、娱乐游泳、康复游泳、冬泳等都属于大众游泳的范畴。

(四)游泳卫生常识

虽然游泳有诸多的好处,但本着安全第一的原则还是要做好充分的准备,掌握一些必要的安全和卫生常识。

1. 游泳前的准备

(1)身心准备

为防止游泳时发生事故,在游泳之前,应该全面地了解自己的身体状况,看看自己是否适合选择游泳作为健身锻炼项目。此外,还应该对自己的游泳技能水平进行一次全面的诊断,制定适合自己水平的游泳健身计划,从而提高游泳健身的效果。

如果有心血管病史,应该先接受治疗,痊愈后也应在医生和健身指导员的严格监督下游泳。如果有暂时性损伤,可以等治愈后再开始锻炼;慢性损伤应在医生和健身指导员的帮助下安排游泳锻炼。高血压、癫痫、活动性肺结核、传染性疾病、皮肤病、精神病等疾病病人都不适宜游泳。妇女月经期间应避免下水游泳。

如果平时健康状况良好,又有一定的游泳基础,那么很适合进行游泳锻炼,可以进行持续时间在 45 min 以上的、中等速度的游泳锻炼。如果健康状况中等,游泳技术也一般,那么在开始时,持续游泳时间不要太长,并要有较长的间歇时间。如果健康状况低于中等水平,又没有游泳基础,应该谨慎地进行游泳锻炼,最好在专业人士的指导下进行。在练习中需要较频繁地休息,间歇时间要长,速度要慢。

(2)物质准备

1)准备必要的装备

游泳需要很少的装备,只需花很少的钱就能够享受游泳的乐趣,其必需品包括泳装、泳镜、泳帽和浴巾。如果你的要求比较高,还可以准备一些其他装备,如打水板、划手掌、脚蹼等。

泳装

泳装是最重要的、最基本的装备。泳装可以分为两类:竞赛泳装和时尚泳装。竞赛泳装在水中的阻力较小,如2000年奥运会上许多运动员穿的鲨鱼皮泳装,据称其阻力比人体皮肤的阻力还小。时尚泳装的式样和颜色往往紧追潮流。不管选择什么泳装,最重要的一点是一定要合体、舒适。

男士挑选泳装比较简单,只要合身就行。女士泳装有连体和分体之分,样式也不尽相同,如选择连体泳装,应考虑自身躯干的长短,因此在试穿时,一定要全身伸展并向各个方向移动手臂。

泳装在使用后,应用冷水清洗,然后阴干,千万不要熨烫。

泳镜

游泳池的水中一般含有用来消毒的氯,以及少量的微生物,如果不戴泳镜,眼睛会因受到刺激而有不适的感觉,甚至造成感染。泳镜使眼睛前面与少量的空气接触,透明镜片使人得到接近正常的视野,能够有效地保护眼睛。挑选泳镜的主要原则是泳镜的光学性能、舒适度、密封度以及防雾性能。

泳帽

泳帽可以防止头发挡住眼睛、鼻子和耳朵,保护头发不受氯的侵蚀,还能与着装搭配。为了保持池水的清洁卫生,许多游泳池规定游泳者必须佩带泳帽,目的是防止脱落的毛发堵塞下水道或吸尘设备。制作泳帽的材料有3种:乳胶、硅胶和氨纶。泳帽在使用后要充分晾干,在收起来之前往泳帽上撒一些爽身粉可以延长使用寿命。

其他装备

除了上述装备,还可以根据自己的情况做些额外的准备,如打水板、划手掌、脚蹼、防水手表、饮水瓶等。

2)选择游泳场所

做好以上准备后,只剩下一个问题了:到哪里去游泳呢?

游泳池

一般来说,游泳池可以分为3类:长池、短池和不规则池。

长池的池长是50 m,是标准的奥运会比赛池长;短池池长一般为25 m。如果进行健身游泳,水深至少应该在90 cm以上。池水应该干净、清澈,并有分道线。如果是休闲娱乐,一些较小的、不规则的游泳池就能满足需求。儿童还可以到儿童嬉水乐园尽情享受水的乐趣。游泳池还应该有救生员和必要的急救设施。

天然水域

喜欢到天然水域去游泳的人事先应对准备游泳的水域进行了解,了解水深、水温、有无暗流或旋涡、有无危险的水中生物、水域是否被污染等情况。专家建议应在有严格监督和巡逻的水域游泳。

2.游泳的安全卫生常识

除了上面提到的注意事项外，还应该了解一些必要的安全卫生常识，以免在游泳时发生意外。

（1）游泳前适当热身

在下水之前最好先在陆上做一些徒手体操和肌肉、韧带的牵拉伸展运动，以提高神经系统的兴奋性，使心血管系统、呼吸系统预先得到准备，使体温升高，从而增强肌肉的活动能力。由于水温一般较低，下水游泳容易引起肌肉抽筋或拉伤等，经过充分热身可以避免这种情况。游泳前的热身活动可以选择徒手操、压肩、压腿、关节绕环、陆上模仿动作等。下水前用凉水擦身体；下水后，刚开始不要游得太快、太用力，可用舒缓伸展的动作做好准备。

（2）避免在酒后游泳

酒精容易使人的反应能力和判断能力下降，影响神经系统的正常功能。酒后游泳容易发生溺亡事故，因此应避免在酒后游泳。

（3）合理安排游泳的运动负荷

要达到健身的目的，应该给身体一定的负荷刺激，只到游泳池聊聊天、泡泡起不到锻炼身体的作用。安排游泳运动负荷应该循序渐进，让身体逐渐适应增大的负荷。可以在游泳前制定一份长期的健身计划，并朝着这个方向努力。运动负荷的安排应以避免疲劳堆积为原则。

（4）防治红眼病

水中一般会滋生细菌，可能导致眼结膜炎（红眼病）的传播。要预防结膜炎，应在游泳时佩带泳镜。泳镜使用后要晾干，避免在潮湿的情况下滋生病菌，感染疾病。每次游泳后可用适量的眼药水。如果已经感染红眼病，应暂停游泳，治疗痊愈后再游泳。

（5）防治中耳炎

中耳炎多是由于水进入耳道后，用手指或尖锐物质挖掏，抓破耳道引起的感染。因此如果耳朵里进了水，不要抓掏，可以站在岸上，把头偏向进水耳朵的那侧，用同侧脚单脚跳几次，使水流出来；或站在水中，用进水耳朵和脸颊轻轻拍击水面，使水流出来。如果已经感染，应积极治疗，待痊愈后再下水游泳。

（6）抽筋的预防及排除

游泳时容易抽筋的部位主要是小腿、大腿和脚趾。预防抽筋最有效的方法是认真做好热身活动，下水前充分牵拉易抽筋部位。如果游泳时抽筋，不要惊慌，一般可以采取适当的方法排除。例如，小腿后部抽筋时，应先上岸，坐下，腿伸直；一手向下压膝盖，一手向膝盖方向掰脚趾，很快就能够缓解。之后，可以再适当按摩抽筋部位。如果离岸边较远，难以上岸，可以吸一口气，用抽筋腿同侧的手掌向下按压膝盖的同时，另一手握住抽筋腿的脚趾，用力向身体方向拉，待缓解后上岸休息，并进行按摩。

（7）避免在游泳池边追跑打闹，不在浅水区跳水

游泳池边的地面比较湿滑，追跑打闹很容易摔倒，发生危险。有的游泳者喜欢比赛憋气潜泳，注意不要过度憋气，以免发生危险。在浅水区不要做出发跳水动作，以免头、脸、脊柱碰撞池底，铸成大祸。

二、空乘人员游泳技术动作要点及练习方法

(一)熟悉水性教学及练习

1. 熟悉水性

熟悉水性的教学是游泳教学的第一步。通过熟悉水性的教学达到适应水环境,消除怕水心理的目的。

熟悉水性教学的主要内容有水中行走、呼吸、漂浮、滑行。

熟悉水性教学的难点是呼吸,即使是过了熟悉水性阶段,在每次课的刚开始也要进行呼吸技术的复习,直至熟练掌握呼吸技术和换气动作节奏为止。

2. 水中行走

(1)水中行走的目的

体会水的阻力、压力、浮力和保持水中平衡,消除怕水心理。

(2)水中练习方法(在浅水池中进行)

1)双手扶池边和水槽向两侧行走。

2)集体拉手在水中行走。

3)向前行走的同时,双手在水中向后拨水;后退行走的同时,双手向前拨水;向一侧行走的同时,双手向异侧拨水。

4)双手扶池边(池槽),双脚蹬池底,向上跳起。

5)水中站立,两臂前伸平放水中,蹬池底,向上跳起的同时,两臂向下压水。

6)水中各个方向的行走、跑步、跳跃练习,也可单独进行。

7)水中各种跑、走游戏和接力练习。

3. 呼吸动作

(1)动作要点

人们平时的呼吸动作是无意识的,用鼻子吸进呼出。水中呼吸则不同,是嘴吸嘴呼或嘴吸鼻呼。一个呼吸动作是由吸气–憋气–吐气组成的。例如,蛙泳呼吸先慢抬头,嘴露出水面时用力吐气,快速吸气后尽快地低头短暂憋气,然后吐气,气快吐光的时候再抬头,如此循环。

游泳时呼吸最重要的是用力吐气,这是和人们想象不同的一点。可以做这样一个实验:心里想着吸气,连续使劲吸,结果是越想吸越吸不进气;反过来,你只想用力吐气不想吸气的事儿,连续吐气反而吸到了气。这是因为用力吐气把气吐光之后,造成了一种"被动式"的吸气。介绍一个小窍门:用力张大嘴说一个"啪"字,气就自然地吐出来了,同时气也吸进来了。"啪"字是爆破音,越大声说效果越好。有的人不好意思说,张不开嘴,其实按照教员的提示去做,对于尽快掌握游泳呼吸技术是非常重要的。

(2)陆上模仿练习

1)闭气练习

直立,两手下垂,全身放松。闭气 10 ~ 20 s(视情况灵活掌握)后吐气,重复 3 ~ 5 次。必须口吸口呼,把手掌放在嘴前一寸处,检查鼻子是否漏气。

2）换气练习

● 直立,两手下垂、全身放松,按照吸-憋-呼的顺序反复练习。

● 两臂伸直扶墙,头夹在两臂之间,头后仰用力吐气,吸气后低低头稍憋气,然后慢慢地吐气,快吐完时又头部后仰用力吐气并开始下一个循环(图3-2-1)。

陆上呼吸模仿练习

图 3-2-1

（3）水中练习

1）提示

先练习闭气,再练习换气。

● 肩膀与池边平行,头在水中,身体在岸上,进行憋气和换气练习(适用于水面与池岸持平的场地)(图3-2-2)。

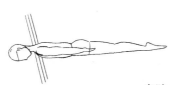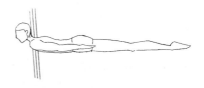

半陆上呼吸模仿练习

图 3-2-2

● 双手扶池边站立呼吸,动作同陆上模仿练习。

● 下蹲手摸池底后站立(图3-2-3)。

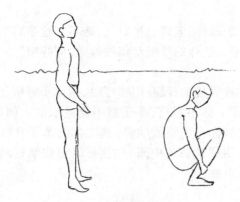

下蹲手摸池底后站立

图 3-2-3

- 憋气过障碍物。水中放置障碍物，要求学员憋气从障碍物下边通过。
- 双手扶池边（或扶同伴的手、腰）漂浮呼吸（图 3-2-4）。

双人呼吸练习

图 3-2-4

2）练习方法

- 在气快吐光的一刹那头后仰嘴露出水面，头向后仰时肘关节不要弯，肩膀放松，肩膀要没在水中，不要露出水面。
- 嘴露出水面时用力说"啪"字，被动吸气后快速低头（头没入水中，标准是水面在头顶处）。
- 在水中吐气，像吹泡泡那样，气快吐光的时候头再后仰，循环进行。

3）练习次数

每次练习 10 次×（3～5 组）。

（4）常见错误动作分析

1）换气动作过猛

换气时猛抬起头、屈肘、整个上半身都露出了水面。

2）不敢把气吐尽

有的人担心气吐尽了怎么办，老留着半口气，殊不知这半口气害人，几次换气后就再也吸不进气了，只好停下来。这样的呼吸动作被称做"假呼吸"。

3）呼吸时鼻子进水

这是没有掌握正确的呼吸技术，没有用嘴呼吸，用鼻子呼吸了。千万记住，游泳时你的鼻子就作废了，不能用了。你不吸气，鼻子是不会进水的。例如，洗脸的时候，双手捧着水，把脸放入水中的时候，你一定喷着响鼻，其实你的鼻子在呼气，所以你的鼻子不进水。可以把生活中的动作用到学游泳中来，你就可以很快掌握动作。千万记住，游泳呼吸的窍门就是吐气比吸气重要。

4. 漂浮与站立动作

漂浮练习是体会水的浮力，保持身体俯卧平衡的重要练习。浅水池的教学，要结合站立动作一起进行。

（1）动作要点

做动作之前一定要吸足气，俯卧水中时身体要伸展，手腿伸直，全身放松（初学者往往全身紧张），脚跟尽量朝水面上伸。动作开始的时候由于重力作用会下沉，有人这时会害怕，马上站起来，鼓励学员要憋住气，经过短暂的下沉后马上就会升到水面上。

在水中漂浮时要像一根木棍，如果屈髋、屈膝、缩肩，像个大虾米，那就一定漂不起来，要塌腰、展髋、肩放松。

（2）水中练习

1）抱膝浮体（仅浅水池使用）后站立练习

深呼吸，低头，双脚蹬池底，收腹，收大腿，双手抱膝或小腿，呈团身姿势，背部露出水面。抱膝浮体后站立：双手松开并前伸，双手向下压水并抬头，同时两腿伸直（展髋、伸膝），在池底站立（图3-2-5）。

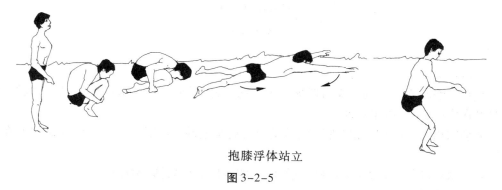

抱膝浮体站立

图 3-2-5

2）扶池边漂浮（双手扶池边或同伴的手、腰）练习

吸足气，低头并把头夹在两臂之间，水面在头顶处。当身体俯卧水中后，要求学员在水中睁开眼睛。

有的人下肢肌肉比较发达，浮不起来，此时可以双手上下分开（大约一尺的距离），上面的手拉住池边，下面手的手指朝下，掌心朝上用力撑住，借助手臂力量把身体浮起来。

3）伸展漂浮后站立练习

双手向下压水并抬头,屈膝收大腿(膝盖朝肚子)使身体由俯卧转为垂直后,同时两腿伸直(展髋、伸膝),在池底站立。

练习次数:(5~8 次)×2 组。

练习要求:一定要憋住气,每次坚持 5~10 s 左右。

5. 滑行练习

（1）练习目的

体会和掌握游泳时的水平位置和流线型姿势,为各种泳姿的学习打下基础。在深水池进行教学,由于脚不能够站在池底,滑行练习一般多采用扶板蹬蛙泳腿的形式。

（2）水中练习

1）扶板蹬壁滑行练习

双手伸直扶打水板,一只脚蹬地,一只脚蹬池壁(深水池双脚蹬壁)。深吸气,低头,身体前倾并屈膝,当头和肩没入水中时,前脚脚掌用力蹬离池壁,两腿并行向前滑行(图3-2-6)。

扶板蹬壁滑行练习

图 3-2-6

2）徒手蹬壁滑行练习

手臂在蹬腿的同时前伸,其他动作同上（图3-2-7）。

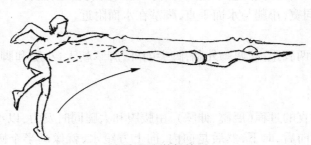

徒手蹬壁滑行练习

图 3-2-7

3）蹬地滑行练习（宜在浅水池进行）

两脚前后开立,两臂并拢前伸,深吸气后低头脚蹬地,身体平卧在水面上滑行

（图3-2-8）。

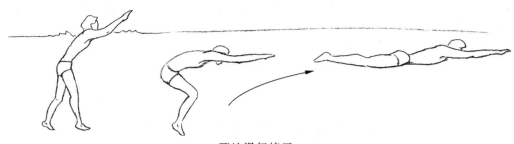

蹬地滑行练习

图3-2-8

练习要求：滑行时一定要吸足气，身体尽量伸直，用力蹬边。

6. 熟悉水性教学阶段的检查指标

呼吸是熟悉水性的最重要任务。有的人不肯把头放入水中，认为把头放在水面上也能游一段距离。但在行家看来，不带呼吸动作的游泳，不算是掌握了游泳技术，一遇到意外情况，如被碰撞、在自然水域中遇到风浪等，很容易发生危险。熟悉水性阶段的考核标准是熟练、正确的呼吸技术，包括能够连续换气，换动作引起身体的上下起伏较小；漂浮滑行距离儿童达到3 m，成人达到4 m以上。

（二）蛙泳技术动作要点及练习

蛙泳是模仿青蛙游泳动作的一种泳姿，由于蛙泳动作省力，容易抬头呼吸，深受很多初学者喜爱。游泳竞赛规则规定：蛙泳时，身体应保持与水面平行的俯卧姿势，臂和腿的动作始终是同时和对称的，并在同一水平面上进行。

1. 腿部动作

（1）动作要点

1）收腿

屈膝收腿，脚跟向臀部靠拢，小腿要躲在大腿后面慢收腿，这样可以减少阻力。收腿结束时，两膝与肩同宽，小腿与水面垂直，脚掌在水面附近。

2）翻脚

两脚距离大于两膝距离，两脚外翻，脚尖朝外，脚掌朝天，小腿和脚内侧对准水，像英文字母"W"。

3）蹬夹水

实际上是腿伸直的过程（展髋、伸膝），由腰腹和大腿同时发力，以小腿和脚内侧同时蹬夹水，先是向外、向后、向下，然后是向内、向上方蹬水，就像画半个圆圈。向外蹬水和向内夹水是连续完成的，也就是连蹬带夹。蹬夹水完成时双腿并拢伸直，双脚内转，脚尖相对。蹬水的速度不要过猛，要由慢到快地加速蹬水，两条腿将近伸直并拢的时候蹬水速度最快（图3-2-9）。

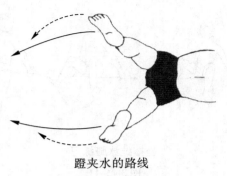

蹬夹水的路线

图 3-2-9

4）停

双腿并拢伸直后有一个短暂的滑行（1~2 s）。在蛙泳教学中，技术动作的教学可以分为两个层次来进行。第一个层次是明确动作概念，让学生明确收、翻、蹬、停这 4 个动作的概念，尤其勾脚和绷脚的动作概念；第二个层次是教学生如何用力。在实际的教学过程中，有的教员是混合进行的或者忽视了第二个层次，这样教学效果就不好。

（2）陆上模仿练习

1）钩绷脚练习

坐在地上，双腿伸直，做勾脚和绷脚（芭蕾脚）的练习。钩脚时要求脚尖朝天，绷脚时脚尖指向泳池对岸（图 3-2-10）。

钩绷脚练习

图 3-2-10

2）陆上坐撑蛙泳腿练习

坐地上，双腿伸直，身体稍后仰，两手在体后撑地，按照收、翻、蹬、停 4 拍做动作。口令"1"收腿，用眼观察收腿时双膝的宽度是否同肩宽，脚后跟是否靠近大腿；"2"翻脚，脚后跟翻在臀部外边，脚尖朝外；"3"蹬腿，强调"弧型"蹬水路线蹬水的动作；"4"停，双腿伸直，脚尖绷起成芭蕾脚。

3）水中坐撑蛙泳腿练习

同样的动作，坐在池边，双腿放在水中再做，这时还可以体会到蹬水时水对于脚内侧和小腿的阻力（图 3-2-11）。

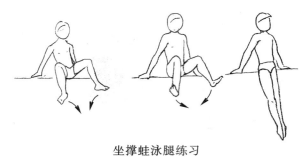

坐撑蛙泳腿练习

图 3-2-11

4）俯卧凳上（图 3-2-12）或池边的蛙泳腿练习（图 3-2-13）

有时由于条件限制，俯卧在地上做，只能体会收小腿和翻脚的动作。最好的方法是半陆半水的俯卧蛙泳腿练习：双手前伸，上体俯卧在池边上，髋关节在池沿处，双腿在水中，仍按收、翻、蹬、停 4 拍做动作。做此练习时因没有视觉的帮助，要完全凭感觉来做动作。第一个层次明确动作概念，做 15 次×5 组，每次注意一个要点，第五组注意收、翻、蹬、夹动作的掌握效果。第二个层次"用力"的练习，做 15 次×2 组，第一组慢收快蹬练习，第二组加速蹬水练习，一开始不要用力蹬水因为水是流动的，一开始就用大力会把水蹬跑，而由慢到快地加速蹬水，就能始终蹬上水，提高动作效果。

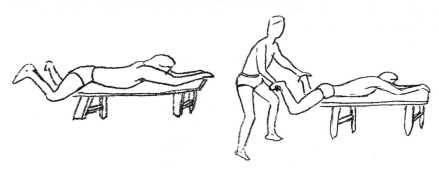

俯卧凳上蛙泳腿练习

图 3-2-12

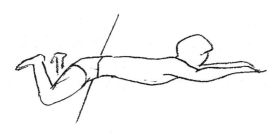

俯卧池边蛙泳腿练习

图 3-2-13

（3）水中练习

1）扶池边蛙泳腿练习

由于身体全部浸入水中,有的人会感到害怕,这时可睁开眼睛,看着水中周围的情况,可以减少一些害怕心理。扶池边的蛙泳腿练习要结合呼吸进行。具体练习步骤如下:

- 憋气蛙泳腿练习:要在这个练习中正确熟练地掌握蛙泳腿技术。
- 加呼吸的蛙泳腿练习:方法是 3 次腿 1 呼吸-2 次腿 1 呼吸-1 次腿 1 呼吸。

为什么用多腿少呼吸的方式呢?因为这时呼吸动作还不熟练,在一个蛙泳腿的动作周期内还不能把气完全吐光,而用多腿少呼吸的方法就可以达到这个目的,3 次腿完成前,气也快没了,这时抬头吸气,就能够吸到气,避免了"假呼吸"的动作,随着呼吸技术熟练程度的提高,腿的次数减少,最后达到 1 次腿 1 呼吸。练习次数是 3 次腿 1 呼吸(3 口气 12 次腿×3 组);2 次腿 1 呼吸(5 口气 12 次腿×3 组);1 次腿 1 呼吸(9 口气 10 次腿×3 组)。当这个练习结束后,就可以掌握带呼吸的蛙泳腿练习技术了(图 3-2-14)。

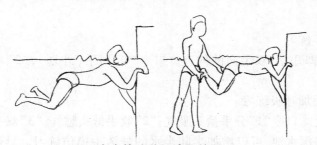

水中扶池壁蛙泳腿练习

图 3-2-14

2）扶板蛙泳腿练习

如果是在深水区进行练习,在熟悉水性阶段,因为少了一步漂浮滑行的练习,这时进行扶板蹬蛙泳腿的练习是第一次脱离池边。可先做半陆半水的模仿练习,即身体在岸上,腿在水中,双手拿着板子,尽量接近水中扶板蹬腿练习。按照收、翻、蹬、停 4 拍做,在停的时候抬头换气,用力吐气说"啪"字。停的时候可坚持 3 s,换完气低头后再收腿。有一点必须重点强调——先低头,后收腿。第一次扶板蹬腿,可以做抬头的蛙泳蹬腿 8×25 m,第二次练习必须加上呼吸动作,做蹬腿和呼吸配合的练习。

2. 手臂动作

（1）动作要点

1）外划

双手前伸,手掌倾斜大约 45°(小拇指朝上)。双手同时向外、向后方划,继而屈臂向后、向下方划。

2）内划

掌心由外转向内,手带动小臂加速内划,手由下向上在胸前并拢(手高肘低、肘在肩下),前伸。

3）前伸

双手向前伸（肘关节伸直）。

外划是放松的,内划是用力的、加速完成的,是积极的前伸（图3-2-15）。

蛙泳划手路线

图3-2-15

（2）陆上模仿

1）站立蛙泳手练习

身体前倾,双脚开立,双手向前伸直。口令"1"划手（外划）,"2"收手（内划）,"3"前伸。

2）站立蛙泳手加呼吸练习

站立姿势同上。口令"1"分手抬头吸气;"2"收手低头憋气;"3"双手前伸吐气。

如果教学区在深水池,可以增加半陆半水的蛙泳手模仿练习。具体动作形式:俯卧池边,头和上肢在水中,池边与腋窝齐平,先练划手,然后再加上呼吸。

（3）水中练习

1）深水池

一手扶池边,一手划手前进（4×25 m）,左右两个方向各2次。身体可以站立也可以俯卧,俯卧练习时可以加上呼吸动作。

2）浅水池

在浅水池进行教学,蛙泳手的教学比较容易。站立在游泳池中,水位最好在胸口处,先教划手,然后再教划手和呼吸配合（要求同模仿练习）。在学员做练习的时候可以边走动边划手,学员可以更好地体会到划手推动身体前进的效果（图3-2-16）。还可以双人练习,即一个人俯卧在水中,另一个人用双手架住他的双腿,给他支撑,使他能够做划手动作（图3-2-17）。

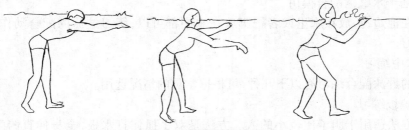

浅水池蛙泳划手练习

图 3-2-16

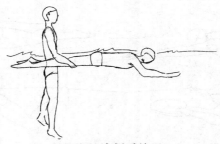

双人蛙泳划手练习

图 3-2-17

3. 完整配合动作

（1）动作要点

完整配合动作是指划手、打腿和呼吸的完整配合。双手外划时抬头换气，双手内划时收腿低头稍憋气，双手前伸过头时蹬腿吐气。蛙泳配合的顺口溜将这一配合动作讲解得十分清楚："划手腿不动，收手再收腿，先伸胳膊后蹬腿，并拢直漂一会儿。"从顺口溜中可以看到，手的动作是先于腿的动作。一定要在收手后再收腿，伸手后再蹬腿。

（2）陆上模仿练习

1）站立蛙泳配合模仿

直立，双臂上举，双手并拢。用口令进行练习："1"划手，"2"收手，"3"收腿，"4"伸手，"5"蹬腿（图 3-2-18）。

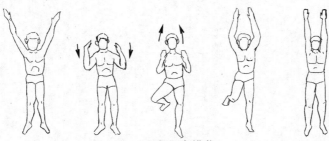

陆上蛙泳配合模仿

图 3-2-18

2）半陆半水蛙泳配合模仿

俯卧在池边，头放在水里或者把脚放在水中都可以，练习蛙泳的配合动作。口令同前一个练习。

（3）水中练习

水中的蛙泳配合练习有以下几种，可根据学员的情况选用。

1）推拉板练习

此种方法适用于胆子比较小的人。方法是双手抓住打水板，全身伸直俯卧水中，抬头吸气的时候肘关节弯曲，把板子拉到胸前，收腿，翻脚。低头吸气时把板子推出去，肘关节快伸直的时候蹬腿（图3-2-19）。

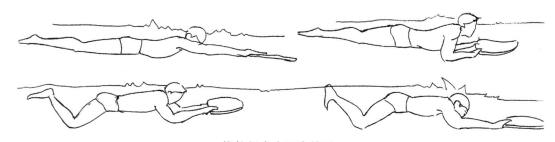

推拉板水中配合练习

图 3-2-19

2）扶池边配合练习（深水池用）

一只手抓住池边，另一只手和腿练习配合，然后换手再做一遍。

3）利用浮漂做配合练习

转动浮漂，把浮漂放在胸前练配合，这样戴浮漂会使人有一些安全感。

4）憋气配合练习

减少了呼吸动作，减低了动作难度，比较容易掌握配合动作。

5）完整配合练习（图3-2-20）

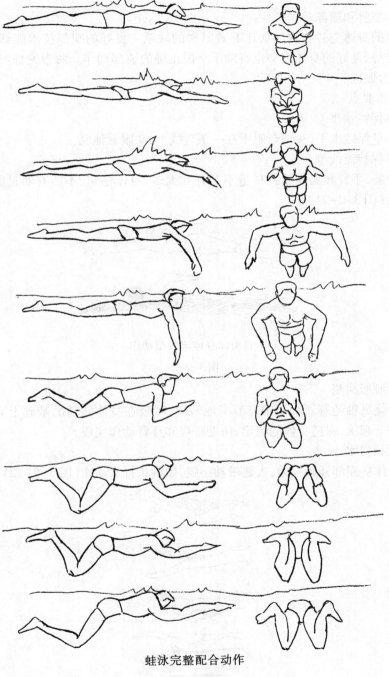

蛙泳完整配合动作

图 3-2-20

（三）自由泳技术动作要点及练习

1. 身体姿势和腿部动作

自由泳的身体姿势与腿部动作有着紧密的联系。良好的腿部技术能够帮助形成正确的身体姿势，良好的身体姿势也有助于掌握正确的腿部动作。两者的练习手段更是互相结合，互为促进。

（1）动作要点

1）身体保持水平

身体尽量保持水平，头部与躯干在一条直线上，两眼看池底。

2）身体保持流线型

身体伸展，手臂和腿伸展且尽量不要分开太多，身体稳定，不能有明显的左右摇摆，保持流线型（图3-2-21）。

自由泳身体流线型动作

图3-2-21

3）注意呼吸时机

身体围绕纵轴随着划水动作有节奏地转动，呼吸在身体转动的基础上完成，可以减少身体的上下起伏，保持身体的稳定，协助呼吸和移臂动作完成。

4）做鞭状打水

打腿动作从髋部开始发力，大腿带动小腿，做鞭状打水动作（图3-2-22）。

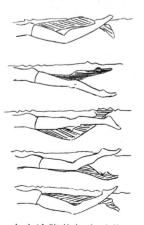

自由泳鞭状打水动作

图3-2-22

5）向上打水腿从直到弯

以直腿开始向上打,脚接近水面时屈膝,小腿上抬,使脚掌露出水面后向下打水。开始可要求学员直腿打水,但腿略放松,不要僵硬,在水的压力下腿会自然屈曲。向下打水前膝关节屈曲的角度约为130°~160°,打水幅度为30~40 cm。打水时要绷脚（芭蕾脚）,不要钩脚。

（2）陆上模仿练习

1）池边坐撑打水模仿练习

坐在游泳池边,两手后撑,身体略向后仰。两腿伸直并拢,脚背绷直。两腿先慢慢地交替上下打水,打水幅度约为30 cm,然后逐渐加快打水速度,并逐渐放松膝关节。注意打水时脚趾应指向对岸,不能向上。打水的水花像烧开的水,但不要四溅（图3-2-23）。

池边自由泳打水模仿练习

图3-2-23

2）俯卧池边打水模仿练习

俯卧在游泳池边,双腿悬在水中,伸直并拢。躯干保持一定的紧张度,两臂和肩前伸。两腿交替上下打水,动作要点同上一练习（图3-2-24）。

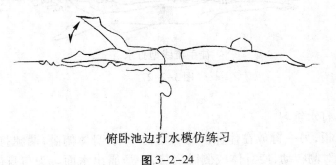

俯卧池边打水模仿练习

图3-2-24

（3）水中练习

1）扶边或水槽打水练习

两手轻扶水槽或池边,两臂和肩前伸,身体放松而平直地俯卧于水面上；低头,使头与躯干成一条直线。两腿上下交替打水,每打水6次,抬头吸气1次,吸气时躯干仍然保持俯卧姿势,腿不要因吸气而停止打水（图3-2-25）。

2）扶板打水练习

两手轻扶打水板做打水练习,动作要点与上一练习相同。手臂和躯干一定要放松伸展(图3-2-26)。

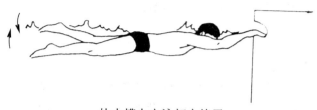

扶水槽自由泳打水练习

图3-2-25

扶板自由泳打水练习

图3-2-26

3）徒手流线型打水练习

两臂和肩前伸,身体放松平直地俯卧于水面,两腿交替打水,每打水6次,抬头吸气1次。初学者如果抬头有困难,可借助蛙泳划水帮助吸气,但吸气时打腿不能停止,身体位置不能破坏(图3-2-27)。

徒手流线型打水

图3-2-27

4）身体滚动打水练习

单手扶打水板,另一臂放在体侧。低头均匀呼气,身体俯卧,两腿打水6次,然后身体向扶板手臂的对侧转动,使身体成侧卧姿势,一肩露出水面。头与身体像一扇门一样作为一个整体一起转动,使嘴露出水面吸气。保持这种姿势再打水6次,然后再转回俯卧姿势,重复练习,每趟改变一次转动方向(图3-2-28)。

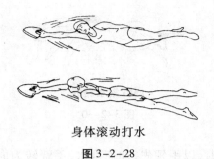

身体滚动打水

图 3-2-28

5）侧卧打水练习

单手扶打水板，另一臂放在体侧，身体从俯卧转为侧卧，扶板的手臂位于水下，另一侧肩和上臂露出水面。保持稳定的身体位置，两腿快速交替打水。吸气时如有困难，头可略向上转动，体会像鱼一样左右"摆尾"前进的感觉。练习时可每一趟更换一次方向。

6）垂直打水练习

这个练习适合于有一定基础的学员在深水中进行打水，身体应成垂直姿势，两臂在胸前相抱，通过两腿交替打水使头部维持在水面上，保证吸气。做这个练习时，身体应保持正直，从髋部发力打水，用小幅度、快频率的方式打水。开始时持续做 10~15 s 就可以休息，随着能力的提高逐渐加长练习时间（图 3-2-29）。

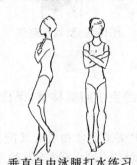

垂直自由泳腿打水练习

图 3-2-29

2. 臂部和呼吸动作

（1）动作要点

1）手的入水点在肩的延长线和身体中线之间，以大拇指领先，斜插入水。

2）入水后，手、肘、肩继续前伸，使手臂伸展。随着身体的转动，屈腕、屈肘，手臂向外、后方抓水；手下划到最低点后，旋转手臂向内、上、后方划水，保持高肘屈臂的划水姿势（图 3-2-30）。

屈臂划水路线

图 3-2-30

3）手臂与水平面垂直时，以手领先，加速推水，手臂转为向外、向上和向后划水直到大腿侧，提肘出水。

4）手臂在水下成曲线划水路线，从侧面看，手相对于身体的划水轨迹为"S"形（图3-2-31）。

手臂的S型划水路线

图 3-2-31

5）出水后，手臂自然、放松地经空中向前移臂，保持高肘姿势，然后手在肩前领先入水，开始下一次动作。

6）两臂配合有前交叉配合、中交叉配合和后交叉配合3种基本形式。前交叉配合比较容易掌握，适合初学者练习，还可以作为分解练习的手段，但动作不连贯，速度的均匀性差。后交叉配合容易破坏身体平衡，有头重脚轻的感觉。分解练习时多采用前交叉方式，但随后应采用"两臂交叉换位练习"予以修正（图3-2-32）。

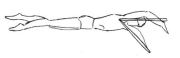 

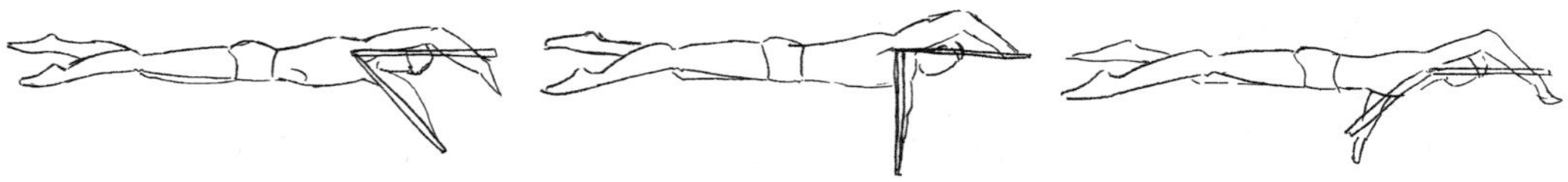

前交叉　　　　　　　　中交叉　　　　　　　　后交叉

自由泳手臂配合的3种形式

图 3-2-32

7）呼吸动作与身体的转动动作同时进行，使呼吸像"搭车"一样轻松省力。要掌握正确的吸气时机，以向右侧吸气为例：右手入水后用口和鼻缓缓呼气，身体向右侧加大转动幅度。当左手入水，右手向内划水时，头随身体开始向右转。右臂即将出水时，头随身体向右转动使嘴露出水面吸气。右手移臂时，头随身体向左转动，复原到水中（图3-2-33）。

自由泳移臂和呼吸动作

图 3-2-33

（2）陆上模仿练习

1）单臂自由泳划水模仿练习

站在池边，两腿前后开立成弓步，单臂缓慢地做自由泳划水的模仿动作，躯干和肩随手臂动作转动。动作应长、远，屈臂高肘抓水。每做 20 次后换另一臂（图 3-2-34）。

单臂自由泳划水模仿练习

图 3-2-34

261

2）双臂自由泳划水加呼吸模仿练习

体前屈，双手扶墙，头夹在两个大臂之间。划手两次，呼吸一次。要求转头呼吸时耳朵不能离开大臂（耳朵离开大臂，就是抬头吸气，不是转头吸气），眼睛看后面（此要求仅针对初学者，眼睛看前面也是抬头吸气）。教学重点是划手与呼吸的配合及转头呼吸。躯干和肩随划水动作绕身体纵轴转动，两肩的相对位置不断变化，如右臂入水，左臂出水时，左肩高，右肩低；左肩后，右肩前。动作熟练后加上呼吸动作（图 3-2-35）。

划水加呼吸模仿练习

图 3-2-35

3）俯卧池边单臂划手模仿练习

俯卧在池边上（身体与池边平行），一只手伸直，另一只手在水中做划手动作，两手交替做 20 次×2 组。重点体会手和小臂划水的感觉（图 3-2-36）。

俯卧池边单臂划手模仿练习

图 3-2-36

4）"独木舟"式配合模仿练习

两脚开立，上体前倾，两手轻握一根竹竿（像木舟的桨），两臂连续做划水模仿练习。这个练习有助于体会身体和肩的转动、两臂协调连贯的配合和身体平衡的感觉（图 3-2-37）。

"独木舟"式配合模仿练习

图 3-2-37

（3）水中练习

1）浅水中站立单臂划水与呼吸练习

站在浅水中，一手扶池边或水槽，一手做划水并配合呼吸的模仿动作。动作要求同陆上模仿练习基本相同，只是头要没入水中呼气，随身体转动转头，使嘴露出水面吸气。体会手臂对准水，并在水中克服阻力划动的感觉。

2）边走动边划水练习

站在浅水中，一边做自由泳划水动作，一边向前走动。体会自己向前走动的动力来自手臂的划水动作。

3）扶边打水加单臂划水练习

双手扶边或水槽，身体俯卧打水；边打水，边用一侧手臂做划水动作，头随身体的转动而转动吸气。划水不要连续进行，每划水1次后，两手前伸扶水槽打水6次，再做下一次动作。做10~20次后换另一臂（图3-2-38）。

扶边打水加单臂划水练习

图3-2-38

4）扶边打水加双臂前交叉划水练习

要求基本与上个练习相同，只是一臂划水结束后，扶池边打水6次后，另一臂划水，交替进行。

5）夹板划水练习

在两腿之间夹一个小打水板，使身体获得一定浮力，两臂做自由泳划水练习（图3-2-39）。

夹板划水练习

图3-2-39

3.完整配合动作

（1）动作要点

游泳是全身运动，任何一个部位的活动都离不开全身的协调配合。从表面上看，自由泳依靠划水和打腿产生推进力，实际上，躯干的作用也不能忽视。首先，躯干应保持一定的紧张度，腰部如果松软，整个人就像一摊泥一样。其次，身体的转动能够有效地发挥躯干部大肌肉群的力量,减少阻力,提高动作效果,就像提一袋米会觉得很重,背在身上就轻松多了,因为用上了大肌肉群的力量。

自由泳的完整配合有多种形式。一般常见的是每划水2次,打水6次,呼吸1次(图3-2-40)。

一次自由泳完整配合形式

图3-2-40

(2)陆上模仿练习

陆上练习同划水与呼吸的陆上模仿练习。

(3)水中练习

1)扶池边自由泳分解练习

动作和要求与双手扶墙模仿练习近似,只是增加了打腿动作。双手扶池边低头憋气,打腿保持身体的平衡,然后开始划手。先做不带呼吸的配合,一般每次练习划手4~5次左右,做3~4组以后再加上呼吸配合。

2)扶板打水加单臂划水练习

一手扶打水板,另一臂前伸,先漂浮打水约10次,然后用一只手臂划水,同时转动身体并吸气。当划水结束时,身体应处于侧卧位,手臂经空中前移入水。心中默数3下后,重复前面的动作(图3-2-41)。

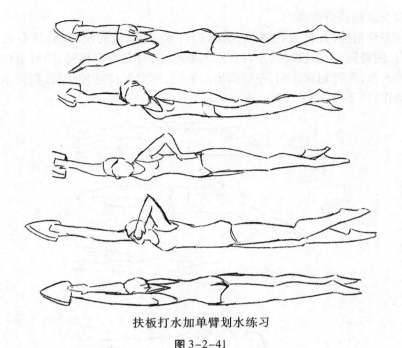

扶板打水加单臂划水练习

图 3-2-41

3）扶板自由泳配合练习

动作要求同池边配合练习,方法是双手扶板(肘关节在打水板的下沿,肘关节伸直,肩膀放松),先打腿 5 m 左右,再进行配合游的练习。先打腿的目的有两个:一是腿打不起来,身体不能保持平衡;二是在开始练习配合的时候人们往往忘记打腿。根据经验,能够连续打腿 25 米以后再教配合也是这个道理。

4）身体滚动滑行加双臂划水练习

蹬离池壁后,先俯卧漂浮,打水约 10 次,然后一只手臂前伸不动,另一臂划水,同时身体向一侧滚动并吸气。一臂划水结束后经空中移臂入水后,再划另一臂。重复练习,注意身体尽量向侧卧位转动(图 3-2-42)。

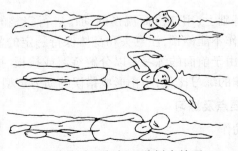

身体滚动滑行加双臂划水练习

图 3-2-42

5)双臂交叉换位分解练习

蹬边时左臂前伸,右臂放在体侧,两腿边打水,身体边向左转动,使右肩露出水面。打水6次后,两臂同时交叉换位,左臂在水下划水,右臂在空中移臂,同时身体向右转动;到右臂前伸入水,左臂划到体侧,左肩露出水面时,两臂保持这种位置,再打水6次,然后重复上述动作(图3-2-43)。

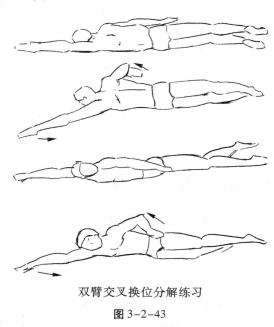

双臂交叉换位分解练习

图3-2-43

6)5-3-1配合练习

身体俯卧打水,左手划水5次,右手划水5次;然后左手和右手各划水3次,再各划1次。重复做上述动作。练习时注意头和身体保持稳定,做好转体和转肩动作。一臂前伸时顶肩高肘抓水,另一臂的肩和上臂露出水面。教员还可以根据教学目的采用其他的组合方式。

7)完整配合练习

在做好打水动作的基础上,用连贯而流畅的动作进行完整的自由泳配合练习:两臂分别同时划水和移臂,动作不能停顿,注意头和身体保持一定的紧张度,每次移臂时肩部要露出水面,动作伸展。由于前面的练习多以分解练习或扶板、扶池壁的腿部练习为主,此时应加大两手交叉动作的练习比重,防止形成错误的动力定型。

(四)仰泳技术动作要点及练习

1.身体姿势和腿部动作

(1)动作要点

1)身体保持伸展、正直,几乎水平地仰卧于水面,好像平躺在床上,头下有一只矮枕头。

2)动作与自由泳相似,身体随手臂划水动作,围绕纵轴有节奏地转动。

3）两腿交替做鞭状上下打水。向上打水时,大腿带动小腿屈腿向上踢,脚接近水面时,直腿向下压,上下打腿的幅度约为 40 cm。膝关节不能露出水面。

4）向上打水要快而有力,脚略内旋(内八字脚)并绷直;向下打水时腿和脚自然放松(图 3-2-44)。

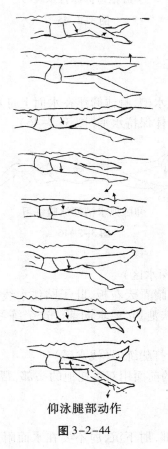

仰泳腿部动作

图 3-2-44

（2）陆上模仿练习

1）池边坐撑打水

此练习与自由泳坐撑陆上打水模仿练习基本相同。要求绷脚,膝盖不要弯曲,打水幅度 30～40 cm。

2）仰卧池边打水模仿

身体水平仰卧在池边,大腿以下放在水中,两腿交替上下打水。注意不要抬头看自己的腿和脚,依靠感觉完成动作(图 3-2-45)。

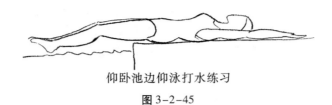

仰卧池边仰泳打水练习

图 3-2-45

（3）水中练习

1）扶边或水槽打水练习

两臂反握游泳池的池边或水槽,身体仰浮在水面上打水。两肩、两臂应放松,躯干保持适度紧张,头颈自然放松,身体保持水平(图3-2-46)。

仰卧抓水槽仰泳腿练习

图 3-2-46

2）双手握水线打水练习(深水区)

双手握住水线,收下颌,眼睛看天花板,肚子贴住水线打腿,身体姿势像躺在水面睡觉。如果没有水线,可以单手扶池边,要求同前。这个练习的主要目的是让学员掌握正确的身体姿势。

3）由同伴双手托头的仰泳打腿练习(浅水区)

一人打腿,一人在练习者的前面用双手托他的头部,帮助练习者保持身体平衡,同时配合练习者动作慢慢后退。

4）持板仰泳打腿练习

双手抓住打水板(手在腰部,肘下沉,肘不要在水面附近),挺腹,肚子贴在打水板上练习打水。

5）仰卧蹬边漂浮练习

先用双手抓水槽或池边,团身,双脚前脚掌蹬池壁。用双腿蹬离池边,身体后仰成仰卧,两臂放在体侧,在水面漂浮数秒钟(图3-2-47)。

仰卧蹬边漂浮练习

图 3-2-47

6）两臂位于体侧的仰泳打腿练习

从上个动作蹬边仰卧浮体开始，逐渐加上慢速的打水，使身体漂浮在水面上。如果学员感到躯干和下肢下沉，可在腹部系一个浮漂，待身体位置稳定后，再去掉浮漂（图3-2-48）。

两臂位于体侧的仰泳打水练习

图 3-2-48

7）双臂前伸仰泳打水练习

待上个练习熟练后，再进行这个练习。两臂前伸，两手相叠，头夹在两臂之间。仰卧蹬离池边，保持这种流线型姿势并打水（图3-2-49）。

两臂前伸的流线型打水练习

图 3-2-49

8）单臂前伸仰卧打水

仰卧蹬离池壁，一臂前伸成流线型，掌心向外，另一臂放在体侧。体侧臂的肩要露出水面，眼睛应能够看到自己的肩，头保持稳定，两腿交替打水（图3-2-50）。

单臂前伸仰卧打水练习

图 3-2-50

9）转动身体的仰泳打水

两臂放在体侧，身体仰卧漂浮打水。头部保持稳定，从肩部以下转动身体，使一侧肩露出水面，肩转到最高点后向另一侧转动。两腿要保持连续有力地打水动作，这个动作可用节拍控制。例如，仰卧打水时默数 3 下，转到一侧后再数 3 下，向另一侧转动（图 3-2-51）。

转动身体的仰泳打水练习

图 3-2-51

2. 臂部和呼吸动作

（1）动作要点

1）出水以大拇指领先，移臂时手臂与水面垂直，上臂贴近耳朵。移臂过程中手臂旋转，入水时小拇指领先插入水中（图 3-2-52）。

仰泳移臂动作

图 3-2-52

2）如果以头的位置为钟表 12 点处，两手的入水点应在 11 点和 1 点的位置。手入水后先直臂下划，然后屈臂向后上方划水。手臂与水面垂直时手臂向后下方加速推水，手臂从屈到直，之后手臂旋转，以大拇指领先出水（图 3-2-53）。

仰泳划水路线

图 3-2-53

3）两臂划水应与身体转动协调配合，两肩处于相反的位置，一臂划水时，另一臂移动。

4）呼吸虽然不受限制，但最好采用有节奏的呼吸方式，可以固定在一臂移臂时吸气。

（2）陆上模仿练习

1）仰泳移臂模仿练习

用身体的一侧靠墙站立，用靠近墙的手臂练习移臂动作。开始时大拇指领先，手臂边向上移动边转动，当手臂到达头的斜上方（即入水位置）时，掌心朝向墙壁。反复做。手臂始终靠近墙壁。移臂时肘关节伸直，在肩延长线上移臂。入水时大臂要贴近耳朵，划到大腿处手出水（图 3-2-54）。

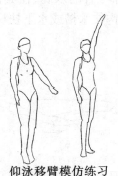

仰泳移臂模仿练习

图 3-2-54

2）单臂仰卧划水模仿练习

躺在长凳上或仰卧游泳池边（身体与池边平行），使一侧臂可以做仰泳划水模仿练习，尤其是屈臂划水动作（初学者可先做直臂划水）。由于手在水中划动，可以体会手臂划水时的阻力和加速划水的动作（图 3-2-55）。

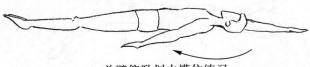

单臂仰卧划水模仿练习

图 3-2-55

3）站立式双臂仰泳划水模仿练习

站立，两臂做交替划水模仿动作。可以先做分解动作，双臂放在体侧，一臂划完，再划另一臂；然后两臂配合，采用中交叉方式，重点强化动作节奏（图3-2-56）。

站立双臂仰泳划水模仿练习

图3-2-56

（3）水中练习

1）双人浅水练习

在浅水中由教员或同伴抓住练习者的双腿，使其能够仰卧在水面上，做仰泳划水动作练习。如果在深水中，可用双脚钩住水槽或水下扶梯，两臂划水（图3-2-57）。

双人浅水仰泳划手练习

图3-2-57

2）扶水槽单臂练习

单手扶水槽或池边，身体仰卧在水面，另一臂划水（图3-2-58）。

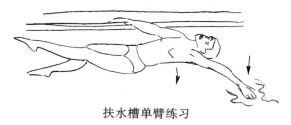

扶水槽单臂练习

图3-2-58

3.完整配合动作

(1)动作要点

1)保持水平的身体姿势,躯干和肩随手臂动作围绕纵轴转动,始终有一肩露出水面。

2)一般每划水 2 次,腿打水 6 次,呼吸 1 次。

(2)陆上模仿练习

同手臂动作陆上模仿练习。

(3)水中练习

1)单臂拉线划水练习

先仰卧打水,左臂前伸,右臂放在体侧,身体靠近左边的泳道线。左手抓住泳道线慢慢向后拉,然后继续向后下方推水。推水结束时提肩,使肩露出水面。保持这种姿势打水 6 次,然后重复动作。25 m 后换一个方向,同时换另一臂练习(图 3-2-59)。

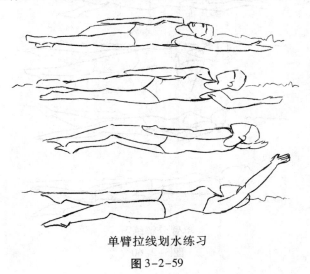

单臂拉线划水练习

图 3-2-59

2)单臂分解练习

这个练习与上个练习基本相同,但不再拉泳道线,不过可以想象仍然拉泳道线。单臂分解练习可以有不同的组合形式,如左 3 右 3,左 2 右 2 等(图 3-2-60)。

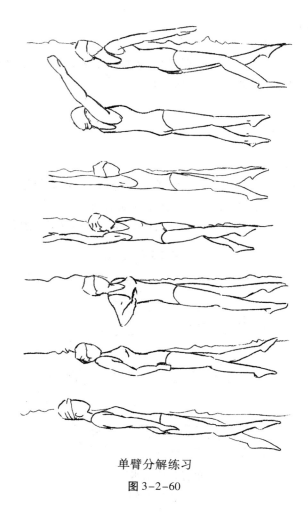

单臂分解练习

图 3-2-60

3）双臂分解练习

仰卧打水，右手前伸，左手放在体侧。两臂同时换位，右臂在水下划水，左臂经空中移臂。完成一次动作后，右肩保持在水面之上，腿打水 6 次，继续下一个动作。注意用肩引导手臂的动作，即先转肩，后划水或移臂。想象两肩像跷跷板那样前后转动（图3-2-61）。

双臂分解练习

图 3-2-61

4）完整配合练习

与上一动作基本相同，但两臂不再有停顿，而是连贯、流畅地划水。

（五）蝶泳技术动作要点及练习

1. 身体姿势和腿部动作

蝶泳的手臂动作好像蝴蝶在翩翩起舞，躯干和下肢动作像海豚游泳，因此蝶泳也称"海豚泳"。从动作外形上看，蝶泳需要两臂同时划水，两腿同时打水，因此蝶泳的推进力不均衡，游进速度也不均匀。速度慢于自由泳，快于仰泳和蛙泳。

（1）动作要点

1）游蝶泳时身体姿势不固定，成蜿蜒的曲线，呈流畅的上下起伏的波浪形前进。

2）头部保持较稳定的姿势，基本上一直目视下方，即使在吸气时也略收下颌（图3-2-62）。

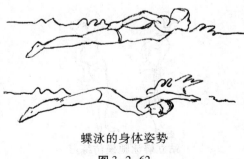

蝶泳的身体姿势

图 3-2-62

3）蝶泳打水应从躯干部开始发力，带动大腿、小腿和脚做鞭状打水动作。向上打水时，腿在躯干的带动下直腿上移，脚接近水面时屈腿向下打水。膝关节大的弯曲角度为

110°~130°(图3-2-63)。

4)向下打水时不能钩脚,脚尖朝后,不能朝下。踝关节越灵活,打水效果越好。

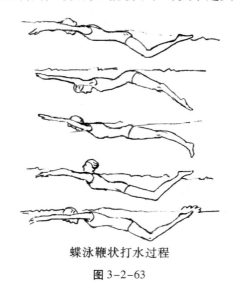

蝶泳鞭状打水过程

图3-2-63

（2）陆上模仿练习

1）站立蝶泳腿模仿练习

• 站在池边,手扶髋部,直腿向后送髋,向前送胸(好像站在水龙头前探身准备喝水),然后再屈腿向前送髋,向后送胸。开始动作慢一些,幅度大一些;熟练后将动作连起来,幅度减小,流畅地进行。

• 双手下垂,背对墙站立,臀部离墙壁10 cm。口令:"1"屈膝;"2"塌腰撅臀,臀碰墙;"3"伸直膝盖;"4"挺肚子。先分解做,然后再连续做。

• 双手上举,重复上述动作。

• 右手扶墙,右脚站立,左手放体侧,左脚离地。体会用腰带动腿的打水动作(图3-2-64)。

站立蝶泳腿模仿练习

图3-2-64

2）俯卧蝶泳腿模仿练习

俯卧在长凳或游泳池边,大腿以下悬空或放在水中,腰下可垫一块打水板。在腰部的带动下直腿上抬,再屈腿下打。开始时慢频率、大幅度,动作熟练后,逐渐加快频率,减小幅度(图3-2-65)。

俯卧蝶泳腿模仿

图3-2-65

(3)水中练习

1)直立躯干动作模仿练习(浅水区)

这个动作与陆上直立模仿练习(浅水区)相同,在齐腰深的水中进行,体会水的流动和阻力。

2)直立打腿练习(深水区)

双手扶池壁,手用力控制身体直立在水中(脚离池底),在水中直立做蝶泳腿的练习。

3)俯卧双手放在体侧蝶泳腿练习

开始做这个练习时,有的人为了能够做出波浪动作,用头部上下钻来带动躯干的动作,练习初期可以这样做,以后就要提出要求:头和肩部要保持在水面,用腰带动大腿和小腿做向下的抽打动作。为了强调腰部的动作,开始的时候还可以先直腿打水,腰部有了动作以后,再教鞭状打腿动作(图3-2-66)。

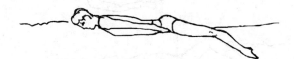

水中双手放在体侧蝶泳腿练习

图3-2-66

4)双手前伸蝶泳腿练习

在做这个练习的时候,有时会出现因呼吸困难而产生的打腿停顿现象,为了避免停顿,可以要求学员打腿4次,呼吸1次。这时还要教学员上抬放松、下打用力的节奏和加速打水的动作。

5)扶板蝶泳腿练习

两手扶打水板,俯卧做蝶泳打腿动作。体会打水板随打水动作节奏上下起伏的感觉。两手应扶住打水板的后缘,掌心向下(图3-2-67)。

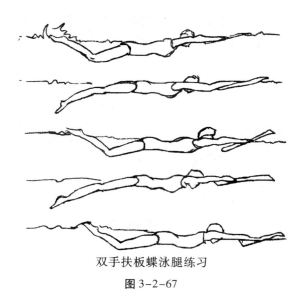

双手扶板蝶泳腿练习

图 3-2-67

6）波浪式鱼跃加打水练习

在浅水中练习,两臂前伸成流线型;先吸一口气,屈膝,向前上方鱼跃跳起,然后借势做几次蝶泳打水。如果游泳池有泳道线,可要求学员横向进行,从泳道线上方越过,体会腰腹部的用力感觉。

7）反蝶泳腿练习

仰卧蹬离池壁,两手放在体侧,从躯干部发力做波浪式打水动作,体会脚像鞭梢一样向上抽打的感觉。随着动作的熟练,可前伸两臂成流线型做打水练习（图3-2-68）。

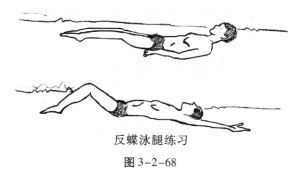

反蝶泳腿练习

图 3-2-68

8）侧卧蝶泳腿练习

身体侧卧,下面的手臂前伸,上面的手臂位于体侧,身体侧向做波浪状打水。通过这个练习,整个身体可以无拘无束地像鱼那样摆动。

9）垂直蝶泳打水练习

这个练习需在深水中进行,身体垂直,手臂放在体侧,头露出水面,用快速有力的蝶泳打水使头保持在水面上。体会躯干尽力前后打水的感觉,想象海洋公园中海豚直立在水面上用尾鳍拨水的动作。因为这个练习有一定难度,应在蝶泳腿动作比较熟练后安排,时间不要太长,练习10~15 s后休息30 s左右。可在练习2的基础上进行,即先扶边直立打腿,逐渐松开手打腿。如果学员动作比较熟练,可尝试把手臂伸出水面(图3-2-69)。

垂直蝶泳腿练习

图 3-2-69

2. 臂部和呼吸动作

(1)动作要点

1)手的入水点在两肩的延长线上,以大拇指领先,斜插入水。

2)入水后,肩、肘前伸,两手沿曲线向外、后、下方抓水。两手分开到肩宽时,屈腕、屈肘,加速划水。

3)两手分开达到最大宽度后,手臂转为向内、向上和向后划水,手臂上抬时保持高肘屈臂。两手在胸下或腹下时,手之间的距离最近。

4)两手距离接近最近时,手臂划水的方向再一次改变,转为向外、向上和向后划水,直至出水。

5)蝶泳的划水路线一般为"钥匙孔"形,指两手在胸下或腹下时距离最近,这种前后划水路线比较均匀(图3-2-70)。

蝶泳划水路线

图 3-2-70

6)出水后,手臂在肩的带动下经空中向前移臂,准备入水。移臂一般以低、平、放松的姿势从两侧前移(图3-2-71)。

蝶泳空中移臂动作

图 3-2-71

7）呼吸与划水的配合。手臂结束向内划水时，头露出水面吸气，移臂时头还原入水。记住两个"之前"，即头在手出水前出水，在手入水前入水（图 3-2-72）。

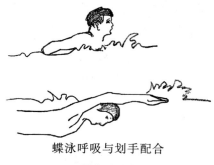

蝶泳呼吸与划手配合

图 3-2-72

（2）陆上模仿练习

1）单臂划水模仿练习

站立，腰部前屈，单臂做蝶泳划水模仿练习。注意划水时应高肘屈臂，移臂动作自然放松，逐渐加上与呼吸的配合。

2）双臂划水模仿练习

站立，腰部前屈，两臂同时做蝶泳划水模仿练习，逐渐加上与呼吸的配合（图 3-2-73）。

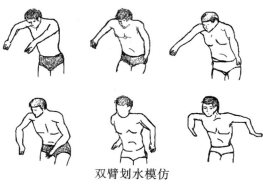

双臂划水模仿

图 3-2-73

（3）水中练习

1）浅水中站立或走动模仿练习

站在齐胸深的水中，双手同时做蝶泳划水模仿动作，体会水的流动和阻力。逐渐从站立变为走动，体会通过划水使自己前进的感觉。

2）单臂多次腿练习

两臂前伸成流线型打水，先打 10 次腿做 1 次单臂划水，之后逐渐减少打水次数，直到 4 次腿 1 次手。

3）双臂多次腿练习

练习形式同上，只是单臂划水换成双臂划水。

4）浅水中鱼跃跳起接蝶泳划水练习

浅水中屈膝，向前上方鱼跃跳起，边打水边做一次划水动作，然后停下，再重复上次动作（图 3-2-74）。

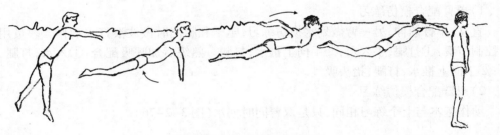

鱼跃跳起接蝶泳划水练习

图 3-2-74

3. 完整配合动作

（1）动作要点

1）划水与打腿的配合方式是每划水 1 次，打水 2 次。

2）手入水的时候打第一次腿，注意肩前伸的同时提臀（臀部露出水面）。手划到腹下加速推水时打第二次腿，注意手快划腿快蹬，借助向下打腿的力量使身体位置上升；头部露出水面换气，双手经空中同时向前移臂，移至肩平处，低头，双手入水。

3）完整配合方式一般采用 2 次打腿、1 次划水、1 次吸气，也有的采用 4 次打腿、2 次划水、1 次吸气（图 3-2-75）。

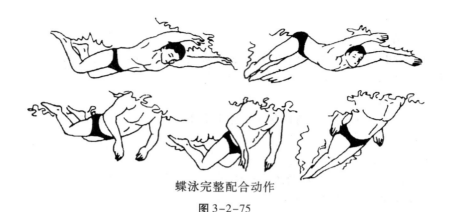

蝶泳完整配合动作

图 3-2-75

（2）陆上模仿练习

1）单臂配合模仿练习

直立，单臂前伸，另一臂做划水模仿练习，躯干和腿同时做波浪打水动作。教员用口令控制节奏：①打腿，手入水；②手向上推水，打腿。熟练后加呼吸配合：①入水，打腿，低头；②手向上推水，打腿，抬头吸气。

2）双臂配合模仿练习

动作基本与上个练习相同，只是双臂同时划水（图 3-2-76）。

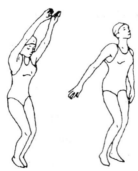

蝶泳完整动作的陆地模仿

图 3-2-76

体能训练篇

（3）水中练习手段

1）单臂配合练习

单臂配合可分为两种。一种（练习 A）是单臂前伸，另一臂划水，同时与打腿和呼吸协调配合，转头吸气（图 3-2-77）。另一种（练习 B）是一臂放在体侧，另一臂划水。练习 A 相对简单一些，适合于初学者，练习时可要求学员将下潜动作做得夸张一些，想象自己从一条小船的尾部下潜，从船头出水。强调头在手之前入水，及躯干的波浪动作。每25 m 更换手臂（图 3-2-78）。

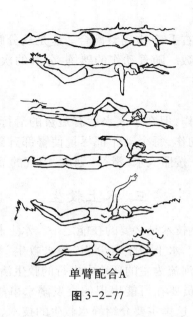

单臂配合A

图 3-2-77

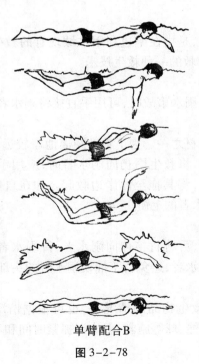

单臂配合B

图 3-2-78

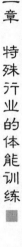

2) 不同形式的分解配合练习

实际上是单臂配合的不同形式。5 次左手、5 次右手,3 次左手、3 次右手,1 次左手、1 次右手。在此基础上还可以做其他练习,如 3 次左手、3 次右手等。

3）分解过渡配合练习

2次左手单臂分解，2次右手，2次完整配合。这是从分解到完整配合之间的过渡练习。还可以选择其他组合次数。随着动作的熟练，分解的次数可减少，配合的动作次数可逐渐增多。

4）有滑行的蝶泳配合

基本上就是完整配合动作，但在手入水后有短暂的滑行阶段，同时打腿。注意躯干动作，适当夸大躯干的波浪动作，每个动作都尽量使臀部升到水面上。滑行时将两手的拇指相扣，保持身体流线型。按照入水-滑行-划水-吸气的节奏进行。

三、水上救生

作为空乘人员，水上救生技术是必要的技能之一。水上救生是指人们在水上活动时发生意外所采取的救助措施。水上救生可分为"静水救生"和"海浪救生"两类。"静水救生"是指在湖泊、游泳池和河流为主的环境中进行的救生活动；"海浪救生"是指在海浪中进行的救生活动。空乘人员要在可能出现的突发溺水事故时可以在第一时间抢救溺水者，避免溺亡事故的发生。这里主要介绍静水救生的技术、方法、措施和相关内容。

（一）间接赴救

间接赴救也叫池岸赴救，是指在岸边利用水域现有的救生器材（如救生圈、竹竿、绳子等），对较清醒的溺水者施救的一种救生技术。

1. 手援

在离岸边较近距离发生溺水事故时，可用手直接将溺水者拖救上岸。

2. 救生圈

救生圈是常用的救生器材之一。为了救助距离池岸较远的溺水者，救生圈上可系一条绳子。事先应整理好绳子，将救生圈扔向溺水者时，应用手握紧或用脚踩住绳子的另一端。溺水者抓住救生圈后，将其拖至池岸边救起。如在自然水域，应注意观察风向和水的流向，将救生圈抛到溺水者的上游。

3. 竹竿

当溺水者离池岸较近时，可将竹竿伸向溺水者，待溺水者抓住后将其拖到岸边。但一定要注意不能捅戳伤害溺水者，避免竹竿捅伤溺水者的头部、咽喉、眼睛等要害部位。

4. 其他救生物

在情况紧急，没有上述救生物品的情况下，也可根据情况利用一些其他物品，如毛巾、救生衣、泡沫板、木板、长绳、球等施救，但应以抓紧时间和不伤害溺水者为前提。

（二）直接赴救

直接赴救也叫水中赴救，是在没有或无法利用救生器具拯救溺水者，或溺水者已经处于昏迷状态无法使用救生器具时采用的赴救技术。水中赴救的技术比较复杂，对施救者也有一定的危险性，因此，在条件允许时，应尽可能利用救生器材实施间接赴救，以保护施救者自身的安全。直接赴救可分为入水前的观察、入水、接近、解脱、拖带、上岸等过程。

1. 入水

当发现溺水者时,迅速扫视水域,判断溺水者与自己的距离。在自然水域还要注意水流方向等因素,本着尽快接近溺水者的原则,迅速选择好入水地点。

如果在自己熟悉的游泳池或水域,下水地点水较深时,可以采用头先入水的动作,这种入水动作速度较快。

如果在不熟悉的水域,为保证施救者自身的安全,应采用脚先入水的方式,如跨步式入水或蛙腿式入水,以及坐式、抱膝式等入水方式。

2. 接近

施救者入水后应尽快接近溺水者,并做好控制和拖带溺水者的准备。游近溺水者时一般采用抬头自由泳技术或抬头蛙泳技术,以便观察溺水者。在接近时,施救者应与溺水者保持一定的安全距离,并在接近后尽可能从溺水者的背后做动作,以确保自身安全。

(1)背面接近

一般情况下都应该采用背面接近。施救者在溺水者后面1 m处停住,一手托腋,使溺水者口鼻露出水面,另一手夹胸做好拖带准备。

(2)侧面接近

当溺水者尚未下沉,特别是两手在水面上挥舞挣扎时,或在水质混沌的水域,施救者可有意识地从正面转向溺水者的侧面,迅速抓住溺水者的近侧手腕,边向胸前拉边夹胸托腋控制溺水者。

(3)正面接近

入水后游到距离溺水者3 m处急停,下潜到溺水者髋部以下,双手托溺水者髋部,将溺水者转动180°,一手托腋,另一手夹胸托腋拖带。

3. 解脱

由于在水中挣扎的溺水者只要抓住任何东西就不会轻易松手,施救者为保证自身和溺水者的安全,就要采用相应的解脱术解脱溺水者的抓抱。解脱的主要方法是转腕、扳手指、反(扭)关节、推击等。以溺水者从后面将施救者颈部抱住为例,施救者应下沉,双手上推溺水者的双肘,同时头部向下抽,趁势抓住溺水者的一手腕,将溺水者转至背贴施救者前胸,夹胸控制住溺水者。

在接近溺水者时,施救者就应该观察判断溺水者的位置和情况,尽量不被溺水者抓抱。如果被溺水者抓抱住,施救者不要惊慌,当溺水者神志清醒时可告知自己是来施救的,让溺水者尽量精神放松积极配合。如果溺水者神志不清醒,就要根据不同情况采用不同的解脱方法,将溺水者控制住。

4. 拖带

拖带是指施救者将溺水者拖到岸边的过程。拖带时一般采用侧泳或反蛙泳姿势,依次分为夹胸拖带、托双腋拖带、托枕(后脑)拖带、双手托额拖带等。如果有两人同时施救,还可以双人拖带。

5. 上岸

根据水深、有无扶梯、溺水者是否昏迷,上岸方法各不相同。

（三）心肺复苏

将溺水者救上岸后,应根据溺水者的情况判断是否需要进行现场急救。对于意识发生障碍、呼吸和循环功能明显下降或停止,甚至濒临死亡者,采用心肺复苏术等现场急救方法能够达到抢救生命,提高生存率,减轻病痛,防止病情恶化,降低伤残率的目的。

溺水者如果得不到及时赴救,或赴救后现场急救不及时,就可能出现窒息(呼吸停止),进而导致心跳停止(血液循环停止)等病变,使溺水者的生命安全遭到严重威胁。人体呼吸停止 40~60 s 时通常会出现意识不清醒,再延长至 2~3 min 时,就会引起脑细胞受损,死亡率较高。当呼吸停止后,如果不采取任何急救措施,一般会在 7~8 min 内死亡,即使能够挽回生命,也常常导致终身残疾。因此,施救者一定要争分夺秒尽快对溺水者进行心肺复苏术,绝不可延误时间,铸成大错。

心肺复苏术操作的基本程序主要有畅通呼吸道、人工呼吸和胸外心脏按压。

1. 畅通呼吸道

在畅通呼吸道之前应先检查溺水者的意识,可以大声喊叫,并轻拍溺水者的肩部。如果没有意识,应立即呼救,或请他人拨打急救电话,同时使溺水者仰卧在坚硬的平面上,并立即畅通溺水者的呼吸道。

畅通呼吸道的方法主要有头部后屈法、头部后屈和颌尖上抬法、头部后屈和上颌上抬法等。

此外,如果呼吸道内有水、污泥、呕吐物等异物,应将异物排除。

2. 人工呼吸

在保持呼吸道畅通的情况下,观察溺水者胸部有无起伏,聆听溺水者的口鼻有无呼吸的声音并感受有无吐气的气息。若有呼吸,应立即送医院检查;如果没有呼吸,应立即做人工呼吸。人工呼吸的方法有口对口和口对鼻两种方法,这里简单介绍口对口人工呼吸方法。

（1）畅通呼吸道,用一手捏住溺水者的鼻子,防止漏气。

（2）深吸一口气,张大嘴巴罩住溺水者的嘴,不要漏气,向口内吹气。连续进行二次充分吹气,每一次吹气后,抬起嘴,手松鼻,侧转头吸入新鲜空气。如果吹气有效,溺水者的胸部会膨胀。

（3）每次吹气 1~1.5 s,吹气 800~1 200 ml,以每分钟约 12 次的频率进行,直到溺水者恢复自主呼吸。

3. 胸外心脏按压

如果溺水者的心脏已经停止了跳动,即使进行人工呼吸也不能促进血液循环,不能进行氧气交换,所以,如果溺水者心跳停止,在做人工呼吸的同时还要进行胸外心脏按压。

检查心跳是否停止的方法是在保持呼吸道畅通的情况下,用手触摸颈动脉,检查有无脉搏。

（1）胸外心脏按压部位

成人的按压部位在胸骨的中 1/3 与下 1/3 段的交界处,儿童的按压部位在胸骨中1/3 段。

（2）胸外心脏按压方法

施救者伸直双肘，向脊柱垂直方向加上体重做压迫动作，对成人按照每分钟60～80次的速度按压，按压深度4～5 cm。

对儿童应以单手掌根按压，以每分钟80～100次的速度按压，按压深度2.5～4 cm。

如果溺水者为婴儿，应以单手中指和无名指并拢按压，按压速度每分钟大于100次，按压深度1.5～2.5 cm。

4.现场心肺复苏操作

（1）单人操作

判断有无意识，如无意识，立即呼救并拨打急救电话，同时将溺水者置仰卧体位，保持呼吸道畅通。

判断有无呼吸，如无呼吸立即进行口对口吹气两次。

判断有无心跳，如果没有则须进行胸外心脏按压和人工呼吸。对于成人，每做15次按压，做人工呼吸2次，以15∶2的比例反复进行。每做4遍再次检查。

如有脉搏无呼吸，则只做吹气，每5 s吹1次气。

（2）双人操作

双人操作是两人同时进行，施救者分别跪在溺水者两侧，一人进行胸外心脏按压，另一人进行人工呼吸。两人配合要协调，吹气必须在胸外按压的松弛时间内完成。按压与吹气的比例为5∶1。

第三节　模特行业人员体能训练

不同的职业环境和不同的个性修养，在一定程度上将会影响人的感官视觉形象，尤其是在某些职业中，人的视觉形象甚至是职业的必须。例如时装模特儿这种职业，就是以模特独有的身高和匀称的形体比例以及良好的相貌气质，给人们带来一种视觉形象上的美好享受。很多人似乎都认为模特儿的身材形体是与生俱来的，其实，后天的修炼才是打造完美、和谐、神韵的最具有意义的视觉形象途径；否则，再好的自然条件也无法维持长久乃至完美。由此，修炼自身良好的身材形体条件，无论是在日常的生活、工作中，还是在心理感觉上，都会潜移默化地树立一种难以言表的自信和骄傲，为时装和T型台增添活力。

人们习惯上认为对时装模特儿的形体要求是以身高为标准，很多梦想走上T型台的年轻人对于模特儿的形体标准也存在着误区，认为只要身材高挑就能够成为时装模特。其实，身高虽然是成为时装模特儿的一个关键性指标，但却不是唯一的砝码，而只是其中的一个基本外在条件。对于模特儿来说，肌肉紧致、身体健康、身材比例和谐的一个整体形象才是完美的，这种和谐包括了外在的自然条件和内在的修养气质，模特良好的整体视觉形象，从外在方面主要表现在身材的比例和谐。那么，我们可以从事以下几种体能训练，来帮助我们维持良好的体型，塑造和谐的身材比例。

一、有氧运动训练法

有氧运动的主要功能之一就是减脂,也就是说,可以帮助练习者消耗掉多余的脂肪。大部分人眼中的时装模特都是瘦削、高挑、骨感十足的印象。经常进行科学合理的有氧运动,不仅可以锻炼我们的心肺功能,有益于肌肉、骨骼、关节的和谐发展,更加能够以身体内储存的脂肪为主要能源物质提供我们运动时所需能量,从而使我们保持良好的体型体态,以满足职业需求。

有氧耐力具体的训练方法、内容、强度、持续时间等,在体能训练篇第二章第三节已详细介绍,这里不再赘述。

二、柔韧性健身法

所谓柔韧性健身法,其实就是依据模特儿的职业特性,重点训练和保持形体身材的柔顺感与协调感。训练方式则不能一概而论,关键取决于是否适合模特自己的形体特性。每个人的身材形体都有完美的一面和不完美的一面,关键要先了解自己的整体视觉形象比例关系,而不能一味地盲从,比如游泳锻炼的方式较适合肩部窄小的模特。对于时装模特来说,身材形体训练建议采用"柔韧性"的方式比较好,要尽可能地避免负重型、爆发型一类的训练。一般模特提倡采用并借鉴像瑜伽、艺术体操、平衡、普拉提以及游泳等的训练方式,但训练中关键是要选择好其中的"适当部分"来对照自身特性进行形体的训练和保持,这样才能够在整体上达到外柔内韧,即柔于协调,韧于神气的状态。

三、舍宾训练

(一)舍宾及其特点

舍宾是英文 SHAPING 的译音,来源于 20 世纪 90 年代的俄罗斯,其含义就是形体整型、塑造或雕塑。它包括形体测试系统、形体锻炼系统、形体营养处方系统、形体模特服装、发型优化系统、软组织运动雕塑程序方法体系。它是有别于健美操、有氧操的一种全方位追求形体美和形象美的运动。舍宾融合了体育、营养、美容、舞蹈等众多学科中对"美"的理解,是目前世界上唯一获得专利的形体雕塑系统。教练通常把舍宾的练习过程比喻成捏泥巴,针对每个人不同的骨骼类型、不同的部位来雕塑体型。

女子舍宾是针对女性的生理特点,面对现代人对全面美的追求,由许多致力于形体研究的运动学家、医学家、营养学家、美学家和电脑专家等经过多年的共同努力,全面研究了人类生命、健康、长寿、生长、发育以及肌肉、骨骼等领域,得出的一套人体标准体态和最佳气质的人体美化工程系统,创造性地开发出了一套人类形体的计算机测评系统和骨骼结构分类形体模型标准设计方法,是一套全新的形体雕塑和形象美化的科学方法,具有很强的综合性、科学性和针对性。

舍宾对人体美的定义是健康、体形、动作、姿态、修养、服饰在个性基础上的协调和统一,因此舍宾不仅有效地对参加者进行形体雕塑,而且还通过多种练习使参加者身体健康、动作协调、姿态优美、举止文雅得体。舍宾体系的发型、化妆、服装参谋系统将对参加者提供合乎个人形体与气质的总体形象美化的指导。

(二)舍宾训练方法

舍宾运动最吸引人的是它的一套完备的电脑测试系统和独特的体能训练系统:练习前你把自己的身高、体重、三围等数据输入电脑,电脑自行将人体类型分为十种,你会知道自己属于哪一种,然后,电脑会给你开个运动处方并告诉你的体型在先天遗传条件下所能达到的最佳模式,即训练目标。舍宾运动设计了高水准的形体舞蹈训练和姿态训练,借以培养你的气质和姿态,其中许多独特的造型"亮相"动作是俄罗斯专家们根据世界最具魅力的女影星日常姿态而研究出来的。教练还会每月一次对学员的身体状况进行全面测评,然后由电脑运算出新的方案。几个月后,经过舍宾运动的精雕细刻,对健美强身充满渴望的女性便会体态匀称、气质高贵、举止优雅、打扮适宜、充满魅力。

一次舍宾训练将持续 85 min,共分为以下几种练习。

(三)舍宾训练内容

1. 姿态训练

动作简单、优美、舒展,像舞蹈动作,使练习避免枯燥,具有女性化特点。动作中包含大量的胸部含展练习,大幅度上肢的摆动与配合动作,目的是提高我们上背部的优美度,使我们的胸部和上背部得到更好的发展,改善我们的不良姿态。

2. 姿势训练

动作简单、优美,目的是指导练习者形成正确、优美的各种姿势,能够充分展示自身体型的优点、内在的高雅气质和魅力。

3. 步态训练

这个阶段会让练习者换上高跟鞋,跟着教练做步态和姿势练习,包括造型、转身、下蹲、叉腰、双手交换物品等。让练习者在动作中显得娴熟、高贵、优雅而女人味十足。

4. 协调性训练

协调性训练主要是一些较女性化的舞蹈动作与组合训练,动作复杂,变化多,经过长期的练习,对人的协调性、伸展性、乐感、自我表现力等都会有很大程度的提升。

5. 肌肉训练

肌肉训练是舍宾的经典练习,主要是针对人体五大肌肉区,根据个体测试结果,进行不同负荷、不同部位、多次重复的不负重练习,使训练达到区别对待,有针对性地雕塑体型的目的。

(四)舍宾训练饮食规则

舍宾训练不提倡练习者节食,但是在训练当天会有一些饮食规则需要严格遵守,这些规则也是根据前苏联奥林匹克运动员的饮食营养规律的数据,和一些志愿者实验数据进行了长期的研究综合总结出来的,为练习者获得更好的锻炼效果提出科学、有效的饮食建议。当然平时也应养成良好的生活习惯与饮食习惯,如应少食多餐,多食水果、蔬菜、豆类、粗纤维等。

训练当天的饮食规则:

(1)训练前 5 h 可以吃些动物蛋白;

（2）训练前 3 h 可以吃蔬菜水果；

（3）训练前 1 h 可以喝水；

（4）训练后 1 h 可以喝水；

（5）训练后 3 h 可以吃蔬菜水果，能够帮助机体补充维生素、矿物质，有助于排出体内残渣，同时还不会令体内血糖升高；

（6）训练后 5 h 可以正常用餐；

（7）无论是否训练日，睡前 2～3 h，不再进食。

由于舍宾训练拥有专利权，其各项练习内容每隔一段时间就会更新，有专门的录像资料，由专门的教练带领练习者进行训练，这里我们不做过多地介绍。

四、徒手或轻器械肌肉练习法

一般来讲，由于种族的关系，黑色皮肤的人种相对肌肉密度较大、臀部上翘、毛发少、毛孔小、皮肤细腻、显得更紧致。黑人模特虽然瘦小却也会给人健康、结实、精干的总体印象，而亚洲模特由于肌肉密度不够，皮脂少而瘦的人显得瘦骨嶙峋，皮脂厚的人又会显得肥而臃肿，普遍缺乏一种由于拥有充实的肌肉而显得紧致、结实、个性、强势的模特感觉。那么轻小器械训练可以帮助我们锻炼身体各部位的肌肉，使他们显得更加结实、紧密、有形，却不会使肌肉显得粗大、健壮，同时也能消耗多余的脂肪。另外，合理、有针对性的徒手或轻器械的肌肉练习可以修正我们的体型，不同程度地弥补身材比例缺陷。

从人体和生理发育自然规则来说，任何方法仅仅是保持与维护的手段，身体的自然条件如果运用破坏式的强制手段去修正，从规律上看是得不偿失的，而恰恰身体许多部位依靠普通的训练是难以改变状态的；另一方面，身体许多部位依靠普通的训练也难以改变其固有的状态，例如，身高和头部大小都无法通过训练改变，但是这些部位可以通过训练做到视觉上形象的比例协调。

（一）上肢及手的练习

1. 上肢练习

可以锻炼手臂肱二头肌、肱三头肌以及前臂肌肉群，使练习者的上肢显得修长、紧致而有形。练习方法为：

（1）手臂摆动

以肩为轴，手臂向前（或侧）摆动至前（或侧）平举。用力时，大臂带动小臂，依次用力，用力要柔和、均匀。同样方法摆动收回。

（2）手臂波浪

准备姿势，直立。动作时，双臂在体侧，肩、肘、腕关节依次上下用力，让手臂像波浪一样运动。

2. 手的练习

可以促进手部血液循环，使我们的手指更灵活，手势、手型细腻、优美，有利于保持优美的手形。练习方法为：

（1）牵拉手指

双臂体前自然屈肘，用右手拇指、示指上下捏左手指尖，同时进行牵拉（图3-3-1）。

图3-3-1　　　　　　　　　　　图3-3-2

（2）弹动手指

双臂体前自然屈肘，指尖向上，掌心向后，五指自然伸直。前后弹动，犹如弹钢琴一般。要求手指弹动幅度要大（图3-3-2）。

（3）轮指

双臂体前自然屈肘，手心向上，从小拇指到大拇指依次波动，手腕伴随内旋、外展（图3-3-3）。

图3-3-3

（4）手腕绕"8"字

两臂侧平举，手心向下。屈腕，手指经下、前向上翻腕至手心向上，伸腕，手指经下、后向下翻腕，手心向下前后绕"8"字，练习时保持手形优雅（图3-3-4）。

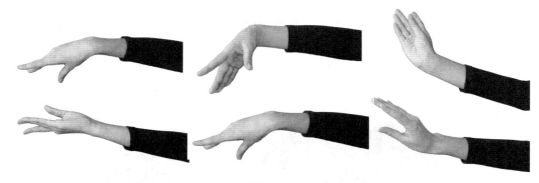

图 3-3-4

（5）手波浪

双臂体前自然屈肘,握拳。双手从手指最后一个关节至指尖依次打开,再依次卷起。手腕可伴随做屈伸动作。要求动作连贯,依次用力(图 3-3-5)。

图 3-3-5

（二）肩部练习

肩部练习可以调整肩部视觉上的宽窄与厚薄。练习方法为:

1. 动作一

准备姿势:直立,双脚打开一个半至两个肩宽。动作时,双臂前平举一次,侧平举一次,收回。25 ~ 40 次/组,3 ~ 5 组(图 3-3-6)。

图 3-3-6

2. 动作二

准备姿势：直立，双脚打开一个半至两个肩宽，双臂肩侧屈。动作时，双臂上举，收回。25~40 次/组，3~5 组（图 3-3-7）。

图 3-3-7

293

3. 动作三

准备姿势：直立，双脚打开一个半至两个肩宽。肩部做向前、向后绕环；肩部做耸肩动作。25~40 次/组，3~5 组。

肩部练习可根据练习者的体能、练习目的及身体条件，适当使用小哑铃进行。

（三）臀部练习

臀部练习可以使我们的臀部肌肉结实、上翘，臀线提高，视觉上延长下肢的长度，改善身体比例。练习方法为：

1. 动作一

准备姿势:直立,单手扶把。动作时,外侧腿向后直腿上抬,保持躯干姿态。25～40
次/组,3～5 组。

2. 动作二

准备姿势:跪撑,大小腿自然屈曲保持一定的角度。动作时,向天上方向伸腿;还原
时,屈膝。注意保持腰部没有任何动作。25～40 次/组,3～5 组(图 3-3-8)。

图 3-3-8

3. 动作三

准备姿势:跪撑。动作时,屈膝向后抬腿至大腿水平,继续向侧摆至侧方,还原(膝盖
从后向侧弧线运动)。然后可做反方向弧线动作。注意腰部没有任何动作。25～40 次/
组,3～5 组(图 3-3-9)。

图 3-3-9

腿部练习可根据练习者的体能、练习目的及身体条件适当使用小沙袋或橡皮筋
进行。

(四)下肢练习

下肢练习主要是针对股四头肌、股二头肌和小腿肌。站立或卧式均可,可使腿部肌
肉富有弹性,修正腿型。练习方法为:

1. 大腿前侧

(1)动作一

准备姿势:直立,单手扶把。动作时,外侧腿屈膝上抬至水平,外展 90°屈膝上抬至水

平。依次轮流做 25 ~ 40 次/组,3 ~ 5 组。

（2）动作同上,也可直腿做。

（3）动作二

准备姿势:直立,单手扶把。向前大踢腿,注意控制身体姿态,直腿,绷脚尖。25 ~ 40 次/组,3 ~ 5 组(图 3-3-10)。

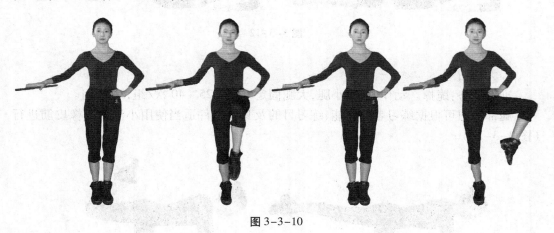

图 3-3-10

2. 大腿外侧

（1）动作一

准备姿势:直立,单手扶把。动作时,靠腿部肌肉收缩用力,直腿侧抬,保持躯干直立。25 ~ 40 次/组,3 ~ 5 组。

（2）动作二

准备姿势:直腿侧卧,身体保持直线,肘撑。动作时,上面的腿直腿上抬,注意保持躯干不加任何动作。25 ~ 40 次/组,3 ~ 5 组(图 3-3-11)。

图 3-3-11

3. 大腿内侧

准备姿势:侧卧,肘撑,身体保持直线,上面的腿屈膝,脚撑地,膝盖朝上。动作时,下面的腿大腿内侧肌肉用力,直腿上抬。25 ~ 40 次/组,3 ~ 5 组(图 3-3-12)。

图 3-3-12

4. 大腿后侧

准备姿势:跪撑。动作时,屈小腿,大腿固定不动。25～40 次/组,3～5 组。

腿部练习可根据练习者的体能、练习目的及身体条件适当使用小沙袋或橡皮筋进行(图 3-3-13)。

图 3-3-13

(五)踝与脚的练习

踝与脚的练习可以锻炼踝关节的力量与脚踝部的灵活性。模特行业人员需要长时间穿着高跟鞋,如果踝关节力量不足或灵活性欠佳,会影响模特优美的姿态与步态。所以,适当的踝关节训练,可使我们在行走时更加自如、稳定,有助于良好姿态与步态的养成。

练习方法:

(1)钩绷脚

直腿坐,勾半脚尖,还原。25～40 次/组,3～5 组。

(2)踝绕环

直腿坐,脚踝经前、左、后、右依次运动,绕环一周,然后反方向动作。25～40 次/组,3～5 组。

(3)提踵

双手扶把,直立。保持直立姿态,立脚尖,还原。25～40 次/组,3～5 组。

思考题

1. 简述前庭耐力对空乘人员的影响。
2. 空乘人员应进行哪些方面的体能训练,为什么?
3. 游泳的功能有哪些?
4. 模特行业人员的体能训练重点在哪方面?

第四章

体能的诊断与评价

第一节　身体健康状况诊断与评价

身体健康一般指人的生理健康,即人体的形态、结构和功能正常,具有生活自理能力。

(一)十项具体诊断指标

1. 精力充沛,能从容不迫地应对生活和工作的压力而不感到过分紧张。

2. 处事乐观,态度积极,乐于承担责任,不挑剔事物的巨细。

3. 善于休息,睡眠良好。

4. 应变能力强,能适应环境的各种变化。

5. 能够抵挡一般性感冒和传染病。

6. 体重得当,身体均匀,站立时头、肩、臂位置协调。

7. 眼睛明亮,反应敏锐,眼睑不发炎。

8. 牙齿清洁、无空洞、无痛感,牙龈颜色正常、不出血。

9. 头发有光泽、无头屑。

10. 肌肉丰满,皮肤富有弹性,走路轻松有力。

(二)身体健康自我测试

1. 心血管适应

原地跑:原地跑 1.5 min(90 s),每分钟 120 步(每秒 2 步),以右脚接触地面计算步数。休息 1 min 并测出 30 s 的心率,30 s 的心率小于或等于 60 次,为及格。

2. 柔韧性

坐压腿:面对墙,两腿伸直坐在地面,一条腿将脚顶在墙上,另一条腿屈膝,屈髋前倾身体。缓慢前倾身体双手握拳接触地面,尝试 3 次之后换另一条腿测试。如果在两条腿的测试中双拳都能够接触地面,为及格。

3. 肌肉耐力

侧卧提腿:侧卧在地面上,上方的腿上提直至两脚间距达到 60～90 cm,控制身体不

要转动,换腿再做。每条腿做 10 次为及格。

4.力量

俯卧撑推手离地:俯卧双手在肩上方撑在地面上,身体和双腿伸直。双臂由屈肘到完全伸直,并把双手推离地面。女子 1 次,男子重复 3 次为及格。

5.灵敏性

拾纸团:在地面上 1.8 m 远处放两个纸团,跑动拾回第一个纸团,双脚返回起跑线后再拾回第二个纸团,5 s 内完成为及格。

6.平衡性

单脚平衡站立:单脚脚跟提起,用脚掌支撑体重,双臂胸前平伸,另一条腿直膝在体前提起保持 10 s 为及格。

7.协调性

抛接纸团:双手张开,掌心向上,在胸前左右手之间抛接纸团,每只手抛接 3 次,共 6 次为及格。

8.爆发力

立定跳远:在地面一条线后面双脚左右开立,稍下蹲后双腿迅速蹬伸尽量向前跳跃。女子跳跃距离等于身高,男子跳跃距离超过身高 15 cm,为及格。

9.反应时

捏接纸片:同伴用手捏住一张垂直下垂的纸,纸片的一个侧面边缘在你的拇指和食指之间,拇指和食指之间的距离大约等于你离纸片顶端边缘的距离。当同伴放开手,纸片下落时,手要保持不动,你用拇指和食指把它捏住,为及格。

10.速度

双脚跳起碰脚跟:双脚左右开立,垂直跳起后双脚在空中碰两次脚跟再落地,落地时双脚至少相距约 8 cm,为及格。

如果你对表 4-1-1 中任何一个问题作出了肯定的回答,那么你在开始一项锻炼计划之前应进行全面的体检。

表 4-1-1　健康状况自评量表

1. 在运动时或运动后,你是否有胸部疼痛或受压的感觉?
2. 你爬楼梯、迎冷风行走或从事任何体育活动时是否有胸部不适感?
3. 你的心脏是否曾经不规则地跳动或悸动或早搏?
4. 在无明显原因的情况下,你是否曾经有过心律突然加快或减慢的经历?
5. 你是否有规律地服用过药物?
6. 医生是否曾经告诉过你,你心脏有问题?
7. 你是否有诸如哮喘这样的呼吸疾病,或在从事轻微的体力活动时呼吸急促?

8. 你是否有关节或背部的疾患,从而使你在运动时感到疼痛?

9. 你是否存在下列心脏病的隐患?

    (1)高血压

    (2)血液中胆固醇含量过高

    (3)超过标准体重的 30% 以上

    (4)长期抽烟

    (5)近亲(父母亲、兄弟姐妹等)在 55 岁以前曾经有心脏病史

资料来源:Powers,S. K. Total Fitness,1999.

第二节　有氧耐力诊断与评价

一、5 min 上下楼梯测试

(1)一步一台阶地登楼梯,采用上几阶再下几阶的方法(9~14 阶的楼梯为宜)。

(2)室内外的楼梯均可,楼梯不可太光滑,楼梯每阶高度为 14~15 cm。

(3)听到口令后开始上下楼梯,测试员记录 5 min 内的上下台阶的数值(表 4-2-1)。

表 4-2-1　5 min 上下楼梯(阶)耐力测试指标　　　　　单位:次

	年龄	1 min	2 min	3 min	4 min	5 min
男	20~24	460~585	586~825	821~1 115	1 116~1 345	1 346 以上
	25~29	450~570	571~800	801~1 070	1 071~1 250	1 250 以上
	30~34	440~555	556~770	771~1 020	1 021~1 190	1 191 以上
	35~39	430~535	536~730	731~990	991~1 160	1 161 以上
女	20~24	350~480	481~660	661~860	861~1 070	1 071 以上
	25~29	335~460	461~640	641~840	841~1 035	1 036 以上
	30~34	320~435	436~605	606~820	821~1 000	1 001 以上
	35~39	300~415	416~570	571~805	806~975	976 以上

资料来源:国家体育总局普通人群体育标准研制组. 普通人群体育锻炼标准锻炼手册,2003。

二、3 min 台阶测试

(1)练习前进行准备活动,练习后进行整理活动。

(2)在一个 50 cm 高的台阶或长凳上,以每分钟 24 步的速度双脚轮换上下台阶,持续练习 3 min。

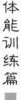

（3）每一步由 4 个节拍组成，即"左脚上、右脚上、左脚下、右脚下"。

（4）练习后马上坐到台阶上放松休息，不要说话。

（5）找到自己的脉搏，在练习结束后 5 s，开始计时 60 s 数自己的脉搏。

（6）你的得分就是你的 60 s 心率，对照表 4-2-2 了解自己的心血管健康等级。

表 4-2-2　台阶测试健康等级表 　　　　　　　　　　　　　　　　　　　单位：次

等级	60 s 心率
优	84 或更低
良	85～95
可	96～119
差	120 或更高

资料来源：傅立功等. 健身运动处方，1993.

三、12 min 跑测试

（1）选择一块有固定距离标志的场地，如学校的跑道或体育场。

（2）练习前进行准备活动，练习后进行整理活动。

（3）在跑道上匀速跑，使用秒表或手表准确计时 12 min。

（4）得到 12 min 的总跑步距离后，再根据自己的年龄查表 4-2-3 和表 4-2-4 了解自己的心血管健康等级。

表 4-2-3　男子 12 min 跑测试健康等级表 　　　　　　　　　　　　　　单位：m

年龄（岁） 等级	17～26	27～39	40～49	50+
优	2 800+	2 560+	2 400+	2 240+
良	2 480～2 779	2 320～2 559	2 240～2 339	2 000～2 239
可	2 160～2 479	2 080～2 319	2 000～2 239	1 760～1 999
差	<2 160	<2 080	<2 000	<1 760

资料来源：张英波. 运动健身全攻略. 北京体育大学出版社，2006.

表 4-2-4　女子 12 min 跑测试健康等级表　　　　　　　　　　　　　　　单位:m

年龄(岁)\\等级	17 ~ 26	27 ~ 39	40 ~ 49	50+
优	2 320+	2 160+	2 000+	1 840+
良	2 000 ~ 2 319	1 920 ~ 2 159	1 840 ~ 1 999	1 680 ~ 1 839
中	1 840 ~ 1 999	1 680 ~ 1 919	1 600 ~ 1 839	1 520 ~ 1 679
差	<1 840	<1 680	<1 600	<1 520

资料来源:张英波.运动健身全攻略.北京体育大学出版社,2006.

第三节　肌肉力量诊断与评价

一、肌肉力量的测试方法

(一)等张力量测试

肌肉缩短(向心收缩)或拉长(离心收缩)工作形式下改变长度的收缩力量叫做等张力量。通常采用能够克服阻力只能重复一次动作的最大力量测试,如上肢的卧推测试和下肢的下蹲测试。

1. 卧推

进行充分的准备活动后,水平姿势仰卧于卧推架上,双手间距约一肩宽握杠铃杆,双脚平放在地面上。肘关节向躯干下外侧屈,放下杠铃至下胸部,然后推起。在同伴保护下进行测试。

2. 下蹲

进行充分准备活动后,肩负杠铃,双脚以肩宽间距开立,双手握在体侧杠铃杆上,保持躯干正直,下蹲至大腿与地面平行的姿势后,恢复开始姿势。在同伴的保护下肩负杠铃进行测试。

(二)等长力量测试

肌肉保持长度不变(静力收缩)工作形式下收缩力量叫做等长力量。通常采用对抗静止的物体所施加的力量,可采用握力计测试。调整握力计到适宜位置,可以屈臂或直臂测试,尽量大力量握住,但手不可接触身体,左右手轮流测试。

肌肉耐力是等长力量测试的一种形式。肌肉保持长时间工作的能力叫做肌肉耐力。通常采用长时间之行重复性动力练习或保持持续性静力练习的方式测试,如躯干前屈、俯卧撑和静力屈臂支撑等测试。

①躯干前屈

屈膝仰卧于垫子上,双臂伸直平放于体侧,双手后掌心向下,手指伸展,双脚并拢平放于垫子上。接触双手指尖用胶带做第一条横向标志线,向身体下方于第一条标志线相

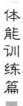

距11.5 cm,再用胶带做第二条标志线。向前抬头、躯干前屈、提肩使双手手指接触到第二条标志线,然后缓缓恢复到开始姿势。每3 s重复一次向前抬头和躯干前屈的动作,连续进行直到不能跟上3 s重复一次动作的节奏,记录下连续动作的总测试时间。

②俯卧撑

双手和脚尖支撑身体,双手间距略宽于肩,保持背部和双腿伸直,屈肘降低身体重心直到上臂与地面平行,肘关节成90°。每3 s重复一次俯卧撑动作,尽可能多重复直到35次。

③静力屈臂支撑

保持俯卧撑结束动作的肘关节成90°静力屈臂支撑姿势尽量长的时间。男子用双脚的脚尖支撑体重,女子可以用双膝支撑体重。

二、肌肉力量练习运动健身的自我评价

(一)等张力量的自我评价

1.使用卧推和下蹲测试评价肌肉收缩力量(单位:磅,1 磅=0.454 kg)。

2.估计出你能够重复2~3次肌肉收缩动作使用的重量,从较轻的重量开始尝试。如果你完成了10次以上的动作,就要在经过休息后的另外一天进行测试。

3.采用你选择的重量进行下蹲测试,在10次以内尽可能地多次重复直到力竭。

4.使用表4-3-1确定你的最大力量,在左侧一列找出你目前使用的重量,在上面第一行找出你能够完成不同重复次数。

5.使用的重量和完成不同重复次数所对应的数值就是重复一次动作的预计最大重量。

6.使用同样的方法估价卧推最大力量,并记录卧推和下蹲最大力量。

7.然后将最大力量数值除以你的体重,得到你的相对力量数值(单位:磅)。

8.最后对你的肌肉力量练习健身水平进行自我评价。

表4-3-1　根据10次以内重复直到力竭的最多重复次数确定最大力量评价表(磅/次)

重量	重量									
	1 次	2 次	3 次	4 次	5 次	6 次	7 次	8 次	9 次	10 次
30	30	31	32	33	34	35	36	37	38	39
35	35	37	38	39	40	41	42	43	44	45
40	40	41	42	44	46	47	49	50	51	53
45	45	46	48	49	51	52	54	56	58	60
50	50	51	53	55	56	58	60	62	64	67
55	55	57	58	60	62	64	66	68	71	73

重量	1 次	2 次	3 次	4 次	5 次	6 次	7 次	8 次	9 次	10 次
60	60	62	64	65	67	70	72	74	77	80
65	65	67	69	71	73	75	78	81	84	87
70	70	72	74	76	79	81	84	87	90	93
75	75	77	79	82	84	87	90	93	96	100
80	80	82	85	87	90	93	96	99	103	107
85	85	87	90	93	96	99	102	106	109	113
90	90	93	95	98	101	105	108	112	116	120
95	95	98	101	104	107	110	114	118	122	127
100	100	103	106	109	112	116	120	124	129	133
105	105	108	111	115	118	122	126	130	135	140
110	110	113	116	120	124	128	132	137	141	147
115	115	118	122	125	129	134	138	143	148	153
120	120	123	127	131	135	139	144	149	154	160
125	125	129	132	136	141	145	150	155	161	167
130	130	134	138	142	146	151	156	161	167	173
135	135	139	143	147	152	157	162	168	174	180
140	140	144	148	153	157	163	168	174	180	187
145	145	149	154	158	163	168	174	180	186	193
150	150	154	159	164	169	174	180	186	193	200
155	155	159	164	169	174	180	186	192	199	207
160	160	165	169	175	180	186	192	199	206	213
165	165	170	175	180	186	192	198	205	212	220
170	170	175	180	185	191	197	204	211	219	227
175	175	180	185	191	197	203	210	217	225	233
180	180	185	191	196	202	209	216	223	231	240
185	185	191	196	202	208	215	222	230	238	247
190	190	195	201	207	214	221	228	236	244	253
195	195	201	206	213	219	226	234	242	251	260
200	200	206	212	218	225	232	240	248	257	267
205	205	211	217	224	231	238	246	254	264	273

重量					重量					
重量	1 次	2 次	3 次	4 次	5 次	6 次	7 次	8 次	9 次	10 次
210	210	216	222	229	236	244	252	261	270	280
215	215	221	228	235	242	250	258	267	276	287
220	220	226	233	240	247	255	264	273	283	293
225	225	231	238	245	253	261	270	279	289	300
230	230	237	244	251	259	267	276	286	296	307
235	235	242	249	256	264	273	282	292	302	313
240	240	247	254	262	270	279	288	298	309	320
245	245	252	259	267	276	285	294	304	315	327
250	250	257	265	273	281	290	300	310	321	333
255	255	262	270	278	287	296	306	317	328	340
260	260	267	275	284	292	302	312	323	334	347
265	265	273	281	289	298	308	318	329	341	353
270	270	278	286	295	304	314	324	335	347	360
275	275	283	291	300	309	319	330	341	354	367
280	280	288	296	305	315	325	336	348	360	373
285	285	293	302	311	321	331	342	354	366	380
290	290	298	307	316	326	337	348	360	373	387
295	295	303	312	322	332	343	354	366	379	393
300	300	309	318	327	337	348	360	372	386	400
305	305	314	323	333	343	354	366	379	392	407

资料来源:引自美国《体育休闲和舞蹈》杂志,1993 年 1 月。

表 4-3-2　每磅体重相对力量等级评价表　　　　　　　　　单位:磅

等级 年龄	下 蹲		卧 推	
	30 岁以下	31~35 岁	30 岁以下	31~35 岁
男子				
优	2.06 +	1.81 +	1.26 +	1.01 +
良	1.96~2.05	1.66~1.80	1.11~1.25	0.91~1.00
可	1.76~1.95	1.51~1.65	0.96~1.10	0.86~0.90
差	≤1.75	≤1.50	≤0.96	≤0.80

等级	下 蹲		卧 推	
年龄	30 岁以下	31 ~ 35 岁	30 岁以下	31 ~ 35 岁
女子				
优	1.61 +	1.36 +	0.75 +	0.61 +
良	1.46 ~ 1.60	1.21 ~ 1.35	0.65 ~ 0.75	0.56 ~ 0.60
可	1.31 ~ 1.45	1.11 ~ 1.20	0.56 ~ 0.65	0.51 ~ 0.55
差	≤1.30	≤1.10	≤0.55	≤0.50

资料来源：引自 Corbin 等，2003。

（二）等长力量的自我评价

根据握力计测试结果，可以使用对自己的等长力量进行评价（表4-3-3）。

表 4-3-3　握力计测试等长力量等级评价表　　　　　单位：kg

等级	左手	右手	总和
男子			
优	57+	61+	118+
良	45 ~ 56	50 ~ 60	95 ~ 117
可	41 ~ 44	43 ~ 49	84 ~ 94
差	<41	<43	<84
女子			
优	34+	39+	73+
良	27 ~ 33	32 ~ 38	59 ~ 72
可	20 ~ 26	23 ~ 31	43 ~ 58
差	<20	<23	<43

资料来源：引自 Corbin 等，2003。

体能训练篇

（三）一次重复最大力量测试

虽然这种测试肌肉力量的方法被广泛应用，但对上了年纪或身体条件较差的人是不适宜的。由于这种测试会导致肌肉损伤，被测者应在经过几周力量练习，并在技术和力量方面都有所提高的情况下进行测试，以免受伤。年纪较大或脑力劳动者需要进行6周的力量练习，而大学生只需1~2周的力量练习便可参加 IBM 测试。

IBM 测试旨在测验被选定的局部肌肉群的力量，方法如下：

先做 5~10 min 有关肌肉群的准备活动，然后选择毫不费力举起的重量进行练习，并逐渐增加重量直到只能举起1次。真正的 IBM 测试是测1次能够举起的最大量。

评价:

表4-3-4　1次重复最大量测试中肌肉力量得分参考标准

练习方式 \ 等级	很差	较差	一般	较好	好	优秀
男						
仰卧推举	<50	50～59	60～69	110～130	130～149	>149
负重屈肘	<40	30～40	41～54	56～60	61～79	>79
肩上举	<30	41～50	51～67	68～80	81～110	>110
坐蹲腿	<160	161～199	200～209	210～229	230～239	>239
女						
仰卧推举	<40	41～69	70～74	75～80	81～99	>99
负重屈肘	<15	15～34	35～39	40～55	56～59	>59
肩肌力	<20	20～46	47～54	55～59	60～79	>79
腿肌力	<100	100～130	131～144	145～174	175～189	>189

表4-3-4是大学生年龄段的测试标准,计算方法是:IBM重量除以体重再乘以100,即为肌肉力量。例如,一位68 kg的男子,他的仰卧推举为80 kg,那么他的肌肉力量分数为:

$$肌肉力量分数 = IBM 重量／体重×100 = 80÷68×100 ≈ 118.2$$

第四节　肌肉耐力诊断与评价

一、动力肌肉耐力

在日常生活中,你也许有足够的力量把一个沉重的箱子放到高处,但你不一定有足够的肌肉耐力多次完成这一动作。由于每天有许多工作需要肌肉的重复收缩,所以提高肌肉耐力对工作和健康都很必要。

测量肌肉耐力有许多方法,其中俯卧撑、仰卧起坐和仰卧起身是三种简单易行的方法。俯卧撑测量的是肩部、臂部和胸部的肌肉耐力,而仰卧起坐和仰卧起身主要是测试腹肌的耐力。

(一)1 min 俯卧撑测试

测试方法:身体呈俯卧姿势,用两手撑地,手指向前,两手间距与肩同宽,两腿向后伸直,用脚尖撑地,然后屈臂使身体平直下降,使肩与肘接近同一平面,躯干、臀部和下肢要挺直。当胸部离地2.5～5 cm时,撑起躯干,恢复到直臂俯撑姿势为完成1次。

表 4-4-1　男子 1 min 俯卧撑测试评价肌肉耐力参考标准

等级 年龄组	1 分 （差）	2 分 （一般）	3 分 （较好）	4 分 （好）	5 分 （优秀）
18～20	4－11	12－19	20－29	30－39	>40
21～25	3－9	10－16	17－25	26－33	>34
26～30	2－8	9－15	16－22	23－29	>30
31～35	2－6	7－12	13－19	20－27	>28
36～40	2－6	7－11	12－19	20－25	>26

资料来源：国家体育总局群体司.中国成年人体质测定标准手册.北京：中国标准出版社,1996。

（二）1 min 仰卧起坐测试

仰卧起坐测试是应用最广泛的评价腹肌耐力的测试方法

方法：测试者仰卧于垫上，两腿稍分开，屈膝成 90°，两手交叉置于脑后，同伴压住被测者两踝关节处。做起时，以两肘触及或超过膝关节为完成。仰卧时，两肩胛必须触垫。

在仰卧起坐过程中主要是腹肌在起作用，然而腿部肌肉（如髋部屈肌）也参与了工作，因此这种测试既评价了腹肌的耐力，也测量了髋部肌肉的耐力。一般认为仰卧起坐是比较安全的体能测试，但测量时需要注意：在起身阶段避免对颈部产生过多的压力，也就是说，应腹肌用力而不是颈部用力；在恢复原位时，应避免头后部敲击地面；禁止使用肘部撑地助力，或借助臀部上挺和下落的力量起坐；到 1 min 时，你虽然坐起，但肘部还未触及膝关节时，不计入次数。

表 4-4-2　女子 1 min 仰卧起坐测试评价肌肉耐力参考标准

等级 年龄组	1 分 （差）	2 分 （一般）	3 分 （较好）	4 分 （好）	5 分 （优秀）
18～20	3～7	8～16	17～28	25～39	>36
21～25	1～6	4～11	12～19	20～27	>28
26～30	1～3	9～15	16～22	23～29	>30
31～35	1～2	3～9	10～17	18～23	>24
36～40	1～2	3～7	8～14	15～24	>22

资料来源：国家体育总局群体司.中国成年人体质测定标准手册.北京：中国标准出版社,1996。

（三）仰卧起身测试

仰卧起身主要测试腹部肌肉力量，然而在向上移动时，腿部肌肉同样也参加了工作。通过完成一个不完整的仰卧起坐（即仰卧起身），腿部肌肉的利用将被排除。仰卧起身与仰卧起坐的不同之处在于：第一，前者在上升阶段时，上体与垫子的角度不超过 30°～40°

（即肩部抬起约 15～25 cm）；第二，仰卧起身避免了背部承受过大的压力；第三，无须同伴压腿，应独立完成。因此，仰卧起身在国外正逐渐地取代仰卧起坐，成为更常用的评价腹肌耐力的方法。

测试方法：仰卧于垫上，两腿稍分开，屈膝 90°，两臂伸直，在质检处贴一胶带，靠近脚的位置再贴一条平行于第一条的胶带（间距为 8 cm）。仰卧起身就是抬起上体使指尖触到第二条胶带，再返回到原来的位置。该测试没有时间限制，但要在一个较慢的、每分钟 20 个动作的节奏下完成，这个节奏由每分钟 40 次敲击的节拍器引导（身体起身和还原各占一拍）。

表 4-4-3　仰卧起身测试评价肌肉耐力参考标准

年龄组 \ 等级	1 分（差）	2 分（一般）	3 分（较好）	4 分（好）	5 分（优秀）
男					
<35	15	30	45	60	75
35～44	10	25	40	50	60
≥45	5	15	25	40	50
女					
<35	10	25	40	50	60
35-44	6	15	25	40	50
≥45	4	10	15	30	40

资料来源：Powers，S. K. Total Fitness，1999。

评价：

肌肉耐力的等级范围由差到优秀或由 1 分至 5 分。如果测试的成绩是"差"（1 分）或"一般"（2 分），说明你现在的肌肉耐力要低于同龄人的平均值；如果测试成绩是"较好"（3 分），则意味着你目前肌肉耐力水平要高于平均值；如果测试成绩是"好"（4 分），则显示了你的肌肉耐力水平相当出众；最后，15% 的个体才能达到"优秀"（5 分）的等级。

二、静力肌肉耐力

根据静力屈臂支撑测试结果，可以使用下表对自己的静力肌肉耐力进行评价。

表 4-4-4　男子静力屈臂支撑测试静力肌肉耐力等级评价表　　单位：s

等级	持续时间
优	30+
良	20～29
可	10～19
差	10

资料来源：Corbin 等，2003。

第五节　柔韧性诊断与评价

一、身体柔韧性的测试方法

事实上,我们不需要对身体所有的部位和关节都进行柔韧性测试,下面我们只介绍几个对常用的部位进行测试的方法。

(一)体前屈伸臂

1. 目的

测试大腿后部肌群的柔韧性。

2. 方法

(1)脱鞋坐在地板上,将直膝伸展腿的脚底平贴在墙壁上,头、背和髋关节贴墙,髋关节保持90°。

(2)直臂,两只手掌重叠尽量前伸,头、背和髋关节贴墙,同伴滑动直尺直到接触到被试者的指尖位置。

(3)把直尺固定在新位置上,被试者躯干前倾尽量向前伸双臂3次,在第三次伸时至少保持2 s,同伴读出指尖在直尺上的刻度。保持伸展腿的膝关节伸直。

(4)重复测试,计算两次测试结果的平均数。

(二)双手背后上下接触

1. 目的

测试背部的柔韧性。

2. 方法

(1)抬起一只臂,屈肘尽量向背后伸展。

(2)与此同时,另一只臂从肩下尽量向背后伸展,争取双手的指尖在背后上下接触。

(3)测量双手指尖之间的距离,如果双手指尖重叠得正分,如果双手指尖不能接触得负分,双手指尖恰好接触得零分。

(4)双臂换方向重复测试,大多数人在某一侧的柔韧性测试中情况较好。

(三)仰卧单腿直膝上提

1. 目的

测试大腿后部肌群和髋部的柔韧性。

2. 方法

(1)在墙壁旁边的地面平躺,缓慢提起靠近墙壁的一条腿,另一条腿贴地面伸直。

(2)双腿膝关节伸直,继续单腿上提动作,直至上腿膝关节弯曲或下腿离开地面。

(3)贴墙,在上提腿的下面放一只直尺,固定住直尺位置,放下腿。

(4)使用量角器测量直尺与地面指尖的夹角,角度越大,得分越高。

(5)换身体方向测量另一条腿。

二、身体柔韧性的评价方法

(一)评价目的

评价自己的主要关节柔韧性水平。

表 4-5-1　身体柔韧性测试的分级标准（cm、度）

分级	男子				女子			
	体前屈伸臂	双手背后上下接触		仰卧单腿直膝上提	体前屈伸臂	双手背后上下接触		仰卧单腿直膝上提
		右臂上	左臂上			右臂上	左臂上	
优	40+	12.5+	10+	111+	43+	15+	12.5+	111+
良	33～38	2.5～10	2.5～7.5	80～110	36～41	5～12.5	5～10	80～110
可	25～30	0	0	60～79	28～33	2.5	2.5	60～79
差	<23	<0	<0	<60	<25	<2.5	<2.5	<60

资料来源：Corbin 等，2003。

表 4-5-2　身体柔韧性自我评价表

测试结果	分级			
	优	良	可	差
体前屈臂撑 左□ 右□	◯	◯	◯	◯
双手背后上下接触 左□ 右□	◯	◯	◯	◯
仰卧单腿单膝上提 左□ 右□	◯	◯	◯	◯

身体的这些部位需要进行柔韧性和伸展练习吗？

	是	否
1.小腿后部	◯	◯
2.腰背部	◯	◯
3.右肩前部	◯	◯
4.右肩后部	◯	◯
5.左肩前部	◯	◯
6.左肩后部	◯	◯
7.身体大部分部位	◯	◯
8.躯干	◯	◯

自我评价结论与建议：

资料来源：Corbin 等，2003。

（二）评价方法

1. 进行以上介绍的三种身体柔韧性测试。
2. 采用表 4-5-1 的分级标准进行记录和自我评级。
3. 在表 4-5-2 中记录下测试结果。
4. 确定自己需要进行柔韧性练习的部位,在表中相应位置划"√"。

第六节　身体成分诊断与评价

身体成分是身体组成成分的简称,也就是身体有多少脂肪、多少肌肉等物质,了解身体成分对评价个体身体机能、界定肥胖有重要作用。在我国绝大多数城市,基本上采用的测量身体成分的方法有身高/标准体重的方法和 BMI 身体质量指数。

身体成分的测量和评价一直被医生、教练和体质健康专家作为评价健康、运动能力和体质的主要依据。大量流行病学调查证实,肥胖是引发心血管疾病、高血压、高血脂、糖尿病和骨关节病等的危险因子,也是导致运动伤害和运动能力低下的主要因素。研究证实,肥胖是慢性心脏病长期的、独立的因子,所以,身体成分保持"理想水平"(optimal level)或维持体重在正常范围内将是保持体质水平和避免疾病发生的基础。身体成分一般用体脂% 表示,研究表明,理想的体脂为 10%~20%,成年男性"理想的"(potimal)比例为 15%,女性为 20%。在这个范围内,与体脂有关的各种疾病的发生率较低。肥胖(obesity)是体脂超过了理想标准,体脂在体内过度地堆积。ACSM 建议:体脂% 大于25%(男)和 32%(女)就可以确定为肥胖。体脂低于最适范围,同样也是不佳的。事实上,体脂所占比例低也会出现各种健康问题,这是因为体脂所占比例低往往与营养不良和肌肉功能减弱有关。

（一）水下称重法

水下称重是一种公认的通过测定身体密度(body density,Dd)间接推算身体成分的有效的测量手段,尤其是可以作为其他测量方法的效标。测试原理是将人体分为脂肪及非脂肪部分(包括骨骼、肌肉及其他非脂肪组织),通过尸体解剖发现,脂肪组织密度为0.90 g/ml,骨骼及肌肉等非脂肪组织密度为 1.10 g/ml。根据阿基米德定律——浮力的大小便是该物体在水中的重量得知,若肌肉和骨骼含量越多,身体下沉的速度越快,水中的重量越重,其体脂含量就越少。

（二）标准体重法

该方法是一个评价体重相对于平均身高来说是否存在"超重"或"体重过轻"的派生指标,适合评价相同年龄和性别的个体。但是,该评价方法无法区分引起体重变化的原因,如超重到底是由于肌肉过多,还是体脂含量过多。

国际上常用的体重计算公式为:

方法一

（男）标准体重=〔身高-100〕×0.9(kg)

（女）标准体重＝〔身高－100〕×0.9（kg）－2.5 kg

方法二

（女）标准体重＝身高－105

（男）标准体重＝身高－100

我国军事科学院等单位提出：

北方人的理想体重＝（身高－150）×0.6 + 50

南方人的理想体重＝（身高－150）×0.6 + 48

胖瘦程度一般按下列标准判断：在标准体重10%范围内为正常；超过标准体重10%～20%为轻度肥胖；超过20%～30%为中度肥胖；超过30%为过度肥胖；低于标准体重10%～20%为稍瘦；低于20%～30%为中度瘦；低于25%以下为过瘦。

一般每周测试体重1～2次，也可在一次练习前后或某一训练周期前后测量体重，通过体重可以了解练习对机体的影响以及机体对训练负荷的适应情况；每次测量都要尽量做到测试条件相同，即用同一个体重计，在同一时间等。成人标准体重的简易计算法为：

$$W = (H-100) \times 0.9$$

式中：W＝标准体重

H＝身高（cm）

系数0.9只适用于身高为155～175 cm的成人，身高在145～155 cm的系数应改为1.0；身高175以上的成人，系数则为0.85为宜。

评价：体重在一定程度上能够反映人体骨骼、肌肉、皮下脂肪及内脏器官增长的综合情况和身体的充实度。一般来讲，体重与横断面的发育成正比，与肌肉量成正比。肥胖程度的评价一般按下列标准判断：在标准体重10%内为正常；超过标准体重10%～20%为轻度肥胖；超过20%～30%为中度肥胖；超过30%为过度肥胖；低于标准体重10%～20%为消瘦；低于20%～25%为中度瘦；低于25%以下为过瘦。

用体重作为评价身体锻炼效果，一般是以自身体重变化情况作为对照评价的。如果练习者体重呈持续性下降，则有可能出现了过度训练或患有某种疾病。一般来说，长期进行健身性健美操练习的练习者体重应基本上保持先对稳定或只有轻微的波动。如果在一次练习的前后测量体重，由于出汗及体内能量物质的消耗，体重也可能减轻0.5～1.5 kg，但一般次日清晨就能恢复。

（三）身体质量指数（BMI）

BMI＝体重（kg）÷身高（米）的平方（m²）。因测量方法简单，故运用广泛，比较适合大样本、群体和个体比较。对于大多数人来说，BMI 在 18.5～22.9 时，属正常范围；BMI 超过 25 为超重，将会出现许多与肥胖有关的健康问题；BMI 大于 30 为肥胖。但是，BMI 的评价结果还是无法准确说明超重是属于"过重"还是"过胖"，所以，常常与皮褶厚度法一起使用。

特别强调的是，不是每个人都适用 BMI 的，以下人员不适用 BMI 指数来衡量：未满18 周岁；运动员；正在做重量训练；怀孕或哺乳中；身体虚弱或久坐不动的老人。

表 4-6-1　常用 BMI 评价标准

中国标准 China standard		WHO 标准 WHO standard		ACSM 标准 ACSM standard	
组别	BMI	组别	BMI	组别	BMI
过轻	BMI<18.5	轻	BMI<18.5	轻	BMI<18.5
正常	18.5≤BMI<24.0	正常	18.5≤BMI<25.0	正常	18.5≤BMI<24.9
超重	24.0≤BMI<28.0	超重	25.0≤BMI<30.0	超重	24.9≤BMI<29.9
肥胖 I	28.0≤BMI<30.0	肥胖 I	30.0≤BMI<35.0	肥胖 I	30.0≤BMI<34.9
肥胖 II	30.0≤BMI<40.0	肥胖 II	35.0≤BMI<39.9		
肥胖 III	BMI≥40.0	肥胖 III	BMI≥40.0		

资料来源：马鸿韬.健美操运动教程,2007.

评价:通过身体成分的测量,瘦体重比例越大,说明练习的效果越好,但也不是瘦体重越大越好,脂肪的含量应不低于体重的 20%。一般通过练习者自身纵向比较,即比较练习前后脂肪的增减情况来评价练习效果。体脂下降表明练习效果好,若体脂含量提高,说明练习量不合适或是练习者的饮食等其他情况不合适,这时应调整运动量或是练习者的饮食。

（四）腰臀比测试

过多的腹部脂肪与疾病(如心脏病和高血压等)发生是直接相关的。因此,腹部有大量脂肪堆积的人腰臀比高,他们比腰臀比低的人更容易患心脏病和高血压。

测量腰臀比的步骤如下:

(1)测量工具为卷尺。站立,不要穿宽大的衣服;否则,会使测量结果产生偏差。测量时,卷尺紧紧贴在皮肤上,但不能陷入皮肤,测量数值精确到毫米。

(2)测量腰围时,把卷尺放置于肚脐水平处,并在你呼气结束时测量。

(3)测量臀部时,把卷尺放在臀部的最大周长处。

(4)完成测量后,把腰围除以臀围,得出腰臀比例。

评价　见表 4-6-2。

表 4-6-2　腰围-臀围比例的等级评定

等级(病的危险性)	男	女
高危险	>1.0	>0.85
较高危险	0.9-1.0	0.8-0.85
较低危险	<0.9	<0.8

资料来源：Powers,S. K. Total Fitness,1999。

第七节　前庭耐力的诊断与评价

（一）测试方法——抗眩晕操测试

1.测试场地

地板、草地或地面平整、质地较软的场地。画一条 10 m 白线。

2.测试方法

受测者严格按照动作规范和节奏要求，在规定的时间内依次连续完成双腿连续纵跳、坐撑左右侧屈、圆背前后滚、仰卧左右后滚、左右侧后滚、抱膝螺旋滚。完成后立即站起并在无任何帮助的条件下，沿直线行走 10 m。测试员量以受测者左右脚印的最外侧缘为准，测量其两脚印的左右最大偏离度不超过 1 m。

3.评价标准

0 度：能顺利直行 10 m，无不良反应。

1 度：能行走 10 m，但不能完全沿直线行进，有轻微头晕、恶心、掩面苍白、微汗等。

2 度：不能沿白线直行 10 m，有明显的头晕、恶心、呕吐、掩面苍白、大汗淋漓、肢体震颤、精神萎靡或不能坚持完测试者。

只有 0 度为合格，1 度、2 度均为不合格。

（二）测试方法二——电动转椅测试

1.测试器材

使用空军招飞电动转椅。

2.测试方法

受测者坐在转椅上，头直立靠在头托上。以 2 s 一圈（180 度/秒）的角速度向左匀速旋转，旋转中闭目，随节拍器连续左右摆头（60 度），1 次/2 s，共转 45 圈，90 s。根据转椅检查后大于 30 min 出现的前庭自主神经反应分为 4 度。

3.评价标准

0 度：无不良反应。

1 度：有轻微头晕、恶心、颜面苍白、微汗等。

2 度：有头晕、恶心、发热、颜面苍白、额部可见微细的冷汗珠、打战、呕吐等反应。

3 度：有明显头晕、头痛、恶心、呕吐、颜面苍白、大量冷汗、肢体震颤和精神抑郁等反应。

2 度和 3 度反应者，为前庭自主神经反应敏感。

思考题

1. 有氧耐力的评价方法有哪些?
2. 本章列举了哪几种肌肉耐力的评价方法?
3. 简述标准体重法,并说出是如何衡量的。
4. 什么是身体质量指数? 其标准是什么?
5. 请说出腰臀比测试的等级评定标准。

体能训练篇

参 考 文 献

[1]张英波.运动健身全攻略[M].北京:北京体育大学出版社,2006.

[2]洪涛.空乘人员体形及体能训练[M].北京:旅游教育出版社,2007.

[3]张桂兰.形体训练[M].北京:国防工业出版社,2010.

[4]赵晓玲,段黔冰.形体训练[M].北京:科学出版社,2008.

[5]王振超,薛月.形体训练[M].北京:科学出版社,2009.

[6]黄宽柔,张遐芳,温庆荣.洪黛英形体健美与健美操[M].北京:高等教育出版社,1997.

[7]全国体育教材委员会.艺术体操[M].北京:人民体育出版社,1989.

[8]2010年河南省模特空乘类专业省统考工作手册[M].河南省招生办公室,2010.

[9]张莹.全国健美操大众锻炼标准.第三套动作图解中国健美操协会,2009.

[10]季浏.体育与健康[M].上海:华东师范大学出版社,2000.

[11]马鸿韬.健美操运动教程[M].北京:北京体育大学出版社,2007.

[12]马鸿韬.现代健美操训练方法[M].北京:北京体育大学出版社,2006.